JN193326

<金沢大学人間社会研究叢書>

異郷のイギリス

南アフリカのブリティッシュ・アイデンティティ

British Identity in South Africa

堀内 隆行

丸善出版

目次

序

パーラメント・スクエアの銅像

ロンドンを訪れたことがなくても、テムズ河畔にそびえ立つビッグ・ベン（時計塔）／国会議事堂の姿を思い浮かべられる人は多いだろう。そのビッグ・ベンと、イギリス随一の観光名所ウェストミンスター寺院に取り囲まれたところに、パーラメント・スクエア（議会前広場）という緑地が存在する。つねに人通りの絶えないこの緑地のシンボルは、一二体の銅像である。そのうち八体はイギリス人で、七体は歴代首相（一九世紀のキャニング、メルボーン子爵、ダービー伯爵、パーマストン子爵、ディズレイリと第一次大戦時のロイド・ジョージ、第二次大戦時のチャーチル）だが、二〇一八年に女性参政権運動家のフォーセットが加えられた。また、残り四人はイギリスから独立した諸国の政治家である。二〇世紀にはアメリカ合衆国のリンカン大統領と南アフリカ・オランダ系のスマッツ首相しかいなかったが、二〇〇七年にマンデラ、二〇一五年にガーンディーの像が立てられた。[1]

パーラメント・スクエアの銅像（**写真1・2**）は、イギリス人男性から非イギリス人の白人男性、非白人男性さらに女性へと時代を追って拡大してきた。この拡大は、広い意味での民主化を反映したものと言

写真１　パーラメント・スクエアの銅像（スマッツ）

写真２　パーラメント・スクエアの銅像（マンデラ）

えるだろう。だが、記念される人物の選択には別種の配慮も読み取ることができる。例えば、女性参政権運動家としては穏健なフォーセットが選ばれ、より有名だが過激だったパンクハーストは排除されている。それでは、旧イギリス領植民地の四人はどのような理由で選ばれたのか。リンカンが選ばれたのは、奴隷解放宣言やゲティスバーグ演説が（大西洋を架橋する）アングロ・サクソンの民主主義の発露と見なされたためだろう。そこでは、一八六一～六五年の南北戦争当時イギリスが、リンカンが大統領を務めた北部ではなく南部寄りだったことなどは忘却されている。銅像が立てられた一九二〇年前後が、第一次大戦が終わってアメリカ合衆国の国際的優位が確立した時期であることも忘れてはならないだろう。またガーンディーの選択は、彼がイギリスからの独立運動の闘士だったことを思えば奇妙にも見える。しかし、ガーン

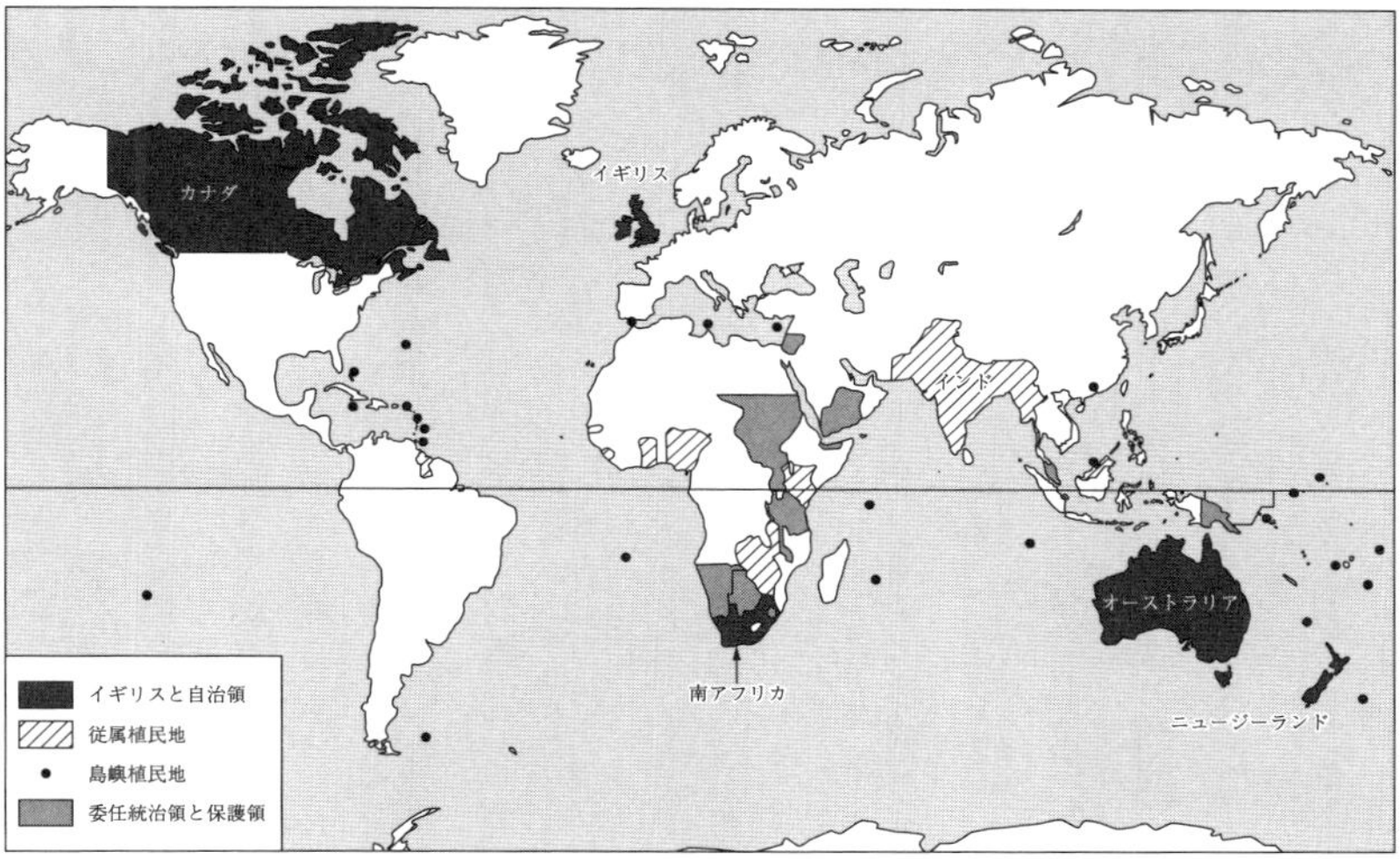

地図1　1931年ごろのイギリス帝国
川北・木畑『イギリスの歴史』201頁をもとに作成。

ディーはケンブリッジなどで学び、その非暴力不服従の思想は欧米の影響も受けていた。二一世紀のイギリス人にとっては、むしろ「共感」できる対象なのだろう。リンカンもガーンディーも、非イギリス人ながらイギリス的（価値観を共有した）人物として称揚されている。

それでは、スマッツとマンデラはどうか。まず、南アフリカから二人選ばれたことの意味を考えてみたい。アメリカ独立以降のイギリス帝国は、ヨーロッパ系が多数派を占めるカナダ、オーストラリア、ニュージーランドなど白人定住植民地／自治領と、非ヨーロッパ系が多数派のインドなど従属植民地に分けられることが多い（**地図1**）。その中で、アフリカ人が七、八割ながら白人も一、二割の人口を有する南アフリカは、両者の中間に位置してきた。「大英帝国の忠誠な長女」カナダや「イギリス王室のもっとも光輝く宝石」インドの重要性を、南アフリカが持ったことはない。だが、南アフリカはイギリス（帝国）において話題の中心ではありつづけた。これは、一八九九〜一九〇二年の南アフリカ（ボーア）戦争と二〇世紀後半のアパルトヘイトによるところが大きい。

少し順を追って見ていこう。一六五二年、ヨーロッパ勢力として初めて南アフリカに入植したのは、当時世界の覇権を握っていたオランダ東インド会社だった。同社が建設したケープ植民地は、一八一四年にナポレオン戦争後のウィーン会議の結果イギリス領になる。これらオランダ人、イギリス人は植民地をアジア航路の補給基地と位置づけたが、六九年のスエズ運河開削でその意味は失われる。他方、八六年の金発見は南アフリカに新たな重要性を与えたが、金鉱をめぐるイギリスとオランダ系／ボーア人の対立は南アフリカ戦争に帰結する。戦争はイギリス人に、ボーア人と結託して台頭するドイツの影を感じさせ(2)、またボーア人ゲリラに苦しめられたことは帝国の衰退を印象づけた。戦争自体はイギリスの辛勝に終わる。だが、一九一〇年に結成された南アフリカ連邦はイギリス自治領に留まったものの、政権を握ったのはスマッツら元ボーア人ゲリラだった。しかし、第一次・第二次大戦時の指導者スマッツはケンブリッジ出身でもあり、親英派に転じて帝国全体の戦争協力でも重要な役割を果たす。スマッツの南アフリカは（忠誠な長女カナダに倣って言えば）「不実な娘」が「更正」した好例と見なされた。

ところが更正の時代は長くつづかず、その後はオランダ系の反英的なアフリカーナー・ナショナリズム(3)が拡大する。ナショナリストたちは一九四八年に政権を獲得しアパルトヘイトを始め、南アフリカは六一年にコモンウェルス（英連邦）を脱退した。二〇世紀後半、イギリス人の南アフリカ観は揺れ動く。アパルトヘイトをブリティッシュ・リベラリズムへの挑戦と見なし、コモンウェルス脱退に反発する一方で、アフリカ諸国の独立に際しては「反共の砦」の役割も期待した。これに対し、イギリスのミッション教育を受けた反アパルトヘイト運動の闘士マンデラは、一九九四年大統領に就くと南アフリカをコモンウェルスに復帰させた。南アフリカは再び、「不実な娘」の更正の好例となった。パーラメント・スクエアにスマッツとマンデラの銅像が立てられたのは、二人がこうした更正のシンボルだったためと言えるだろう（そこにはリンカンやガーンディーの場合と同様、イギリス的人物としての評価も関わってくる）。

南アフリカにとってのイギリス

ここまで、イギリスにとっての南アフリカの意味を探ってきた。他方、南アフリカにとっての（旧）宗主国イギリスの重要性は、肯定的に捉えるにせよ否定的に捉えるにせよ、長らく自明のことだった。二一世紀の今日も、ANC（アフリカ民族会議）政権はイギリスなど国際世論への配慮を欠いていない。白人との「和解」や多文化主義の「虹の国」の標榜は、そうした配慮のもっとも重要な側面だろう。だが現実には、南アフリカ国内ではANCが巨大与党化してアフリカ人の多数派支配が進み、カラード（今日の南アフリカではケープタウン周辺の先住民、解放奴隷、「混血」の人々）、オランダ系のアフリカーナーそしてイギリス系の疎外感が深まっている。

中でも、イギリス系の疎外感は二一世紀、アイデンティティへの南アフリカ史研究者の関心を高めた。このことは、白人定住植民地／自治領のアイデンティティに関するイギリス帝国史研究の拡大の一部でもある。本来、帝国史は一九世紀末、本国と白人定住植民地との対等の関係に移行する帝国再編の文脈で成立したが[4]、二〇世紀後半の脱植民地化以降、帝国史家はこうした問題関心を失い、研究は中国などの非公式帝国（政治的に独立していたが経済的にイギリスの影響下にあった地域）[5]、インドなどの従属植民地[6]、もしくはロンドンの金融街シティなどの中核に偏ってきた[7]。だが二一世紀、イギリス国内史の研究者を中心に、階級、ジェンダーなどのテーマについて国内史と帝国史を結節しようとする動きが盛んになったのに従い[8]、帝国史研究者も、主として一九世紀末以降の「ブリティッシュ・ワールド」（本国と植民地のイギリス人が織り成す世界）の意味に関心を寄せるようになった[9]。このような関心の一環として南アフリカ史でも、イギリス系のアイデンティティと帝国の関係を問う研究が増えた[10]。とりわけソール・デュボウの一連の著作は、一九～二〇世紀初頭にかけてのアイデンティティをめぐる傑出した成果である[11]。しかし、ブリティッシュ・ワールドの研究は全般的に、他のエスニック・グループへの開放性、多文化性を過度に強調している。南アフリカに関しても、アフリカーナーの親英的性格、イギリス系との協力などを重視する立場が主流になった[12]。このことは、アフリカ人エリート層も共有する英語がアフリカーナーのアフリカーンス語を圧倒している現状とも無縁ではない。アフリカーナーの研究者も、親英的性格を重視するようになった[13]。

本書は『異郷のイギリス――南アフリカのブリティッシュ・アイデンティティ』と銘打たれている。第一部では一九～二〇世紀初頭、南アフリカという異郷に赴いたイギリス人がどのような世界を建設しようとしたのかが検討される。そのクライマックスは高等弁務官アルフレッド・ミルナー配下のライオネル・カーティスら「キンダーガルテン」一一人による南アフリカ連邦結成で、対象はデュボウの一連の著作と同一である。だが本書には、ブリティッシュ・ワールドの諸研究と異なる点も存在する。第一の相違点は、親英政権下の第一次大戦前後までだけでなく、より反英的なアフリカーナー・ナショナリストが初めて政権を獲得した一九二〇年代以降も扱っていることである。窮地に立たされ余裕を失ったイギリス系南アフリカ人は、どのような自他認識に至ったのか。こうした主題について、第二部では、当時のイギリス系歴史家であるエリック・ウォーカーやウィリアム・マクミランの軌跡をたどりたい。ここで歴史の問題を取り上げるのは、大きくはアイデンティティと不可分の関係にあり、かつ二〇世紀前半の南アフリカで争点になったためだが、アパルトヘイト以降、真実和解委員会やボーア戦争一〇〇周年など歴史の政治利用が顕在化したことも関係している（第三章参照）。

本書がブリティッシュ・ワールドの研究と異なる第二の点は、カラードを素材に「親英」の内実を探ろうとしていることである。ケープタウン周辺は、イギリスが南アフリカで初めて領有した土地で、その先住民や解放奴隷の血を引くカラードはイギリス人にとって最古の協力者だった。今日でも、イギリス系とカラードは民主同盟に結集し、ＡＮＣの多数派支配に対する最大野党を構成している。またカラードの混血性、クレオール性は、広く人種やエスニシティについて考えていく上でも鍵となる。こうした問題に関して第三部の前半では、やはり二〇世紀前半の歴史の語りを中心に検討する。他方第三部の後半では、一九二一年に結成された南アフリカ共産党のイギリス系とカラードの人々を点描し、さらに共産主義者としてのマンデラとも比較して現代の問題に架橋したい。

本書とブリティッシュ・ワールド研究の相違の第三点は、登場人物の「植民地経験のゆくえ」[14]を追っていることである。キンダーガルテンのメンバーは南アフリカ連邦結成後イギリスに帰国すると、帝国のコモンウェルスへの転換に大きな役割を果たした。また歴史家のウォーカーやマクミランも、一九三〇年代には拠点をイギリスに移し、ハンナ・アレントの『全体主義の起源』などに影響を与えていく。こうした足跡をたどることで、南アフリカという異郷で想起された「イギリス」を、本国人の自他認識の問題（冒頭のパーラメント・スクエアの銅像もその一つの表れである）へと少しでも繋いでいきたい。だがその前に、まずは二〇世紀初頭までのケープと南アフリカを通観しておこう。

第一部

ミルナー・キンダーガルテンと南アフリカ連邦結成

はじめに――二〇世紀初頭までのケープと南アフリカ

❖一九世紀初頭まで

アフリカの自然環境と言えば、多くの人は熱帯や乾燥帯を思い浮かべるのではないか。だが、南アフリカでこれらステレオタイプの一つにでも当てはまるのは、主として、ボツワナのカラハリ砂漠から連続し降水量の少ない西半部に限られる。一方、東半部と南西部（ケープタウン周辺）は温帯で、特に後者は地中海性気候に属する。この自然条件は広義のヨーロッパ式農業が可能なことを意味し、南北アメリカ、オーストラリア、ニュージーランドなどと並んでヨーロッパ系人口が増大する一因になってきた[1]。

先に述べた通り、オランダ東インド会社が天然の良港ケープタウンに初めてアジア航路の補給基地を建設したのは一六五二年である。当時の南アフリカでは、西半部に狩猟採集民のサン（「ブッシュマン」と蔑まれた）と牧畜民のコエコエ（同じく「ホッテントット」）が暮らしていた[2]。これに対して東半部では、バントゥー諸語を話すアフリカ人（「カファ」）が、サンやコエコエと異なりいくつもの小王国を建設していた。一六八五年、フランスで信仰の自由を認めていたナントの勅令が廃止されると、亡命ユグノー（カルヴァン派）の一部はケープタウン近郊にまでやって来てワイン醸造を伝え、この地の主要産業とした。だがケープ社会の労働力需要は、周辺の先住民であるサンやコエコエだけでは充たせなかった。そこで他のアフリカ諸地域、南アジア、東南アジアなどから奴隷が導入される。また、先住民、入植者、奴隷の間では混血も進んだ。さらに先住民、奴隷、混血の人々の中には、乾燥し不毛な内陸部に逃亡する者もおり、彼らは長い時間をかけてグリカ、バスター（バスタード）などの集団を形成していった。他方、零細な入植者であるトレックボーア（移動農民）も少しずつ内陸部に進出し、一七七〇年代には初めて南アフリカの東半部に達しバントゥー系（バントゥー諸語を話す）アフリカ人と遭遇する。しかし一八世紀末の時点で、植民地の人口的重心は圧倒的にケープタウン周辺にあった。[3]

その後ケープは、ヨーロッパで覇権を確立したイギリスの植民地になる（**地図2**）。一七九五年、フランス革命政権がオランダに衛星国のバターフ（バタビア）共和国を建てると、革命政権と対立するイギリスはケープを軍事占領した。ケープは、一八〇二年のアミアン条約で一旦バターフ共和国に返還される。だが、〇六年にナポレオンの下で同共和国がホラント王国に転換するとイギリスによって再占領され、ウィーン会議でその領有が確定した。[4]

❖イギリスによる植民地化

イギリスの海外進出の歴史については、一七七五〜八三年のアメリカ独立戦争を境として、第一次帝国と第二次帝国に区分されることが多い。[5] 歴史家クリストファー・ベイリーは、対仏戦争の前後でもある第二次帝国の最初の五〇年（一七八〇〜一八三〇年）に関して、トーリー（保守）党政権の下で一七八四年の「ピット〔首相〕のインド法」、九一年のカナダ法、一八〇〇年の（連合王国への）アイルランド合同など植民地支配が強化された時代としている。[6] 英領になったケープでも、貴族出身でトーリーの総督たちはイギリス化政策に着手した。具体的にはグレアムズタウンなど内陸部進出の最前線にイギリス系移民（「一八二〇年の入植者」）を導入し、英語を公用語化し、オランダ改革派教会にスコットランド人牧師を採用する。このうち、移民の一部が従事した羊毛生産は、ワインに代わるケープの主要産業となった。[7]

一九世紀初頭は、イギリス人のアイデンティティがそれまでの「プロテスタントの帝国」に代わり、苦境に陥った現地人を救出する「慈悲深き博愛主義の帝国」という理解によって支えられるようになった時代でもある。そのクライマックスは、一八〇七年の奴隷貿易廃止と三三年の奴隷制廃止だった。[8] ケープで

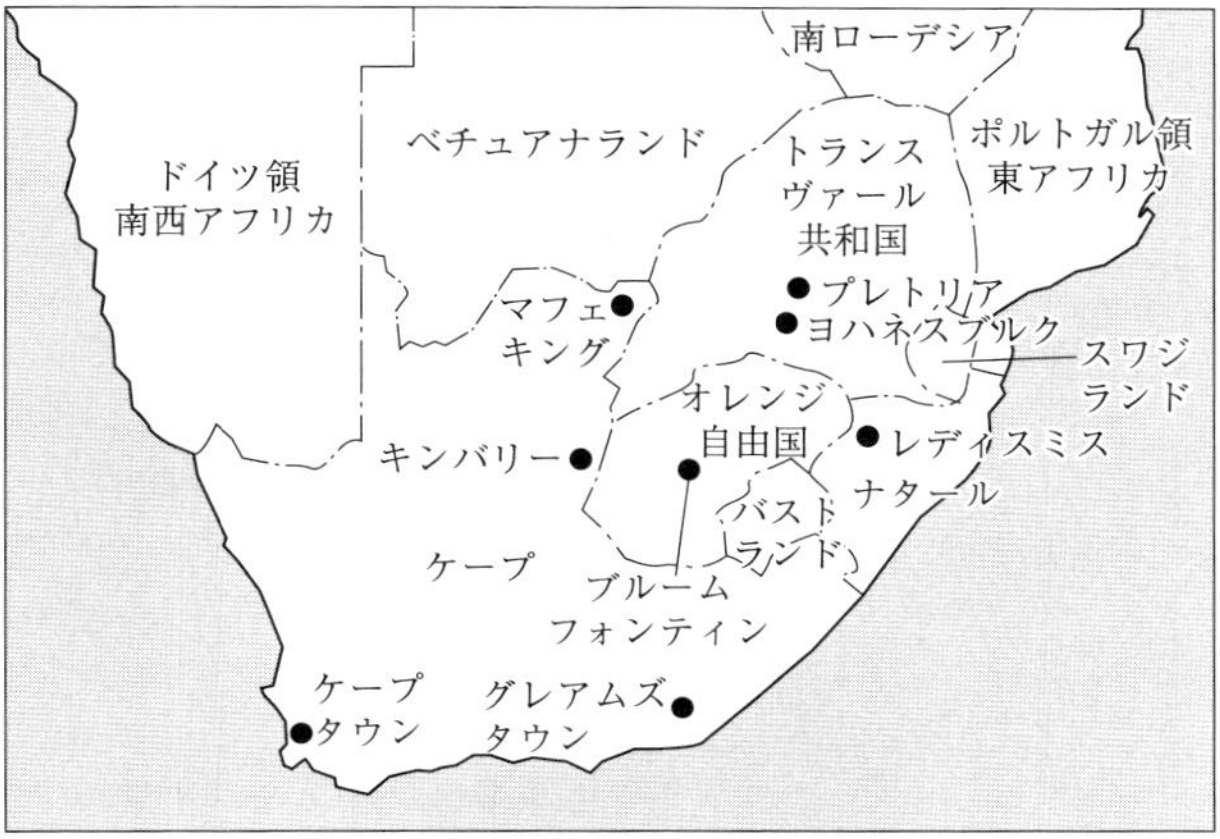

地図2　南部アフリカ（19 世紀末）

写真3　ジョン・フィリップ
W. M. MacMillan, *Cape Colour Question*.

もロンドン・ミッショナリ（宣教師）協会のジョン・フィリップ（**写真3**）らの尽力により、一八二八年の法令第五〇号で自由黒人の法的不平等が改善、三四年には奴隷制が廃止される。だが、このケープ・リベラリズムを額面通りに受け取ることはできない。ケープ・リベラリズムは博愛主義、人道主義の実践であるとともに、オランダ系に対抗するため非ヨーロッパ系の協力者を創り出そうとするものでもあった。そうした意味では、総督たちによるイギリス化政策の延長線上に存在したとも言える[9]。

しかしいずれにせよ、イギリス化政策もリベラリズムも期待通りの成果は必ずしもあげなかった。総督たちはオランダ人寡頭支配について、階級志向、保守志向ゆえに個人としてはむしろ好意的でさえあり「旧き腐敗」[10]の改革には不熱心だった。植民地全体でイギリス系がオランダ系を数的に逆転することはなく、オランダ語の使用は残り、改革派教会のイギリス化も進まなかった。イギリスのコモン・ローとローマ・オランダ法も併存する[11]。また、イギリスでは一八四一年、西アフリカにおける奴隷貿易根絶のための大調査隊で死者が続出すると、奴隷制廃止論の人気が終焉を迎えた[12]。ケープでも、それ以前から宣教師に代わって入植者が力を得ており、四一年、使用人より雇用主に有利なマスター・サーヴァント法が制定される。イギリス系とオランダ系の入植者は融合して社会の上層を形成し、非ヨーロッパ系は下層にとどまった[13]。

こうした傾向は一九世紀半ば、より顕著になる。ヨーロッパの一八四八年革命はイギリス帝国にも影響を及ぼし、ケープでは、流刑植民地化の動きに反対する運動も起こった[14]。この運動にはイギリス系だけでなくオランダ系も参加し「リスペクタブルな[15]」（尊敬に値する）植民地の希求は地域ナショナリズムの起源になった[16]。運動は五三年、代表政府（立法権）授与に帰結する。だが、翌年発足した植民地議会は選挙権に財産、所得制限を付し、非ヨーロッパ系の政治参画に打撃を与えた。五六年にはマスター・サーヴァント法も強化される。ケープ・リベラリズムは変質した。リベラリズムの構成要素として、イギリス系とオランダ系の協力にもとづく入植者ナショナリズムが前面に出る一方、非ヨーロッパ系の権利の問題は二次的な意味しか持たなくなった。時を同じくして、イギリスでもチャーティスト運動の敗北とともに自由主義改革の時代は終焉した[17]。

一九世紀には、南アフリカの東半部も大変動を経験する。まず、ズールー王国のシャカ王（**写真4**）が在位期間の一八一七〜二八年に大規模な征服活動を展開した。これはバントゥー系アフリカ人の大量難民を生み出す一方、レソト、スワジなど諸王国の形成も促した。二〇世紀の歴史家エリック・ウォーカーは、一連のできごとを「ムフェカネ」（ズールー語で大混乱の意）と呼んでいる（第三章参照[18]）。次いで一八三〇年代半ばになると、ケープのオランダ系の一部（ボーア人）がイギリス人に反発して北東部へと移

写真4　シャカ王

動した。彼らはバントゥー系アフリカ人社会の侵略を進め、三八年にはズールー人を血の川の戦いで破った。後にアフリカーナー・ナショナリストによって「グレート・トレック」（大移動）と顕彰されるできごとである(19)。

これに対してイギリスは、ケープ植民地領有の直後からインド洋沿岸で、バントゥー系アフリカ人の一グループであるコーサ人の征服を推し進めていた。さらに一八四三年には、コーサ人の土地の北東にナタール植民地を建設する。ナタールではイギリス系の砂糖プランテーションが開かれ、労働力としてインド人の年季奉公人（契約労働者）が使用された。一方で内陸部のボーア人は、五二年にトランスヴァール共和国、五四年にオレンジ自由国を建てる。だがイギリスは、五〇年代後半にケープ植民地総督ジョージ・グレイの下で南アフリカ連邦構想を模索するものの、二国の独立を承認しつづけた。この時期、自由放任はイギリスの植民地政策の基本になっていた。当時は他国に対して圧倒的な覇権を確立しており、そうした策を採っても影響力を失うことがなかったためである。[20]

❖カーナヴォンからセシル・ローズへ

ところが、一八七〇年代に入ると自由放任策は急速に変化する。アメリカ合衆国とドイツが台頭する一方でイギリスの国際的地位は低下し、ディズレイリ保守党政権は世界各地で帝国主義政策に転じた。南アフリカについても、内陸部で鉱産資源の発見が相次ぐと、植民地相のカーナヴォン（ヘンリー・ハーバート）は英領とボーア人国家の連邦構想を提唱する。また同じ時期、小説家のアントニー・トロロープや歴史家のジェイムズ・アントニー・フルードら多くの本国知識人もケープを訪れた。[21] 特に、カーナヴォンと親しいフルードの七四、七五年の訪問は植民地省の支出によるものだった。フルードはかねてからイギリスの工業化、都市化を批判し、失われた社会的調和、美徳を再発見し得る場所としての白人定住植民地を礼賛していた。[22] 南アフリカに関しては、ボーア人を「土を耕す唯一の真の入植者」と賞賛し、博愛主義、人道主義に否定的な立場から、そのアフリカ人敵視にも共感を示した。[23] 他方で保守志向のフルードは、一八七二年の責任政府（行政権）授与を経て成長したケープ・リベラリズムには批判的で、植民地の政治家であるソール・ソロモンやジョン・ゼイヴィアー・メリマンらの反発を招く。[24] フルードとカーナヴォンの考えはボーア人の不信感も拭えず、結局イギリスは七七年、トランスヴァールを武力併合した。これに対し、八〇～八一年には独立（第一次ボーア／南アフリカ）戦争が起こる。ボーア人はマジュバの戦いでイギリス軍に勝利をおさめ、グラッドストン自由党政権はトランスヴァールの独立回復を承認した。[25]

ケープのオランダ系も、内陸部のボーア人をめぐるこうした動きと無縁ではいられなかった。一八七〇

写真5　セシル・ローズ
Lewsen, *Selections 1890–1898.*

年代、改革派教会の牧師らはケープタウン近郊のパールを拠点として、話し言葉のケープ・オランダ語をもとに書き言葉のアフリカーンス語を確立していく。この動きは二〇世紀のアフリカーナー・ナショナリズムの起源になり、一八八〇年には、南部アフリカ初の政党であるアフリカーナー同盟も成立した。ただし、同盟の主張はオランダ系農場主の保護などにとどまり、反英的ではなかった[26]。

イギリスにとって、より深刻な問題は引きつづきケープの外部に存在した。一八八四年、ドイツが大西洋岸のナミビアを領有すると（ドイツ領南西アフリカ）、南部アフリカでもドイツの脅威が感じられるようになった。イギリスは、ドイツとトランスヴァールが手を結んで「カイロへの道」を塞ぐ事態を阻止するため、八五年にベチュアナランド（ボツワナ）を併合して保護領とする。ところが、八六年にはトランスヴァールのヴィットヴァーターースランド（ランド）地域で金が発見される。ランドのヨハネスブルクは、まもなく南部アフリカ経済の中心になった。ここで登場するのが、ケープ北部キンバリーのダイヤモンド鉱で財を成したセシル・ローズ（**写真5**）である。ローズは、マタベレランド・マショナランド（後年彼に因んでローデシアと名づけられた、現在のジンバブエ）の鉱業開発によってトランスヴァールに対抗しようとした。イギリスもこの地域に「第二のランド」の期待を寄せ、八九年、南アフリカ会社を設立して領有する。[27]

さらに一八九〇年には、ローズがケープ植民地首相に就任した。政治家ローズの目標はケープを「南アフリカの中心」として強化することで、そのためには入植者ナショナリズムに頼る必要があった。[28]だが、オランダ系はイギリスのトランスヴァール併合などを目の当たりにしており、協力を得るにはより一層熱のこもった説得が不可欠だった。そこで歴史家のジョージ・マコール・シールや、作家で女性解放運動家のオリーヴ・シュライナー[29]（**写真6**）を使い、イギリス人もオランダ人もともにテュートン人である、と

写真6　オリーヴ・シュライナー
Berkman, *Healing Imagination*（丸山訳『知られざるオリーヴ・シュライナー』）。

の人種主義的主張を展開させる（第二章参照）[30]。この動きは、非ヨーロッパ系への差別の進展とも一体のものだった。植民地の拡大によってバントゥー系アフリカ人、特にコーサ人が大量流入すると、植民地議会は一八八七、九二年の二度、選挙権の財産制限を強化した[31]。

❖ジョゼフ・チェンバレンとミルナー

しかし、ローズの時代は長くはつづかなかった。その直接の原因は、マタベレランド・マショナランドの鉱業開発の破綻にあった。第二のランドの希望的観測が潰えると、ローズはトランスヴァールに再進出し、一八九五〜九六年には同国の転覆を企てた（実行者リアンダー・スター・ジェイムソンの名からジェイムソン侵入事件と呼ばれる）。この企ては失敗に終わり、ローズは首相の職を辞する。イギリスの南部アフリカ政策はその後、本国ユニオニスト（保守）党政権の植民地相ジョゼフ・チェンバレンと、ケープ植民地総督兼南アフリカ高等弁務官のアルフレッド・ミルナー（**写真7**）が主導した。だが、現地の事情に対する二人の無理解は一八九九〜一九〇二年、トランスヴァール、オレンジ両国との第二次南アフリカ戦争を引き起こす[32]。

戦争は、三つの段階に分けられることが多い。一八九九年一〇〜一二月の第一段階ではボーア人側が先制攻撃を仕掛け、ケープのキンバリー、マフェキング、ナタールのレディスミスを包囲した。一九〇〇年一〜六月の第二段階では、フレデリック・ロバーツ将軍率いるイギリス軍が反撃、トランスヴァールの首都プレトリアとオレンジ自由国の首都ブルームフォンテインを占領した。トランスヴァール共和国大統領のポール・クリューガーは国外に亡命する。一九〇〇年七月〜〇二年五月の第三段階ではボーア人のコマンド（民兵）部隊がゲリラ戦を展開、これに対してホレイショ・ハーバート・キッチナー将軍は焦土戦術を採り、多数の民間人を強制収容所に抑留した。戦争はフェリーニギング協定によって終結し、二つのボーア人国家はイギリス領植民地になる。[33]

だが、この植民地の総督に転じたミルナーの諸政策は現地の反発を招いた。トランスヴァールにイギリス系移民、英語教育を導入するなどのイギリス化政策はアフリカーナー・ナショナリズムを刺激した。[34]ミルナーは一九〇二年、南部アフリカ地域の中央集権的統合の第一段階としてケープの自治停止を画策するが、ケープ政界の猛反対によって頓挫した。[35]また、〇四年にはランド金鉱業への中国人労働者の導入を図るが、プア・ホワイト（アフリカーナー貧困層）の雇用を求める元ボーア人ゲリラのスマッツらの反対に遭い、〇五年、ミルナーは失脚した。[36]これにつづき、本国でも政権交代が起こる。イギリスは、一九世紀末から白人定住植民地が自立に向かったため、一八八七年以来四回の植民地会議を開催するなど結束の維

写真7　アルフレッド・ミルナー
Lewsen, *Selections 1890–1898.*

持に腐心していた。さらに一九〇三年には、ジョゼフ・チェンバレンが帝国特恵関税の導入を提案する。しかし〇五年、関税改革を訴えたユニオニスト党のアーサー・バルフォア内閣は退陣し、自由党が政権に就いた(37)。

この自由党政権の下でケープ、トランスヴァール、オレンジ川ならびに、一八九三年自治を得たナタールの四植民地は、一九一〇年に南アフリカ連邦を結成する。トランスヴァール以外の三植民地にとって、経済の中心地であるランドとの統合は避けがたく、二つの旧ボーア人国家にとっても、イギリスとの再度の対峙は不可能だった。だがこれまで見てきた通り、現地の事情を無視したカーナヴォンやチェンバレン/ミルナーのような統合策は反発を招く恐れもあった。

そこで重要な役割を果たしたのがミルナー・キンダーガルテンの一一人である。キンダーガルテンのメンバーはイギリス出身だが、一八九九〜一九〇五年南アフリカに渡り、ミルナーの配下でトランスヴァールの再建に携わった。さらに、ミルナーの失脚後も現地に残って連邦結成に関与する。その際には、ケープの入植者ナショナリズムと宥和するだけでなく、イギリス系とオランダ系の協力の経験をより上位の政治統合(連邦結成)に利用しようとした。第一章以降では、こうした経緯をたどりたい。

第一章　キンダーガルテンの南アフリカ経験

一　キンダーガルテンの登場

❖キンダーガルテンと「シティズンシップ」

「はじめに」では、キンダーガルテン（写真8）の南アフリカ連邦結成への関与までを述べた。この経験を得て、メンバーは帰国後、イギリス帝国全体の再編でも中心的役割を担う。二〇世紀前半、帝国は自治領の独立志向に直面し、本国と自治領との対等の関係にもとづくブリティッシュ・コモンウェルス[1]に移行しつつあった。こうした動きは第一次大戦中の帝国戦時内閣を経て一九二六年のバルフォア報告書、三一年のウェストミンスター憲章に結実する。歴史家ジョン・ダーウィンの言う第三次帝国である[2]。メンバーは『ラウンド・テーブル』誌などのメディア、ラウンド・テーブル運動などのアソシエイション（任意団体）、文明史家アーノルド・トインビー[3]が主宰した王立国際問題研究所などのシンクタンクを通して帝国再編の世論形成を担った。また、一九一〇年代末にはインド統治法の制定、二〇年代初頭には北アイルランドの連合王国への残留、三〇年代初頭には上海租界の行政改革に関与している。キンダーガルテンは、植民地の事情に精通した本国側の主勢力として、二〇世紀の南アフリカ史、イギリス帝国史の双方に相当の存在感を示した。

写真8　キンダーガルテン

後列（立っている）左２人目からカーティス、ヒチェンズ、ペリー、ウィンダム、建築家ベイカー、ロビンソン、中列（椅子などに座っている）左２人目から高等弁務官セルボーン、ブランド、ダンカン、２人置いてフィータム、前列（床に座っている）左からカー、ダヴ、マルコム。ブランドが持っているのは『ステイト』誌（Keath, *Herbert Baker*, 83.）。

先行研究も、キンダーガルテンの役割を強調するようになって久しい。まず、南アフリカ連邦結成に関して一九六〇年代まででは、スマッツら元ボーア人ゲリラのイニシアティヴを強調する立場が支配的だった[4]。だが七〇年代以降の研究は、連邦結成の時期、メンバーの関与により初めて、アパルトヘイトへと通じる人種隔離体制の確立、経済的近代化、イギリス帝国を上位に戴く入植者ナショナリズムの確立などが実現した、としている[5]。また、ラウンド・テーブル運動をめぐっても従来は、自治領政治家のイニシアティヴを重視する見方が強かった[6]。しかし九五年のアレクサンダー・メイの博士論文は、キンダーガルテンと世論の関係に注目し、一つの画期を成している。メイは『ラウンド・テーブル』誌について「『タイムズ』紙、BBC同様の評判を追求した」と記し、同誌が二〇世紀を通してコモンウェルス規模の世論形成を志向したことを指摘する。[7] この世論形成の一つの特色は、匿名性だった。例えば、編集長ジョン・ダヴは「〔『ラウンド・テーブル』誌の〕位置は『一九世紀』誌などの評論誌とはまったく異なります。われわれの記事は匿名であり、誰が執筆するとしても、それは『ラウンド・テーブル』誌総体の見解です。この特色ゆえ、われわれは影響力を保っているのです」と書き残している。[8] また、メイは運動組織についても、シンクタンクの側面と並んで「ロンドンに本部、各自治領に支部」を置くアソシエイションの側面を強調し、この組織形態が世論形成に役立ったとする。[9]

だが以上の先行研究では、南アフリカ連邦結成に関するものと、ラウンド・テーブル運動をめぐるものが分断されている。したがって、キンダーガルテンの南アフリカ連邦結成への関与がラウンド・テーブル運動にどう影響したか、という観点からメンバーの経験を再構成する必要がある。さらに、キンダーガルテンと「シティズンシップ」(市民として政治に参加する権利/市民性)の関係も解明されていない。シティズンシップの観念はキンダーガルテンの思想と運動の中心に位置し、また、キンダーガルテンは、南アフリカとブリティッシュ・コモンウェルスにおいてこの観念の中心的思想家集団、運動家集団だった。メンバーは、シティズンシップに関する著書も数多く残しており、このことは、指導的立場にある他の人々が持続的影響力を有していないこととは対照的である。[10]

しかし、そもそもシティズンシップへの関心が、イギリス史研究での近年の高まりに比して、イギリス帝国史研究一般では希薄といえる。(11) イギリス史では対象として特に、選挙権が労働者層へと拡大した後の一九～二〇世紀転換期が重視されている。この時期、労働者の急進化を防ぐため、アソシエイションの中でシティズンシップ教育が図られた。(12) 一方、同時期以降の帝国でも、ブリティッシュ・コモンウェルスを本国と自治領の対等の関係として推進することは、こうした関係を志向する市民の政治参加を自治領から引き出すことを前提としていた。シティズンシップの理解なくして、ウェストミンスター体制を理解することはできない。またイギリス帝国は、コモンウェルスへと向かう長い過程で、自体を非西洋世界への「市民社会」の移植者と演出した。例えば、インド統治法の制定に際し、現地社会の代表民主制的権力との協調（ダイアーキー）を図るキンダーガルテンの努力には、その初期の様相が窺える。(13) この演出は、開発独裁に対する人権外交の問題など今日まで、西洋世界のオリエンタリズム的自己表象の重要な要素を構成している。以上の諸点に留意しながら、本章では、キンダーガルテンの南アフリカ経験をシティズンシップの視座に立って考察したい。

❖「市民のための学校」

一八九七～一九〇五年、イギリス帝国の南部アフリカ支配の現地最高責任者だったミルナーが、白人の自治に多大な関心を寄せていたことは、疑問の余地がない。このことは、第二次南アフリカ戦争の初期から確認できる。例えば、ミルナーは一八九九年、トランスヴァール・イギリス系の指導者パーシー・フィッツパトリックに「〔イギリス帝国の南部アフリカ支配の〕究極の目的は、よく扱われ、公正に統治された黒人労働力によって支えられた、自治の白人共同体〔を創ることです〕」と書き送っている。(14) こうしたミルナーの関心は、白人を対象とするシティズンシップ涵養へのキンダーガルテンの関心とも共鳴していた。例えば、メンバーの中心人物カーティスは一九〇〇年「問題群の処理に何ら意見を持たない人々に対し、効率的行政を恒久的に施すよりも、わたしはこの国を市民〔シティズン〕のための学校と捉えたい」と記している。[15]だが「黒人労働力」の問題に傾斜するあまり、南アフリカ連邦結成をめぐる先行研究が「自治の白人共同体」や「市民のための学校」の意味を十分に探ってこなかったことも事実である。こうした状況をふまえ、以下ではまず、キンダーガルテンの初期の経歴を確認したい。

一八九九〜一九〇五年、メンバー一一人は個別に、目的もさまざまに南アフリカへ渡ってきた。**表1**はキンダーガルテンの経歴を示す。「南アフリカに渡るまで」の項目にあるように、ある者はミルナーの秘書として、ある者は第二次南アフリカ戦争時の（ロンドン・）シティ帝国義勇軍の一員として、またある者は植民地省の官僚として渡った。だが一一人は、縁故によって現地でイギリス帝国のトランスヴァール再建のスタッフになり、次第に一つのグループを形成していく。グループ形成の基軸は二つ存在した。第一の基軸は、上司ミルナーとの紐帯である。例えば、キンダーガルテンと親しかった作家、政治家のジョン・バハンは「ミルナーとその信条への忠誠心」を強調している。[16]また、メンバーのライオネル・ヒチェンズは「[ミルナーの魅力は、帝国の問題への]前向きかつ献身的態度」と述べている。[17]第二の基軸は、同僚だったメンバー相互の紐帯である。やはりキンダーガルテンと親しかった建築家ハーバート・ベイカー設計のムート・ハウスに、大半が独身だったメンバーは共同生活した。[18]「キンダーガルテン」の異称について、命名の由来は諸説ある。カーティスはトランスヴァールの弁護士ウィリアム・マリオットを、やはりメンバーのヒュー・ウィンダムはミルナー自身を名親としている。[19]しかしもっとも有力なのは、一

表1　キンダーガルテンの経歴

	生没年	父親	南アフリカに渡るまで	南アフリカ滞在	南アフリカ滞在時	帰国以降
パトリック・ダンカン	1870-1943	小作農	フィランスロピー活動（ロンドン）→内国歳入庁→ミルナー秘書	1901～1943	トランスヴァール総督府（1901～07）→連邦結成協会連合機関誌委員会委員長→議員（1910～20、21～36）、内務・保健・教育相（1921～24）、鉱業相（1933～36）→総督（1937～43）	（没年まで南アフリカに滞在）
ジョン・ダヴ	1872-1934	保険会社支社長	（学生）	1903～1911	ヨハネスブルク市役所（1903～07）→トランスヴァール入植問題委員会委員長（1907～11）	『ラウンド・テーブル』誌編集長（1920～34）
ライオネル・カーティス	1872-1955	教区牧師	フィランスロピー活動（ロンドン）→ユニオニスト党議員秘書→シティ帝国義勇軍	1899～1910	ミルナー秘書（1900～01）→ヨハネスブルク市役所（1902～04）→トランスヴァール総督府（1904～06）→トランスヴァール植民地議会議員（1907～10）、連邦結成協会連合幹事長	（ラウンド・テーブラーの中心人物）
ピーター・ペリー	1873-1935	地主	植民地省	1900～1911	ミルナー秘書（1900～03）→ランド原住民労働協会（1903～11）	会社社長（カナダ、1912～32）
ライオネル・ヒチェンズ	1874-1940		シティ帝国義勇軍	1901～1907	ヨハネスブルク市役所（1901～02）→トランスヴァール総督府（1902～07）	造船会社社長（1910～40）
ジェフリー・ロビンソン	1874-1944	銀行家	植民地省	1901～1910	ミルナー秘書（1901～05）→『ヨハネスブルク・スター』紙編集長（1905～10）	『タイムズ』紙編集長（1912～19、23～41）、『ラウンド・テーブル』誌編集長（1919～20、42～44）
リチャード・フィータム	1874-1965	教区牧師	ロンドン州会法務職員	1902～1965	ヨハネスブルク市役所（1902～05）→高等弁務官法律顧問（1905～10）、トランスヴァール植民地議会議員（1907～10）→議員（1915～23）→最高裁判所判事（1939～44）	（没年まで南アフリカに滞在）
デューガル・マルコム	1877-1955	銀行家	植民地省	1905～1910	セルボーン秘書	イギリス南アフリカ会社社長（1937～55）
ヒュー・ウィンダム	1877-1963	男爵	（学生）	1901～1930	ミルナー秘書（1901～05）→議員（1910～20）	（農業）
ロバート・ブランド	1878-1963	子爵	（学生）	1902～1909	トランスヴァール・オレンジ川植民地間連絡会議	（銀行家）
フィリップ・カー	1882-1940	侯爵	（学生）	1905～1909	トランスヴァール・オレンジ川植民地間連絡会議（1905～08）、トランスヴァール貧困問題委員会（1907～08）→『ステイト』誌編集長（1908～09）	『ラウンド・テーブル』誌編集長（1910～16）→駐米大使（1939～40）

九〇八〜一〇年にケープ植民地首相を務めることになるメリマンに求める説である。例えば、ミルナー派のジャーナリストだったバジル・ワーズフォールドは、メリマンが一九〇二年九月、植民地議会の演説において揶揄的に用いたことを起源としている。[20] ただし、揶揄の他称はまもなく、メンバーの自称にもなったようである。[21] このように、キンダーガルテンをグループとする認識もまた、二〇世紀初頭の南アフリカに生じた。

他方で南アフリカに渡るまでについても、メンバーの経歴には共通の傾向が確認できる。共通項の第一は、スコットランド出身のパトリック・ダンカン、デューガル・マルコムを除く九人がイングランド出身だったことである。表一の「生没年」の項目にあるように、生年の大半は一八七〇年代に集中している。また、父親は貴族、銀行家、教区牧師などだった。共通項の第二は、ダンカン、ジェフリー・ロビンソンを除く九人がオクスフォードのニュー・カレッジを出ていたことである。ダンカン、ロビンソンについてもそれぞれベイリオル・カレッジ、モードリン・カレッジを出ており、オクスフォード出身である点は全員に共通する。

史料上詳細にたどるのは難しいが、こうした在英時の経歴が、シティズンシップへのキンダーガルテンの関心に影響を与えたことは確実である。特に、オクスフォード経験は決定的だった。当時のオクスフォードでは社会問題について、国教会の積極的介入を主張するキリスト教社会連合の活動、あるいは国家介入を提唱するトマス・ヒル・グリーン、フランシス・ハーバート・ブラッドレーなどの理想主義哲学が学生、ことに将来帝国建設に関与する人材に多大な影響力を持っていた。[22] キンダーガルテンもこの環境の中で、宗教と政治、救貧と社会改革の問題に関心を寄せた。メンバーのダンカン、カーティス、ヒチェンズ、リチャード・フィータムの四人は、オクスフォードを卒業すると、ロンドンでフィランスロピー（慈善・博愛）活動に専念することになる。四人に深い感銘を与えたのは、社会改革家オクタヴィア・ヒルの労働者住宅供給事業だった。カーティスは「裏庭付きの質素な一戸建てのほうが、いまロンドン州会が建設している近代的なフラットよりましです。ドアと階段が居住者の意のままになり、家族の調和を保つことができるからです」というヒルの言葉を強く記憶にとどめている。(23)

❖「フェルトのロマンス」

一八九九〜一九〇五年、南アフリカに渡ると、キンダーガルテンのメンバーは新天地の印象を数多く書き残した。ただしその題材、内容は、南アフリカ景観の文学的表象である「フェルト（草原）のロマンス」に依拠する部分が大きい。(24)例えば、題材の一つはケープ内陸部のカルー高原である。カーティスは友人に「いままだ、列車はカルー高原を走っています。ここは、まるで神の怒りが落ちたかのような場所です」と書き送っている。(25)また、フィリップ・カーは家族に「〔朝は〕天地創造の朝のように、本当に恐ろしい場所〔で、涼しい夕方には〕すべてが静まり返り、地平線は蛇のように遠くでくねって、囲いも堤防もなく、不毛の地における一筋の明るい縞のようです。日没は〔イングランド〕北部出身者の眼には新鮮に映ります」とも書き送っている。(26)エキゾティック、かつ理想郷を建設すべき「新しい土地」のイメージは、メンバーの心性に適合した。(27)

フェルトのロマンスは、キンダーガルテンの人種観の形成にも一役買う。すなわち、新天地に関するメンバーの印象で有色人種が目立つことはほとんどなかった。他方「ボーア人」への共感的眼差しは、敵対していた第二次南アフリカ戦争時でも一貫している。例えば、カーティスは母親に「〔ボーア人の農家の〕机上には家族用の聖書がありました。実際世界中どこへ行っても、テュートン人の農家は同じだそうです」と書き送っている。[28] また家族には、一八九〇年代にセシル・ローズの下で、イギリス人もオランダ人もともにテュートン人である、との人種主義的主張を行った歴史家シールの読書案内をした後「ボーア人について知れば知るほど、彼らが人間として一層優れている、と思うようになります。彼らは、枝葉を付けず地中に根を伸ばしつづける樫の木のようです」とも書き送っている。[29] さらにミルナーには「わたしは、あなたよりずっと親ボーア派である、といつも言ってきました」とも述べた。[30] こうしたボーア人観は、農村的人間のステレオタイプをまったく脱していないとはいえ、無教養、狂信的というイギリス人の伝統的侮蔑感とは一線を画している。一八七〇年代の植民地相カーナヴォンと親しかった歴史家フルードの系譜を継いでいる、とも言えるだろう。このように、メンバーはフェルトのロマンスのイメージを借り、有色人種を排除する一方、ボーア人についてはイギリス系入植者に準じて対処する視角を形成した。

✣ヨハネスブルクの再建

以上の経緯により、イギリス帝国のトランスヴァール再建のスタッフになると、キンダーガルテンのメンバーは、主にボーア人を対象とする救貧と社会改革の領域に関与した。例えば、カーティスはミルナー秘書の時期（一九〇〇〜〇一年）から、当地の金鉱業の中心だったヨハネスブルクの市政に携わっている。第二次南アフリカ戦争末期の同市は、二つの困難に直面していた。第一の困難はインフラ問題である。同市のインフラは、トランスヴァール共和国時代の戦前でも未整備だった。例えば、交通については貧弱な民間経営、鉄道馬車の段階にあった[31]。こうした未整備のインフラも、戦争の結果完全に荒廃する[32]。第二の困難はプア・ホワイト問題である。同市には戦前から大量のボーア人が流入し、荷牛車・辻馬車の御者、建設業などに従事して都市の下層を形成していた。こうしたボーア人は、戦争の結果一層の困窮状態に陥る[33]。この時期、イギリス軍とともに同市に入ってきた複数のイギリス人が、プア・ホワイトの状況を克明に描写している[34]。その一人で、一九二四年と二九～三五年にイギリス首相（労働党）を務めることになるラムゼイ・マクドナルドは、単身労働者の生活について次のように記す。

ヨハネスブルクが、国家の有機的な一部となっていく都市社会であることを認めなかった点について、クリューガー〔元トランスヴァール共和国〕大統領はまったく正しかった。街中の賃金労働者の居住地域を歩けば、数多くの食堂を見ることができる。ヨハネスブルクで家にいる労働者を探し出せば、その家は単に、同僚と共有する寝室に過ぎないことがわかる。家族生活——国家は本来、その基礎の上にあるのだが——は、大半の人々の間では存在しているとは言い難い。黄金の町では、人々は家ではなくベッドを借りているのである[35]。

カーティスの課題は以上のインフラ問題、プア・ホワイト問題という二つの困難を有機的に解決することだった。

「ヨハネスブルクの、現在、未来の市域に関する覚え書き」（一九〇一年九月二三日付）と題する文書で、カーティスは再建計画を提示する。ヨハネスブルクの市域に関しては当時、プア・ホワイト地区をその他の地区から分割すべしとの意見が支配的だった。戦争が小康状態に入った結果、ボーア人の再流入が起こって都市機能が飽和したためである。だがカーティスは、こうした分割論に異を唱える。たしかに市域の策定は経済と行政の効率性に従うべきだが、階級による社会生活の分離も危険である。また市街地のコミュニティと、将来ボーア人の移住が期待される近郊の田園的ソサエティをあらかじめつないでおくことも肝要だ、とカーティスは説く。次いで財政、下水道、公衆衛生、飲酒・賭博、市街電車、電灯の各項目について、再建の具体策を提示する。特に市街電車を、近郊の庭付きの一戸建てと職場を結び付け、健康・教育・道徳上の利点を有する、と重視する点には、ヒルの影響が窺える。このようにカーティスは、救貧と社会改革の対象としてボーア人労働者層を明確に措定した(36)。

しかしシティズンシップの涵養に関しては、エリート志向の限界も垣間見える。カーティスは「覚え書き」を「最大の障害は……一流の能力と経験を有する人間に仕事と責任の共有を求めること」と締めくくる(37)。ここでは、シティズンシップ涵養の対象としてはイギリス人資本家層しか措定されていない。カーティスの狙いどおり「覚え書き」は「一流の人間」のあいだには広範な議論を巻き起こした。「トランスヴァール鉱業会議所の回答」(一九〇一年一〇月一日付)は「覚え書き」の総論には賛意を示しながらも、階級による社会生活の分離は不可避である、と説く(38)。この「回答」に対してカーティスは、「総督府が採るべき真の政策は……諸階級を繋ぎ合わせ、法が定めるそれぞれの利益を保護すること」と反論している(39)。こうした議論は、一層の議論を巻き起こした(40)。

カーティスのエリート志向は、一面ではミルナーの官僚志向とも通じている。例えば、ミルナーは、イギリス本国の政治体制が官僚の専門知識を軽視していることを、「経験に裏打ちされた知識と、精度の高い情報に対する敬意の欠如が全体に拡がり、上流階級と統治構造の心理、判断に影響を及ぼしています」と批判している。[41] トランスヴァール再建に際してのシティズンシップの涵養は、こうしたエリート志向、官僚志向のために著しい限界を示していた。この限界を克服することが、メンバーにとって次の段階の問題になる。

二　中国人労働者導入問題と「白人国家」の認識

❖ミルナーの失脚とキンダーガルテンの下野

キンダーガルテンのエリート志向について、転機の一つになったのは中国人労働者導入問題である。二〇世紀初頭、イギリス帝国のトランスヴァール再建の核心はランド金鉱業の再建にあり、その最大の課題は低賃金労働力の確保だった。だが、第二次南アフリカ戦争の混乱もあってアフリカ人労働者の徴募は困難を極め、白人を低賃金で雇用することにも抵抗感は強かった。そこで、第三の選択肢として浮上したのが中国人労働者の導入である。ただし、当局は導入に条件を付けた。中国人労働者に対し、熟練労働への従事を禁止するとともに、契約満了時には中国に帰還するよう命じたのである。[42] この条件は、中国人が多様な職業に就いて永住することを未然に防止し、白人の数的、社会的優位を維持するためのものだった。例えば、導入を推進したミルナーは「アジア人の導入」を「アジア人の移民」としない配慮を書き残している。[43]

しかしこうした配慮にもかかわらず、トランスヴァールのボーア人／アフリカーナーは中国人労働者の導入自体に反発した。特にその指導者は、代わりにプア・ホワイトを高賃金で雇用するよう鉱業資本に求める。例えば、指導者の一人スマッツはケープのメリマンに「トランスヴァールの困難な労働問題に対する最善の解決策は、われわれの貧しい南アフリカ人が仕事を分け合う白人のランド〔を創ること〕です。利潤は、わたしとしては問題外ですし、時間が経てば一般に受け容れられていくでしょう」と書き送っている。[44] このように、アフリカーナー指導者の主要な関心はプア・ホワイトの救済にあった。中国人脱走者が引き起こす一般犯罪への警戒などもあいまって、導入への反発は日増しに広がり、第二次南アフリカ戦争に敗北したアフリカーナーの政治的復権につながっていく。反発はやや異なった角度からイギリス本国でも巻き起こり、一九〇五年、ミルナーは失脚した。[45] ミルナーは離任に際し「イギリス人とオランダ人は、イギリスと南アフリカが協力し合う帝国国家への忠誠において結合します。……真の帝国主義者は最良の南アフリカ人でもあるのです」と発言し「オランダ人」の問題への配慮を明確にした。[46] その後、本国でユニオニスト党のバルフォア内閣も退陣し、後継のヘンリ・キャンベル・バナマン自由党政権がトランスヴァールに対して責任政府（議院内閣制）の授与に動くと、キンダーガルテンの多くも職を退いて野に下る。

この一件は、キンダーガルテンに「白人国家」の認識を付与した。例えば、カーティスは一九〇六年一〇月三〇日のトランスヴァール総督府退職時の講演で、次のように話を切り出す。

おそらく、わたしの仕事の中でもっとも困難な部門は、この国の将来にとってもっとも重要な、アジア人問題に関する部門でした。その部門の経験は……トランスヴァールを〔今後とも〕白人国家としていくことに帰結しました。そうすることによってこの国は〔アジア系移民の人口が多い〕モーリシャスやジャマイカのような国々に振りかかった運命から逃れることができるでしょう。(47)

カーティスは在職中から、金鉱業の要求に応えて指紋採取など非白人労働者の移動管理を主導していた。(48)また、アフリカ人による都市の占拠を嫌い、南アフリカ原住民問題委員会に、家族を農村の保留地に留め置くことを答申させる。これは、ダンカンによって一九一三年の原住民土地法に橋渡しされ、後年のアパルトヘイトへとつながっていく。(49)さらにカーティスの「白人国家」の認識が、ミルナーによる配慮を超えてスマッツの「白人のランド」志向と共鳴していることも明らかである。カーティスの「〔わたしは〕あなた〔ミルナー〕よりずっと親ボーア派である」という言葉も思い起こしたい。講演前年の一九〇五年末からランド経済は不況に陥り、アフリカーナーの生活事情はますます悪化した。カーティス、フィータム、カーの三人は、講演翌月の〇六年一一月、トランスヴァール貧困問題委員会を組織してプア・ホワイト施策に本格的に着手する(50)(**写真9**)。この施策を通して、スマッツはメンバーとの交流を深め、最終的にはその支持者になった。(51)

❖自治とシティズンシップ

カーティスの講演はもう一点、責任政府授与に関連して自治の問題に言及していることも興味深い。カーティスはまず「自治は、システムが拠って立つ偉大な基礎である」と称揚する。トランスヴァールは行政の理想郷であるが、行政はわずかしかなし得ない。カーティスはここで「個人的意見は差し挟まな

写真９　自治体の水道管敷設事業に従事するプア・ホワイト（1907年）
Van Onselen, *Studies vol. 1*, 146.

い」と述べ「中立」のスタイルに転じる。だが同時に「未来を見据えるためには過去を見据えることが必要である」とも述べ、話題を国際比較に移す。南米諸国には進歩がなく、意味なき堂々めぐりと終わりなき混乱が存在するのみである。これに対してイギリス、ドイツ、アメリカ合衆国の経験は学ぶに値する。英独米では、大衆は自治を渇望するが、空論にも走りやすい。大衆を「立法過程」に参画させることによって問題を解決している。ここに「既成の教養」、国家の進歩の秘密がある、とカーティスは小括する。[52]

話題はこの後、自治の将来の目標となるべき南アフリカ連邦結成に移っていく。カーティスは、他地域を思い遣る利他主義を称揚する一方、一八五〇年代のケープ植民地総督グレイ、七〇年代のカーナヴォン、八〇年代のアフリカーナー同盟、九〇年代のセシル・ローズと歴史的系譜をたどり、連邦結成の必然性を示唆した。[53] 以上のように、カーティスは自治への関心を明確に示した。同時に、中立を強調して「聞き手が自分で考える」としながらも、国際比較を用い、あるいは歴史的系譜をたどって話題を特定の方向（連邦結成）に誘導し、シティズンシップ涵養のスタイルをも確立したのである。またドイツの経験、アフリカーナー同盟などを列挙するのは、アフリカーナーの聴衆に配慮したものと言える。

シティズンシップ涵養の対象も拡大した。例えば、メンバーのダヴはトランスヴァール入植問題委員会委員長として各地を巡り、イギリス系農業移民[54]を現地指導した。この様子について、ダヴは家族に、次のように書き送っている。

わたしが自らに課したルールは、約束をしないことです。会合の冒頭、代表者はいくらか尊大に、地主が小作人のところに来て談笑するのはよいことだ、と語りました。そこで、わたしは訂正し、われわれは地主と小作人ではなく入植計画のパートナーであり、成功のためにともに協力しなければならない、と言いました。すると彼らは、予期していなかった地代を払わなければならなくなったというのに、大いに喜んだのです。われわれは一日中語り明かしました[55]。

こうした動きと並行し、ダヴはアフリカ人の怠惰への蔑視、あるいは人種混交や「アジア人問題」への懸念も深めている[56]。シティズンシップ涵養の対象拡大と白人国家の認識は、表裏一体の関係にあった。

だがダヴの場合、ボーア人観になお一定の限界があることは否めない。例えば、ダヴは家族宛書簡で、オランダ東インド会社時代のケープ建築を礼賛している[57]。この建築を誇る当地のアフリカーナー農園主は、帝国支配とイギリス系入植者に概ね協力的だった[58]。他方トランスヴァールの非協力的な零細農民については、次のように否定的である。「彼らの一人はビターエンダー〔第二次南アフリカ戦争時のボーア人抵抗者〕で、われわれとの協力を一切拒否しました。彼は〔当時トランスヴァール・アフリカーナーの指導者で一九一〇～一九年に連邦首相を務めることになるルイス・〕ボータ以外、誰とも協力しないでしょう」[59]。また南ローデシア（ジンバブエ）旅行時には、イギリス系、アフリカーナーを問わず、都市にいる貧困層の入植者一般に侮蔑感を示している[60]。メンバーが認識を深めるには、もう一段階必要だった。

三　連邦結成と入植者ナショナリズムの認識

❖隔週クラブ、ケープ、ジェブ

先述の通り、イギリスがトランスヴァールに対して責任政府の授与に動くと、キンダーガルテンの多くは公職を退き、同地域再建の実務から手を引いた。さらに一九〇六年一二月、授与が現実のものになると、メンバーは野に在って連邦結成を推進し始めた。カーティスは「〔責任政府授与は〕理に適っているが、もし他の何事も実現しなければ、旧〔トランスヴァール〕共和国はケープ植民地、ナタールとの衝突に追い込まれ、南アフリカは再度戦争に突入するだろう」との言葉を残している[61]。カーティスにとって連邦結成とは、自身が再建に携わったトランスヴァールをイギリス帝国の下にとどめることを意味した。メンバーは〇六年一〇月「隔週クラブ」を設立している。フィータムは「南アフリカ連邦結成の諸問題」と題する講演で、設立の目的を連邦結成の推進と定めた[62]。同クラブは、具体的政策課題について調査、分析、討論を行うシンクタンクである。例えば、ダンカン、ヒチェンズは、本国のジャーナリストだったフレデリック・スコット・オリヴァーの『アレクサンダー・ハミルトン』（一九〇七年）[63]を課題図書に据え、アメリカ合衆国建国の先例に学んだ。ただし同クラブは、自体の存在を隠す「秘密の委員会」（ロビンソン）だったため、活動内容の詳細を知ることは難しい。[64]

だが、メンバーはまもなく、ケープの入植者ナショナリズムという困難に直面する。前章で通観してきたように、ケープでは一八五三年の代表政府授与、七二年の責任政府授与など自治の拡大がつづき、またカーナヴォンの統合策への反発などを通して入植者ナショナリズムも進展した。ケープはこの点で、九三年にようやく自治を獲得したナタール、ボーア人の独立国家だったトランスヴァール、オレンジ自由国とは歴史を異にしている。さらに、セシル・ローズがトランスヴァール転覆に失敗して首相を辞任し、第二次南アフリカ戦争への危機が累積していく九〇年代後半のケープでは、シティズンシップの議論も登場する。例えば、この時期にローズと訣別した作家で女性解放運動家のオリーヴ・シュライナーは、帝国主義的強権政治に対抗する手立てとして、都市と農村にアソシエイションを創る、メディアを使う、の二点を植民地人に促している。[65]

ケープの入植者ナショナリズムは二〇世紀初頭、さらなる展開を見せる。当時、反発の対象はミルナーに集中した。特に、ミルナーが一九〇二年、南部アフリカ諸地域の中央集権的統合の第一段階としてケープの自治停止を画策したとき、ケープ政界は猛反発し、画策を阻止した。この事件について、当時植民地議会下院の議員だったジェイムズ・モルテノは後年「もしわれわれの陣営があの闘いで負けていたら、トランスヴァール、オレンジ川両植民地への自由な諸制度の導入〔責任政府授与〕も、南アフリカ連邦結成も無期限の延期になっただろうし、ミルナーの狂気の政策による避け難い攻撃によって、イギリス国王とイギリス帝国は南アフリカを失う結果となっただろう。われわれは……南アフリカの真の愛国者だった」

と回顧している。[66] ミルナーへの反発が、イギリス帝国への反発を意味していないことに留意したい。こうした立場を代表する人物は「キンダーガルテン」の命名者メリマン（写真10）である。メリマンは〇四年、スマッツに「善意に解釈しても疑いなく、利権を用いて連邦結成を企てるミルナー卿を見ると〔スウィフト『ガリヴァー旅行記』中の〕屋根から下に向かって家を建てる計画を抱いた、ラガード〔市の〕研究院の有名な設計者を思い出します」と書き送っている。[67] このようなケープの入植者ナショナリズムにいかに対処するかは、連邦結成に際してキンダーガルテンの中心的課題になった。

もっとも、メンバーが入植者ナショナリズム一般を認識した契機としては、リチャード・ジェブの理論的影響も存在する。ジェブは、キンダーガルテンの多くの出身校であるオクスフォードのニュー・カレッジ在学中に地所を相続して自治植民地を旅行、帰国後『植民地ナショナリズムの研究』（一九〇五年）などを著して帝国統合問題の代表的評論家になった。[68] ジェブは一九〇一年のオーストラリア連邦結成などに

写真10　ジョン・ゼイヴィアー・メリマン
Lewsen, *Selections 1899–1905.*

直面し「過去に根づいた〔白人定住〕植民地の忠誠心は、未来へと達する愛国主義に徐々に屈しつつある。進化に伴って帝国は自体としての価値を失い、分離主義的ナショナリズムの利害関心と理想に重心は移っていくだろう」との危機感を抱く。(69)そこで、分離独立を志向する「部族ナショナリズム」を排し、帝国を上位に戴く植民地ナショナリズムを確立するよう訴えた。(70)また、〇七年四月の帝国会議（植民地会議から改称）で本国と自治領との対等の関係が明確になると、それを自由国家群（本国と自治領）の「ブリタニック同盟」、さらには中央政府を伴う「帝国連邦」へと移行させるよう提唱する。(71)以上のジェブの構想は、キンダーガルテンにも影響を与えた。例えば、メンバーの著書にはジェブの引用が確認できる。(72)だが、入植者ナショナリズムへのメンバーの具体的理解が進んだのは、南アフリカ経験によるところが大きかった。

✣『セルボーン覚書』

キンダーガルテンは一九〇七年一月、連邦結成に関わる最初の重要な仕事として『セルボーン覚書』を南アフリカの各植民地政府に提示した。また七月には、この内容を『ケープ・タイムズ』『ヨハネスブルク・スター』など主要各紙に発表し、世論の喚起を図った。(73)だが、メンバーは自身の関与を隠している。代わってケープ植民地首相ジェイムソン（セシル・ローズによる一八九〇年代後半のトランスヴァール転覆の実行者）、アフリカーナー同盟の指導者フランシス・ステファヌス・マランの求めに応じ、ミルナーの後任の高等弁務官セルボーン（ウィリアム・パーマー）が所見を述べる、という形式を採用した。(74)匿名性によって「読者が自分で考える」スタイルを創り出そうとしたのである。

こうした「シティズンシップ」涵養の工夫は、随所に確認できる。同書は「南アフリカ分断の歴史的要因」「南アフリカ鉄道建設に関する分断の結果」「南アフリカ財政に関する分断の結果」「原住民・労働問題への分断の影響」「経済状況への分断の影響」「国家の拡大」「国家機構の役割」「近未来」「概観」の九章から成っていた。一例として「南アフリカ鉄道建設に関する分断の結果」の章を検討しよう。同章の執筆者は、当時トランスヴァール・オレンジ川植民地間連絡会議に勤務していたカーである。カーはまず、鉄道誕生以来の「歴史的系譜をたどり」使用料などをめぐる地域間の対立、特にデラゴア湾問題に光を当てる。金鉱を擁するトランスヴァールの外港の選択をめぐっては、デラゴア湾を有するポルトガル領東アフリカ（モザンビーク）とイギリス領のケープ、ナタールの間に対立があり、トランスヴァール自体は鉄道使用料が安い前者に傾いていた。この対立は第二次南アフリカ戦争の一因にもなるが、戦争が終わっても問題は解決しなかった。

ここで、カーは「統計の多用」というスタイルを採用する。一九〇二年一一月の時点では、デラゴア湾一四〇〇〇トンに対して南アフリカ全域（ケープ、ナタール）五一〇〇〇トンだった港湾の取扱高が、〇六年八月には二一〇〇〇トン対一七〇〇〇トンになっている、といったデータを多用し「こうしたことすべての教訓は明白である。他の政府の下にいる〔ケープ、ナタールの〕人々のために〔トランスヴァール植民地が〕目に見え、連続的かつ本質的な財政上の損失に耐えることはできない」と小括する。[75] 鉄道の官有化も問題の解決にはならなかった。カーは「外国の先例に学ぶ」スタイルに転じる。特にアメリカ合衆国の事例を検討しながら「こうした困難をいかに克服したらよいかを提案するために、南アフリカの人々がわたしを任命しているわけではない。だが、南アフリカ鉄道制度の統合のために克服すべき困難の規模

写真11　マルティヌス・ステイン
Lewsen, *Selections 1905–1924*.

を提示することには、わたしは前向きかつ躊躇しない」と締めくくる。[76]

しかし、こうした創意工夫にもかかわらず『セルボーン覚書』の評判は芳しくなかった。[77] 例えば、元オレンジ自由国大統領のマルティヌス・ステイン（写真11）はメリマンに「誉めるのがしきたりであることは承知していますが、われわれの連邦結成への道に存する多くの困難について、彼〔セルボーン〕が取り除いてくれたのか、あるいはわれわれに取り除き方を教えてくれたのか、わたしにはわかりませんでした。パンフレット〔『セルボーン覚書』〕全体は粗雑で、レトリックと悪い話に満ちています」と書き送っている。[78] また、本国の干渉への反発も消えていない。一九〇七年七月一五日付の『ケープ・タイムズ』紙は同書を「帝国政府の干渉は南アフリカの繁栄にとって、過去災厄だったし、いまもそうである。……こうした状況に対する唯一の現実的修正策は、南アフリカの利害を全体として処理できる、南アフリカ国民政府の実現である」と評している。[79] キンダーガルテンとは異なり連邦結成を、本国の干渉に対する防波堤と捉えていることに留意したい。また、ケープ政界では〇八年二月、同書の発表にも協力した首相ジェイムソンが植民地議会選挙に敗北して辞任、メリマンが後を継ぎ、メンバーの苦境は深まっていく。

❖連邦結成運動と『南アフリカの政府』

他方当時は、南アフリカ白人の世論において白人国家への関心が高まった時期でもある。メリマンは中国人労働者導入問題に際してもスマッツの「白人のランド」に賛意を示していたが、[80]一九〇七年一二月、ナタールでズールー人のバンバタ蜂起[81]が終結すると「原住民問題」への関心を鮮明にした。[82]こうした状況に対応し、連邦結成への白人「国民」の主体的参画を引き出すため、メンバーは次の二つの軌道修正を実行に移した。

第一の軌道修正は、連邦結成を一大国民運動として展開することである。キンダーガルテンは一九〇八年以降「連邦結成運動」に着手する。同運動でも、メンバーは立案に携わったものの、基本的には裏方に徹した。これに対して執行部には、ケープをはじめ南アフリカの政治家が数多く名を連ねた。興味深いのは、連邦結成協会の日常的活動が講演会の開催、定例会での学習と討論など会員の幅広い参加を前提としていた点である。また運動の機関誌であり、当時唯一の、南アフリカ全域にわたる定期刊行物だった『ステイト』誌でも国旗の募集、小説、写真の懸賞など読者参加型の企画が目立つ（次章参照）。

第二の軌道修正は『セルボーン覚書』を改善して新しい一書をまとめることである。キンダーガルテンは一九〇八年一〇月、連邦結成運動の出版物として『南アフリカの政府』を世に問うた（表2・3）。著者は「匿名」であるが、実際にはカーティスが大半を執筆している。内容は『セルボーン覚書』と類似し

表2 『南アフリカの政府』第1巻の構成

第1部　イギリス領南アフリカ概観	
第1章	帝国と植民地のフロンティア
第2章	内部の行政単位
第2部　政府の一次的機能	
第3章	第2部の構成
第4章	法律
第5章	社会の防護
第6章	社会の構成
第7章	社会の改良
第8章	交通・通信
第9章	富の生産
第10章	中央・地方政府機能の分割
第3部　政府の二次的機能	
第11章	第3部の構成
第12章	副次的二次的機能
第13章	情報
第14章	歳入
第15章	債務
第16章	歳出の管理
第17章	行政
第18章	地方自治
第19章	連邦への二つの道
第20章	オーストラリア中央政府の開始
第4部　政治支配の機構	
第21章	政治の主題
第22章	国王・総督
第23章	内閣
第24章	議会
第25章	国王・総督、内閣、議会の位置関係
第5部　南アフリカ連邦結成の法的手段	
第26章	南アフリカ政府の法的基礎

ているが、重要な相違が二点ある。相違の第一点は、白人国家の認識を鮮明にしていることである。例えば、第六章「社会の構成」には、

〔普通〕サクソン人とノルマン人のように、二種類の人々の間に出現する敵愾心は……偶然の産物である。彼らは、そうした敵愾心にもかかわらず共通の政治目的のために協力できるし、時間の経過とともに一つの国民になることもできる。南アフリカの白人間の争いは、こうした一瞬のものである。

だが、南アフリカの黒人と白人のあいだの人種問題が、深く根差した反感から生じていることはほとんど考えなくてもわかる。ヨーロッパ人と黒人は、共通の祖先を人間と呼べないほどの時代に別れてしまったに違いない。

との記述がある。[83] 中国人労働者導入問題を契機とした白人国家の認識は、当初排除の主対象を「アジア人」に置いたが、ここでは明確にアフリカ人になった。

相違の第二点は、全国会議（連邦結成のための各地域代表者会議。一九〇八年一〇月～〇九年五月、三

表3 『南アフリカの政府』第2巻の構成

図表1	地域と人口
図表2	植民地間連絡会議
図表3	政府の体制
図表4	司法制度
図表5	裁判所裁判権の比較
図表6	鉱業法の比較
図表7	原住民教育
図表8	人口調査の費用
図表9	アメリカ黒人
図表10	貯蓄銀行収支
図表11	鉄道収支
図表12	鉄道組織
図表13	郵便収支
図表14	郵便組織
図表15	郵便補助金
図表16	鉄道当局者の比較
図表17	オーストラリア国有鉄道の経営
図表18	港湾収支
図表19	植民地間農業連合決議
図表20	政府の一次的機能の分類
図表21	立法主題一覧
図表22	通常歳入源
図表23	歳入の徴収
図表24	公債
図表25	歳出予算例
図表26	通常歳出項目
図表27	歳出入比較
図表28	貸借対照表
図表29	行政組織図
図表30	ケープ植民地の教育地方当局者
図表31	各植民地総督府開設の開封勅許状
図表32	上下院
図表33	選挙人資格と登録
図表34	選挙人構成等
図表35	歳出法案
図表36	南アフリカ議会法案
図表37	自治植民地議会

次にわたって開催）の参加者への配布、連邦結成協会の講演会や定例会のテキストというように、読者を明確に想定していることである。「読者が議論できるようにするため情報を提供する」ことを目指し[84]、第二巻を資料編に当てている。また、話題を特定の方向に誘導するスタイルも、幾分和らいだ。例えば、『セルボーン覚書』の「南アフリカ鉄道建設に関する分断の結果」に対応する第八章「交通・通信」では「外国の先例に学ぶ」「統計の多用」を踏襲する一方「歴史的系譜をたどる」記述は消えている[85]。歴史の問題は、深刻な対立にもっとも帰結しやすかったからだろう。『南アフリカの政府』は、キンダーガルテンのライヴァルだったメリマンの称賛を得た[86]。またカナダ、オーストラリア、ドイツなどの先例に学んで、連邦政府の機構について提言した『連邦の枠組』（一九〇八年）、メンバーのロバート・ブランドが執筆した『南アフリカの連邦』（〇九年）などの類書が出たことも『南アフリカの政府』の成功を裏付けているといえよう。なお、『連邦の枠組』の著者は匿名であるが、実際には、〇九～一二年『ステイト』誌の編集長を務めることになるバジル・ケレット・ロングが執筆している[87]。以上の経験は、イギリス帝国全体の問題に対するキンダーガルテンの関心にも反映していくが、その前に次章ではいましばらく『ステイト』誌などの問題を探りたい。

第二章　連邦結成と「和解」の創出

一　連邦結成とケープ

❖ミルナーのイギリス化政策とアフリカーナーの反発

一九一〇年、ケープ、ナタール、トランスヴァール、オレンジ川の四植民地は南アフリカ連邦を結成した。これは、前章で検討してきたような、キンダーガルテンによる白人国家、入植者ナショナリズムなどへの配慮の成果だった。しかし、連邦結成の実現には、そうした点への配慮だけでは不十分でもあった。たしかに、統一国家の必要性は次第に認識されるようになっていたが、そもそも二〇世紀初頭に「南アフリカ人」という横断的アイデンティティをもつ者は少なかった。ヨーロッパ系は長い間、地域や階級ごとに分断されていた。(1)

さらに、一九～二〇世紀転換期にはエスニックな対立が深刻さを増した。その一つの契機は、第二次南アフリカ戦争時のイギリス系のジンゴイズム（熱狂的愛国主義）や焦土戦術などにある。戦争末期にはボーア人についても、イギリス軍に投降する者が続出して伝統的共同体が分裂した。(2) この分裂による深い傷に関して、トランスヴァールのアフリカーンス語詩人でジャーナリストのユージーン・マレイは一九〇二年、憎悪の感情は海ほども深く、地球ほども広い。……こうした人々〔イギリス軍への投降者〕がわれわれの名誉ある名前を汚した以上、われわれは彼らを感情の根底から憎悪する。許すのはおろか、忘れることすら困難である。

と書き残している。[3] マレイの言葉は、直接にはボーア人内部の「裏切り者」に向けられているが、後年の反英的なアフリカーナー・ナショナリズムを予感させるものでもある。

エスニックな対立は、ミルナーによる戦後のイギリス化政策を通して決定的になる。この政策は、イギリス系移民の導入によって旧ボーア人国家の人口比を逆転することと、英語教育の推進によってアフリカーナーの民族性を破壊することを目的としていた。[4] 歴史教育についても、アフリカーナーの民族性の基盤である「南アフリカ史」を排し「世界史」を重視する姿勢が明確化する。ミルナーは早くも一九〇〇年、

わたしは、学校の歴史の読本を特に重視します。良質の世界史には価値があります。今日、子どもたちは南アフリカ史しか教わっておらず、あとはせいぜい、ほんの少しのイギリス史を教わるばかりです。……南アフリカの子どもたちの目を南アフリカの外に向け、世界を認識させるあらゆるものが平和を保証します。彼らの目を南アフリカのみに〔つまり彼らの歴史の読み物を、例えば、ディンガーンの日〔ボーア人がズールー王国のディンガネ王を血の川の戦いで破った一八三八年一二月一六日〕、マジュバ〔一八八一年、ボーア人が第一次南アフリカ戦争でイギリス軍に勝利をおさめた戦場〕……

に）束縛し、固定するあらゆるものが、アフリカンダー〔アフリカーナー〕の民族性を保証し、さらなる軋轢を生み出します。

と記した。[5] イギリス領植民地になった旧ボーア人国家では、マーガレット・バーサ・シングの『世界の物語』が「学校の歴史の読本」に採用される。同書は「大海の海岸にて」「新世界の発見」「ヨーロッパの覚醒」「制海権の獲得競争」「イギリス帝国の成長」の五巻から成り、創世記に始まって現在までの、西洋世界の拡大の歴史を扱った。[6] 素材としての南アフリカは、拡大の一局面としては登場するが、独立した主題としては登場しない。[7]

こうしたイギリス化政策に対し、アフリカーナーの反発は激しかった。一八七〇年代にケープタウン近郊で展開したアフリカーンス語普及運動が、今度はトランスヴァールや旧オレンジ自由国で大きな盛り上がりを見せた。[8] 歴史教育へのアフリカーナーの自覚も高まった。二〇世紀アフリカーンス語普及運動の指導者グスタフ・プレラーは一九〇六年「アフリカーナーは、自分たちの歴史とその正真正銘の真実をとられまいと用心している。他の者がこの歴史を教えることを許すはずがない」と記し、問題の重要性を訴えた。[9] 二〇世紀初頭の時期は、特に第二次南アフリカ戦争の記憶が焦点化する。イギリス軍の強制収容所で死んでいったアフリカーナー女性たちを称えるために記念碑の建立運動が巻き起こり、一九〇八年には詩人トティウス（牧師ヤコブ・ダニエル・デュ・トワ）が詩集『記念碑にて』を世に出した。[10] アパルトヘイト後の南アフリカでは人種間の和解が課題でありつづけているが、以上のように二〇世紀初頭の連邦結成でも、分裂する白人たちを和解させ、単一の南アフリカ国民を創り出すことが不可欠だった。

❖一九世紀末ケープの経験

そこで重要な意味を持ったのがケープの経験である。たしかに、ケープでは入植者ナショナリズムが進展した結果、他地域との中央集権的統合に対する抵抗感は強かった。その好例は一九〇二年の、ミルナーによる自治停止画策への猛反発である。だがケープには、一九世紀末に植民地首相のセシル・ローズが、イギリスの帝国主義政策に不信感を抱くオランダ系の協力を得ようとした経緯があった。当時争点になったのはやはり歴史、特にグレート・トレックの記憶である。一八三〇年代半ば、ケープのオランダ系の一部はイギリス人に反発して北東部へと移動し、五〇年代にはトランスヴァール共和国、オレンジ自由国を建てた。これらボーア人について、イギリス系の歴史叙述は無知、無法、残酷、野蛮と表象していた[11]。他方、ケープのオランダ系はフォルトレッカー（原義は先駆者）と称えて「いにしえのフォルトレッカーは……もともとわれわれと同じ民族であり〔イギリスの〕強制がなければわれわれと同じ民族でありつづけるはずだった。……高山と大河によって互いに隔てられていても、全員を一つの民族としてつなぐ紐帯はけっして破られない」と記す[12]。ローズは、こうした歴史の断絶を解消することが白人統合の鍵であると認識していた。一八九一年には、アフリカーナー同盟の年次大会で「もし諸君が、この国のイギリス系の人々と誠心誠意協力することを希望するなら、自治の問題についても心を一つにしましょう。……われわれには、振り返ることのできる歴史とネイションがあります」と演説している[13]。

そのようなローズの庇護下では「植民地修史官」の称号を有した「南アフリカ史研究の父」シール（**写真12**）が大きな役割を果たした。シールは、アメリカ独立に反対してカナダに移ったロイヤリストの家庭に生まれた。そして、ケープに渡って新聞編集者を手はじめに、キンバリーでダイヤモンド採掘、ラヴデールでミッション・スクール教師と住所、職業を転々とし、一八七〇年代末以降、ケープタウンでアーキヴィストとして活躍した。また、南アフリカ史のほぼ全ての領域を対象として膨大な量の史料集、著書を出版する。(14) シールは、争いの種になるグレート・トレックのような話題から巧みに重心を移した。まず、南部アフリカの非イギリス系白人のうち、モザンビークのポルトガル人とケープのオランダ人の間に線を引く。

ポルトガル人は、兵士でも商人でも、南アフリカにおいて急速に退化する事情にあった。ヨーロッパ人の女性はほとんど見られず、ほぼあらゆる白人男性がバントゥー女性と交渉を持った。……野蛮人の社会を除くすべての社会から切り離され、一六世紀の終わりまでしばしば教会の聖職者の活動とも無縁で、怠惰のうちに沈滞し……その生活は、ヨーロッパ人の生活としてはもっとも惨めになった。(15)

写真12　ジョージ・マコール・シール
Saunders, *Making.*

他方、入植初期のオランダ人に関しては、人種混交を経験したものの社会秩序と文化的優位の維持に成功した、とする。[16]

人種主義にもとづく説明は、イギリス系とオランダ系の関係についても同様だった。例えば、シールは、一九世紀初頭のイギリスのケープ領有確定に関して「征服者と被征服者は同じ人種だったので、ケープ植民地がイギリス軍に降伏したことにより、両派は和解した。すべてのヨーロッパ諸国民中、ネーデルラント北部の住民は、イングランドとスコットランドの人々にとってもっとも血縁的に近いのである」と記す。[17] やはりローズと親しかったオリーヴ・シュライナーも、人種主義にもとづく説明を行った。例えば、一八九一年には『ケープ・タイムズ』紙に以下の記事を寄稿している。

捉えにくいが実際、すべての南アフリカ人をつなぎ、世界の他の人々と区別する紐帯は存在する。この紐帯は人種の混合それ自体である。これが南アフリカ人を世界の他の人々と分け、われわれを一つにしている。[18]

✣白人統合の進展と影響

世紀末ケープにおいて、白人の統合は一定の進展を見せた。シールは、一六五二年初めてケープに補給基地を建設したヤン・ファン・リーベックを「南アフリカ建国の父祖」としている。[19] このことを反映し、ローズなどの出資によって一八九九年、ケープタウンのアダリー通りにファン・リーベック像が完成した。[20] またアフリカーナーも、白人の統合を推進するローズを称賛した。例えば、アフリカーナー同盟の指

導者の一人ダヴィド・クリスティアーン・デ・ヴァールは一八九二年、

入植初期のオランダ人とユグノーのように、イギリス人とオランダ人は統一すべきです。二白人の調和は、南アフリカの進歩と平和の条件です。栄えあるローズは、他のどのイギリス人より明白にこの真実を認識し、ついに南アフリカの政策の公理として採用するに至りました。

と発言している(21)。

こうした統合は、ローズの失脚や第二次南アフリカ戦争によって大きな試練に立たされる。だが、歴史家シールの影響はその南アフリカ戦争中、ボーア人との戦いのただなかにあったトランスヴァールのイギリス陣営にも及んでいた。キンダーガルテンのカーティスに対するシールの影響は先述の通りである(22)。シール自身、入植者同士が戦う戦争には批判的だった(23)。

さらに、ケープの政治家は戦争が終わると、原住民問題を理由とする「和解」の提唱者として登場する。例えば、メリマンは一九〇二年、

当然ご承知の通り、ヨーロッパ人のあらゆるつまらない口論の下には、戦争によって深い感銘を与えられずにはいられなかった原住民の問題が存在します。この人々は将来武装し、白人に戦いを挑み、繰り返し襲うことでしょう。彼らから武器を取り上げ、教訓に学ばないよう諭すのは困難かと思われます。彼らはイギリス人が敗北し、退却するのを見てしまいました。……ヨーロッパ人種の二大勢力

の和解が必要不可欠である、という思いをすべての分別ある人民が抱くのは、原住民問題のますます切迫する重要性によってです。

と記す[24]。和解と人種主義という一対の表象は、繰り返し登場して連邦結成を促進する。例えば、オリーヴ・シュライナーは〇八年、連邦結成についての『トランスヴァール・リーダー』紙の取材に答えて「白人は主として二つの集団から成っていますが……両者とも大きくいえばテュートン人です。今日、部分的には諸般の伝統と、二つの言語——タール〔オランダ語／アフリカーンス語〕と英語——の使用によって分断していますが、血統と性質が一つなので、二世代内には通婚と共通の関心によって混じり合うことでしょう」と記し、白人の結合を訴えている[25]。だがケープの経験の影響は、一大国民運動としての連邦結成運動とその機関誌『ステイト』にもっとも強く感じられることになるだろう。

二　連邦結成運動と『ステイト』誌

❖連邦結成運動

連邦結成運動は「国民」の中から自生したわけではない。第一に、運動を立案したのはキンダーガルテンだった。キンダーガルテンのカーは一九〇七年九月半ば、故国イギリスの家族に宛てて「多くの〔実際には少しの〕公の議論もないのでは、オランダ人ばかりが主導する連邦体制、という危険が生じてしまいます」と書き送る。また、各地各層の支持を集めて初めて連邦結成が実現するのであり、目的達成のためには国民運動の推進が不可欠である、というメンバーの共通認識を示した(26)。こうした認識にもとづき、キンダーガルテンは運動立案の役割を担う。〇八年一〇月、運動の全国組織である連邦結成協会連合が成立したとき、メンバーのカーティスは幹事長の一人として、ダンカンは機関誌委員会委員長としてそれぞれ執行部入りした(27)。

第二に、運動の展開には南アフリカの政治家が深く関与した。例えば、一九〇八年五月、ケープタウンに最初の連邦結成協会が成立したとき、会長にはオリーヴ・シュライナーの弟で元ケープ植民地首相のウィリアム・シュライナーが就任した(28)。〇九年三月には総数が六〇以上に達した各地の協会でも、地元の政治家が幹部に就任する場合が多かった(29)。連邦結成協会連合でも、会長にはウィリアム・シュライナーが、副会長にはそれぞれトランスヴァール、ケープのアフリカーナーの指導者だったボータ、マランの二人が就任した(30)。

以上のように、運動の立案と展開は総じて上からの動きだった。規約を見ると、連邦結成協会連合の組織自体中央集権的である(31)。他方、連邦結成協会の日常的活動は講演会の開催、定例会での学習と討論など会員の幅広い参加を前提としていた。運動の文書は、

連邦結成協会が存在することによって、あらゆる市民は、連邦結成の大義のために何事かをなすことが可能となっている。協会が提供する文献を読み、会合に参加することによって、国家の体制が解決しようとしている問題を理解する準備がそれぞれにできる。誰もが他の人を勧誘し、連邦結成の重要性に目覚めさせることができるのである。

と記す。[32] 日常的活動について例えば、東ケープのクラドック協会は一九〇八年一一月の定例会で、連邦結成協会連合成立の報告に引き続き「連邦結成は農民にいかに影響するか」と題する講演、討論を行っている。[33]

❖『ステイト』誌

連邦結成協会の活動としては、講演会、定例会のテキスト作成を兼ねた出版も大きい。その好例は先述の、カーティスが執筆した『南アフリカの政府』であり、ロングの『連邦の枠組』である。[34] しかし協会の出版物としては、運動の機関誌であり、当時唯一の、南アフリカ全域にわたる定期刊行物だった『ステイト』誌（**写真13**）が群を抜く。

『ステイト』誌は月刊で、刊行時期は一九〇九年一月～一二年一二月の四年間にわたった。週刊紙とする構想は、資金不足のため潰えている。[35] 発行地はケープタウン、ヨハネスブルクの二か所であり、発行部数は、退潮が目立った一一年の時点で、毎号三〇〇〇部であった。[36] 同年の白人人口一二八万人と比較すると少ないが、識字率が低いこと、当時最大の日刊紙の一つ『ケープ・タイムズ』紙の発行部数が毎号三五〇〇部であることを思えば、一定の影響力を持ったと言えるだろう。[37] 購読者はケープとトランスヴァールで全体の八割を占めたが、販売拠点はローデシアにまで広がっていた。[38] ローデシアは当時、連邦に加わる可能性を有していたからである。[39] また、初期には英語、オランダ語の二言語での刊行が実現したが、やはり資金不足のため七号で途絶えた。[40]

『ステイト』誌は「非人種的〔イギリス系でもアフリカーナーでもない、の意〕・非党派的」立場を標榜していた[41]。同誌の際立つ特徴は、創刊の辞「連邦結成運動」に確認できる。

> 今日、われわれは単一の国民ではないし……そうなることは期待できない。だが、国民が骨組みされ肉付けされる用意はあり、いま、全国会議〔連邦結成のための各地域代表者会議〕の参加者は……枠組づくりに従事している。〔しかし〕一握りの指導者は、国家は形づくるかもしれないが、国民は創造できない[42]。

つまり、国民の創造が同誌の使命であることを明確に意識している。このことは、文化記事重視の姿勢にも窺える。**表4**は一九〇九年一年間の記事中、定枠記事などを除く一三四件を内容別に分類したものである。エッセイと創作が、全体の三分の二を占めている。しかも両者の割合は、同年末に近づくほど増えて

写真13 『ステイト』誌の表紙

表4 『ステイト』誌の記事の分類（1909年）

	Jan.	Feb.	Mar.	Apr.	May	Jun.	Jul.	Aug.	Sep.	Oct.	Nov.	Dec.	計
論説	5	5	4	6	4	4	4	7	3	0	1	3	46
エッセイ	2	3	3	3	4	4	4	3	6	8	8	6	54
創作	1	2	2	3	3	2	4	3	1	6	3	4	34
計	8	10	9	12	11	10	12	13	10	14	12	13	134

いる。

連邦結成運動全体のあり方とも対応して『ステイト』誌には多くの人々が関わった。編集長は当初、キンダーガルテンのカーが務めたが、一九〇九年七月、カーがイギリスに帰国したのに伴い『連邦の枠組』の著者であるロングに交代している[43]。創刊号にはメリマン、スマッツ、マランなど、南アフリカ各地の有力政治家が祝辞を寄せた[44]。記事の執筆者については、匿名記事が多く傾向を厳密に把握しがたいが、作家H・G・ウェルズ[45]などイギリス本国人からプレラー[46]などアフリカーナー・ナショナリストまで多種多彩である。しかし、文化記事に限って言えば南アフリカのイギリス系が圧倒的に多い（次節参照）。国旗の募集[47]、小説[48]、写真[49]の懸賞など、読者参加型の企画も目立つ。このことは、会員の幅広い参加を前提としていた連邦結成協会の日常的活動のあり方と対応しているとも言えるだろう。

『ステイト』誌は、時期的変化をも蒙る。同誌の出資者は当初、鉱業資本家のエイブ・ベイリーだったが、一九一一年半ば、同じく鉱業資本家のライオネル・フィリップスに交代し[50]、同年末には刊行主体がケープ・タイムズ社に移る[51]。同誌は以降、従来南アフリカの文化人を経済的に支援してきたフィリップス夫人フローレンス（**写真14**）の影響下に入った[52]。こうした変化に伴い、時事記事の減少とスポーツ記事の増加、といったように、同誌の性格も啓蒙誌から商業誌へと変化する。定枠記事としては「今月の商業と金融」が一一年一月号で「今月のできごと」が同年七月号、「海外事情」が一二年三月号でそれぞれ終了する一方、「スポーツ附録」が一二年八月号から始まった。文化記事重視の姿勢、国民創造の使命はむしろ強まっていく、と言えるかもしれない。

三　「和解」の表象

✣大航海時代

それでは『ステイト』誌には具体的にどのような内容が書かれていたのか。同誌の狙いは、白人たちを

写真14　フローレンス・フィリップスとライオネル・フィリップス
Gutsche, *No Ordinary Woman.*

和解させて単一の南アフリカ国民を創造することであり、そのために共通の歴史的記憶の創出が目指された。そこでは、和解の目的に適うテーマが強調される一方、争いの種になるような話題については宥和が図られるか排除された。シールは高齢のため執筆しなかったが、その後継者とも言うべきさまざまな人々が活躍する。

好まれたテーマの一つは大航海時代である。「一ヨットマンの意見」と題する記事では、白人入植者にとっての海の象徴的意味が次のように記される。「海がわれわれをこの地にもたらし、海がわれわれをこの地にとどめ、海のおかげでわれわれは安全に内陸部に進出でき、その安全にわれわれは依存している」[53]。海を経て南アフリカに達した入植者にとって、海は第一に畏敬の対象だった。

南アフリカに達するまでの航海の歴史も、同様に畏敬の対象になる。例えば政治、文化のさまざまな領域で活躍したハワード・ピム[54]は「昔の旅の話」で、フェニキア人のアフリカ大陸周航からコロンブスのアメリカ到達までを扱った。特に、一五世紀のポルトガルでアフリカ西岸の探検に尽力したエンリケ航海王子については以下のように記す。

彼は……勇敢かつ熱烈で、偉大な任務を成し遂げる情熱を持っていた。贅沢と貪欲は彼の下にはけっして寄り付かなかった。彼について唯一言い得ることは、真剣ということだ。賢明で思慮深く、博識かつ冷静、礼儀正しく気高く[55]――。

この記述は、エンリケ航海王子にこと寄せて開拓者精神を鼓舞していると言えるだろう。

「昔の旅の話」は大航海時代の一般的記述にとどまっていたが「カモンイスとアフリカの叙事詩」では、アフリカの文脈に即す姿勢が明確になる。ルイス・デ・カモンイスは一六世紀ポルトガルの詩人で、詩作の場はポルトガル領東アフリカであり、狭義の南アフリカとは直接の関係がない。それにもかかわらずカモンイスが登場するのは、第一に大航海時代、南アフリカに限らずアフリカに実際に上陸した航海者が少なかったからである。また、第二にはカモンイスが、当時イベリア半島の一地方言語に過ぎなかったポルトガル語の確立に尽力した「愛国者」の側面を持っていたためだった。[56]

こうした航海の歴史を強調する背景としては、差異が大きい上陸以降の歴史に比べ、入植者共通の歴史的記憶として訴えやすかったことが指摘できるだろう。

✣オランダ東インド会社時代のケープ建築

『ステイト』誌ではケープの歴史も積極的に利用される。利用の第一のポイントは、オランダ東インド会社時代のケープ建築だった。例えば、キンダーガルテンの共同生活の場ムート・ハウスの設計者ベイカーは「南アフリカの建築が必要とするもの」で、ケープタウン近郊のワイン農家について次のように記す。

オランダ人は、南アフリカの農家の建て方について非常に気高い例をわれわれに遺してくれた。……これらの農家は、植民地の生活の必要と条件に見合った形で簡素化された「崇高な様式」の原理に関する優れた例となっている。これら旧いケープの農家の魅力は、細かい画趣より、以上のような広い

写真 15　フルーテ・スヒュール
Baker, *Architecture*, 24.

意味での質にこそあると言えるだろう。[57]

すなわちケープ建築は、イギリス系かアフリカーナーかを問わず入植者全般にとって価値が高い、としている。

こうしたケープ建築礼賛は一九世紀末、白人の統合の進展とともに成立した。当時、礼賛成立に寄与したのはベイカーであり、[58] ベイカーはまた、既存のケープ建築を活用してフルーテ・スヒュール（ローズ邸）（写真15）を設計した。[59] さらに、ケープ建築礼賛の記事は『ステイト』誌においても最大の部分を占める。ベイカーの他、建築家フランシス・マセイ、[60] 作家ドロシア・フェアブリッジ[61]などが寄稿したためである。[62] なお、こうした記事の対象がケープタウン近郊のみであることは、最初の入植地だったことの他に、当地のアフリカーナー農園主が帝国支配とイギリス系入植者に概ね協力的だったこととも無縁ではない。[63]

建築礼賛が、政治の問題と関係していることは否定しがたい。例えば、マセイは「われわれの国の始まり」で、ケープの政治家ジェイコブズ・ウィルヘルムズ・ザウアーの邸宅について、

一連の傑出した人々が、一八七〇年代初頭の責任政府授与につづく困難な時期、問題山積の水域で国家の若い船をかじ取りした。この部屋の現在の住人が、そのほぼ最後の一人であることを忘れてはならない。……彼らの賢明かつ良心的な支配は、すべての人々に公正なケープ植民地の伝統に帰結した。連邦〔政府をトランスヴァール州のプレトリア、最高裁判所をオレンジ自由州のブルームフォンテインに置く一方で〕議会をケープ〔タウン〕に置く、という決定が、その勇敢な開拓者精神の記憶に対する間接的なオマージュである、と結論づけることは避けられまい。

と記す[64]。建築礼賛と政治の問題は単一にして不可分だった。

❖ローズと「ケープからカイロへ」

だが、特定の政治家の称賛、という点で突出するのは、ザウアーと同時代人のローズである。ケープ史利用の第二のポイントはここに存在する。ローズは一九〜二〇世紀転換期、イギリス系ばかりでなくアフリカーナーも魅了した[65]。『ステイト』誌のローズ崇拝は色濃い。同誌の初期の出資者ベイリーは一九〇八年、出資に際して「わたしは南アフリカ人です。この〔連邦結成〕運動に参加したいと思います。セシル・ローズの夢を実現するときが来ました」と発言している[66]。崇拝の山場は「ケープからカイロへ」政策

の礼賛である。同政策は一九世紀末当時、ケープの指導的立場にある人々によって「国民的」事業と認識されていた。[67] ローズは一八八三年、ケープ議会で「内陸部の開発は植民地の生来の権利である」と演説し、[68] またシールも、ケープの人々こそ新天地の開拓者として最適である、と記した。[69]『ステイト』誌の一連の記事でも（南ローデシア／ジンバブエの都市）ブラワヨからタンガニーカ（タンザニア）への鉄道延伸、[70] あるいは北ローデシア（ザンビア）統治[71]が称賛される。さらに、ベイカーが設計したケープタウンのローズ・メモリアル（記念堂）は北、つまりカイロの方角を向き、これを守護する「身体の力」の騎馬像は『ステイト』誌の表紙にもなっている。[72]

「ケープからカイロへ」政策の礼賛は、開拓者精神の問題とも不可分の関係にある。すなわち同政策は、入植の最前線を切り開く開拓者精神の発露であり、ローズはこうした精神の喚起者とされた。例えば、フィッツパトリックは「ブッシュフェルト〔低木の草原の意〕のジョックと彼を知る人々」で、

開拓者とは誰か？ デビルズ・ピーク〔ケープタウン〕の山肩の古いブロック・ハウスを再度見上げよう！ 彼らはそこから始まった。その真下にはローズ・メモリアルがあり、二〇〇〇マイル北方には彼の遺骸が眠っている。さらに一〇〇〇マイル北方では、開拓者はいまなお進出をつづけている。そして、西へ東へ一マイルごとに、男も女もオランダ人もイギリス人も含めて開拓者、つまりわれわれの国を創ったわれわれの仲間がいるのだ。

と記す。[73] ローズ、「ケープからカイロへ」政策、開拓者精神三者の関係がよく示されている。

この記事の著者フィッツパトリック（写真16）については、すでに二六頁でトランスヴァール・イギリス系の指導者として言及した。だが、元はケープのキングウィリアムズタウン出身であり、金鉱会社に就職してローズの知己を得た。[74] フィッツパトリックが有名になったのは、一八九一年ローズの命で、本国保守党の有力政治家ランドルフ・チャーチル（ウィンストン・チャーチルの父）の南部アフリカ旅行に同道したことによる。チャーチルは旅行記を執筆したが、[75] その内容は、マショナランド（南ローデシア）開発の希望的観測を否定するものだった。[76] これに対してフィッツパトリックは、もう一冊の旅行記『つるはしとペンを持ってマショナランド巡り』[77] で「ここは自然の庭園にして穀倉」と反論した。[78] 同書は、余剰人口の移民先として期待をつなぐアフリカーナーにも影響を与える。[79]

フィッツパトリックはその後、政治指導者として活躍するかたわら、[80] 一九〇七年には南アフリカ連邦の「国民的」児童文学『ブッシュフェルトのジョック』を執筆する。作品はジョックという犬の生涯を通し

写真 16　パーシー・フィッツパトリック
Duminy and Guest, *Interfering*, 146.

て、一八八六年の金発見前後、トランスヴァールとポルトガル領東アフリカを往来していた運送業者の世界を描く[81]。フィッツパトリック自身の体験もふまえた同書は大成功を収めた。『アフリカン・マンスリー』誌の一九〇八年二月号では、アフリカーナーの類型的描写の克服とフェルトの卓越した描写に成功の原因が求められている[82]。アフリカーナー・ナショナリストのプレラーは、同書をアフリカーンス語に翻訳した[83]。

先述の「ブッシュフェルトのジョックと彼を知る人々」は、フィッツパトリックが自著について執筆したエッセイである。エッセイには「(『ブッシュフェルトのジョック』が)わたしは大好きです。というのも、知っていることがいっぱいで、わたしたち自身の国についてのほんとうのお話だからです!」という一読者の手紙が紹介されている[84]。この手紙を機縁として、フィッツパトリックはブッシュフェルトを再訪し、アフリカーナーのフォルトレッカー、イギリス系の「一八二〇年の入植者」の子孫たちが手と手を取り合う光景に接する、というのがエッセイの筋書きである。

✣アフリカ人の歴史

アフリカ人の歴史の記事も『ステイト』誌では大きな部分を占める。一九世紀末にシールは、世紀前半のズールー王シャカの征服活動に関心を示した。シールは、次のようにシャカの残酷性を強調している。

シャカは、卓越した体力と尋常でない精神力の持ち主だったが、まったくの無慈悲だった。彼は、到達できるかぎりの諸部族を、征服するばかりでなく絶滅することを任務とした。この目的のために、彼は軍隊の規律を大いに改良し、軽いアセガイ〔木製の投げ槍〕の代わりに、取手が短く刃の長い槍を使用した。この武器を手に携え、高度に訓練されたズールーの戦士は、名声と装身具に誇りを抱き、臆病もしくは不服従の罰が死であることを知っていたので、真に無敵だった。

さらに、

今日のナタール植民地に相当する領域はシャカの時代以前、人口が密集していた。だが、彼の活動が始まってまもなく、その軍隊から逃れようとしたさまざまな部族が住民に襲い掛かり、滅ぼさなかった人々についても彼らの前から追い払った。……全住民が移動し、虐殺し虐殺された。

とも記した[85]。征服活動によって住民のいなくなった土地がグレート・トレックの「約束の地」になったとして、ボーア人がアフリカ人の土地を強奪したとするイギリス系の見方を明確に否定したのである。『ステイト』誌の「原住民の歴史の断章」と題する記事も、同様の関心を示す[86]。

素材としてのシャカは、先述の「ブッシュフェルトのジョックと彼を知る人びと」にも登場する。記事はシャカの征服活動について、

初めは微々たるものだったが、彼は勝利に次ぐ勝利の進軍を重ね、一二年で、まだ三〇代だというのに、恐るべき軍隊を〔東ケープの都市〕ポートセントジョンズから〔マラウイの〕ニヤサ湖まで進め

た。そして、ズールーランド全域……ポルトガル領東アフリカは……彼が育て、訓練し、率いた野蛮な軍隊のせいですっかり荒廃してしまった。……これはわれわれの国の歴史ではなく、ほんの一部の、そのまた生活の断片の話に過ぎない。

と記す。[87]注目すべきは末尾の一文である。入植者の歴史はアフリカ人の歴史を一個の挿話、背景として矮小化する。

❖グレート・トレックと第二次南アフリカ戦争

これらの歴史と比べ、和解にほど遠かったのはグレート・トレックである。先述の通り、一九世紀末のケープにおいて、グレート・トレックをめぐるイギリス系とアフリカーナーの評価は大きく異なっていた。さらに、二〇世紀初頭のトランスヴァールでは、プレラーがイギリスをファラオに、フォルトレッカーをイスラエルの民に、グレート・トレックを出エジプトに喩える宗教的描写をふまえて「〔リーダーだったピート・レティーフの宣言書には〕言語、宗教、道徳観念、歴史、伝統にもとづく、分離したアフリカーナー国家、分離した民族という自覚が明確に存在した」と記している。[88]

『ステイト』誌の課題は、こうした決定的落差をいかに埋め、両者が受容可能なグレート・トレック像を提示できるかにあった。例えば、「トリーハルドのトレック」と題する記事では、トレックのリーダーの一人、ルイス・トリーハルドの一家について「移民したての一家は、いまなおわれわれが追求していることを達成してしまった。一家はオランダ人でもイギリス人でもなく、まさに南アフリカ人だった」と記される。[89] トリーハルドとトレックを、入植者に共通した問題として描く姿勢が明確になる。

記事は以下「野蛮人に堕落した」ボーア人への偏見、批判の是正に誌面の大半を割く。例えば、正規の教育を受けず無教養である、という偏見については、ボーア人が聖書と「自然の学校」を通していかに多くを学んだかを強調する。[90] また、アフリカ人の扱い方が残酷である、という批判に関しては「原住民の扱いは、明白に一種の自由放任だった。……だが個人的問題では、優等人種への当然の敬意をもって原住民が自分に応じることを迫り、また、原住民が武器を携帯して野営地に来ることを禁じた」と記し「文明」的態度で接した、と反論する。[91]

しかし、他の記事についてはイギリス系の偏見が残った。例えば、「トレックのマジック」には、前近代的な生活を送るアフリカーナーへの侮蔑が確認できる。[92] グレート・トレックの記述は、入植者に共通した歴史的記憶を創り出すことの限界も示している。

さらに、入植者の歴史が排除した素材もある。例えば、『ステイト』誌には第二次南アフリカ戦争の記事が、イギリス軍の前線の日常を扱った短篇小説一例しかない。[93] トランスヴァールのアフリカーナー・ナショナリストが、戦争の記憶に光を当てたのとは対照的と言えるだろう。入植者の内部対立を煽る素材を扱わない姿勢は明確である。

❖植民地ナショナリズム

『ステイト』誌には、イギリス帝国の表象も登場する。例えば、「世界の交通路のロマン」では、古代から現代までのヨーロッパとインドの関係が通観され、東洋はけっして変わらない。西洋では国家が次々に誕生しては滅んでいく。だが、東洋は不変のままでありつづけるし、また変わることもできない。……確実に言えることは……国王がインド皇帝を兼ねる帝国に属することの幸運、南アフリカが世界の交通路に位置することの責任と好都合である。

と記される。[94] 西洋世界の一員としての自己認識と「帝国意識」が交錯している。

こうしたスタイル自体は、ミルナーのイギリス化政策にも遡ることができる。他方『ステイト』誌の独自性も存在した。同誌は南アフリカ史を排し世界史を重視するより、南アフリカ史の文脈に即して「帝国意識」を涵養した。ジェブの植民地ナショナリズムとも言えるが、ケープの影響も存在する。例えば、「北ローデシア」では、

これまで十分に述べてきたように、北ローデシアは多くの点で興味深い地域である。……この偉大な領域をわれわれの帝国のために確保すべく、才能と生涯を捧げたのは、栄光に輝く一人の男である。その男とはセシル・ローズ。

と記される。[95] ローズ崇拝と「帝国意識」が両立している。

美術の記事にも、同様の傾向が確認できる。連邦結成の時期は、特に美術館の整備が進んだ。一九〇八年、ケープタウンの国立美術館のコレクションが大幅に拡充されたのを始め、〇九年にはヨハネスブルク美術館、一三年にはやはりケープタウンのミカエリス美術館がそれぞれ開館される。[96] こうした美術館の整

備には、二つの目的が存在した。第一の目的は、南アフリカ美術の育成である。例えば、「南アフリカの美術」では「南アフリカは、美的存在に関してまだ揺籃期にある」と記される。[97] 美術館の整備は、南アフリカ美術の育成に不可欠だった。[98]

他方第二の目的は、西洋世界の一員としての自己認識と帝国意識の涵養である。例えば、美術専門誌『スタジオ』の「ミカエリス美術館、ケープタウン」と題する記事では「非常に多くの南アフリカ人の起源である人種の美術作品が自国に存在してほしい、という南アフリカ自治領の要求を満たし、かつ南アフリカ人がヨーロッパの偉大な遺産を共有できるようにする」と記される。[99]『ステイト』誌の「ヨハネスブルク美術館」と題する連載記事でも、同美術館のコレクションであるフランス、イギリスの作品紹介に多くの誌面が割かれている。[100] だが、留意すべきは植民地ナショナリズムの涵養も意識している点である。『ステイト』誌とヨハネスブルク美術館の出資者だったライオネル・フィリップスは「〔美術館によって〕人々を教化し、この国を故郷と認識させることが絶対に不可欠です」と記す。[101] ヨーロッパの美術作品を保有することは、南アフリカ人の誇りを高めることに通じていた。

『ステイト』誌が推進する和解にとって、最大の反対勢力は旧オレンジ自由国などのアフリカーナー・ナショナリストだった。同誌では連邦結成以降、ナショナリスト批判の記事が目立つ。[102] 例えば、フィッツパトリックが執筆した一九一二年一〇月号の「強制的二言語主義」では、言語問題をめぐるイギリス系の意見が開陳される。同記事ではまず、この問題についてのナショナリストの主張が、公文書は英語とオランダ語を併用すること、初等教育の段階でどの言語を用いるかは保護者の判断によること、の二点に整理される。次いで、第一点について「この強制的二言語主義の避けがたい影響にして、しばしば明言される目的は、あらゆるイギリス系南アフリカ人が公務員の職を求められなくなり、この種の雇用からイギリス系移民が完全に排除されることである」とし、イギリス系官吏にオランダ語を強制する結果が生じると批判した。また、この強制という含意がある以上、第二点も容認できない、とする(103)。

この記事の二か月後、一九一二年一二月号を最終号として『ステイト』誌の刊行は途絶えた。予告もなしの休刊・廃刊だったため、資金不足によるものなのか、それとも他の理由によるものなのかはわからない。だが、その二年前には連邦結成が実現し、キンダーガルテンのメンバーの多くはイギリスに帰国していた。後を引き継いだ出資者のフィリップス夫妻や編集長のロングには、刊行を続ける意欲が乏しかったのだろう。いずれにせよ、和解のゆくえを検討しなければならないところであるが、それは第二部に委ね、次項ではキンダーガルテンのゆくえを追うことにしたい。

おわりに——キンダーガルテンとイギリス帝国

キンダーガルテンのメンバーの多くは、南アフリカ連邦結成を契機としてイギリスに帰国し、帝国全体の再編に関与する。その際にも、シティズンシップの涵養は重要な意味を持った。一九一〇年、メンバーは『ラウンド・テーブル』誌を創刊する。メイが指摘するように、同誌は二〇世紀を通してコモンウェルス規模の世論形成を志向し、また同誌を中核とするラウンド・テーブル運動は、「ロンドンに本部、各自治領に支部」を置くアソシエイションになった。[1] つまり、こうした雑誌と運動の存在自体シティズンシップを体現していたと言える。だが、一九一〇年以降のキンダーガルテンとシティズンシップの関係は、以上の範囲にとどまるものではない。問題は次の二つに大別できる。

第一にメンバーは、シティズンシップをテーマとする執筆活動を盛んに行っている。例えば、カーティス編『諸国民のコモンウェルス』(一九一六年)の副題は「イギリス帝国のシティズンシップの性質に関する調査」だった。[2] 同書はラウンド・テーブル運動の初期の成果であるが、複数巻の計画は未完に終わる。[3] しかしその全体構想は、同年にカーティスが著した『コモンウェルスの問題』によって知ることができる。カーティスはまず、第一次大戦勃発時の帝国に対する自治領の献身的態度を検討し、背景に自治拡大への渇望を読み取る。ただしこの問題は対応を誤ると、アメリカ独立の災厄を再度招くかもしれない。[4] そこでカーティスは「自治領をブリティッシュ・コモンウェルスから疎外することなく、またそれぞれを独立共和国に変えることなく、その人々をブリテン諸島の人々と同等の地位に置く」ことが重要である、と説く。さらに、帝国政府は特に外交問題に関して「ブリテン諸島だけでなく自治領の議会に対しても責任を負い」、また将来的には「帝国議会の議席をすべての自治領からの代表に開く」よう提言した(5)。統治機構の具体的目標は時代に応じて変化するが、シティズンシップの問題は一貫して、メンバーの執筆活動の中心になっていく(6)。

第二に、ことに一九二〇年代以降、メンバーは白人の自治の問題に多くの時間を割いている。その一例は二〇年代前半、アイルランドの分割を調停し、南部を自治領とする一方北部を連合王国にとどめたことである。カーティス、カーは二一年のアングロ・アイルランド条約成立に際し、イギリス政府代表団の一員として中心的役割を担い、フィータムは二四〜二五年、国境確定委員会の議長を務めた(7)。また三〇年代初頭には、同じくフィータムが上海租界の自治拡大に寄与している(8)。ここで注目すべきは、その世論誘導の手法である。アイルランドに関するカーティスの二四年の論文は「現在の情勢下の不和を説明するには〔独立運動の指導者〕エイモン・デ・ヴァレラが書き出したように書き出す必要がある」と記し、この問題の「歴史的系譜をたどる」(9)。また、上海租界に関する『フィータム報告』には「統計の多用」などの手法が目立つ(10)。他方、一〇年代末の活動の焦点になったのはインドの自治の問題である。この問題にはダヴ、カーティス、フィータム、カーが関与した(11)。特に、カーティスは官僚支配との比較を通し（政府が議会に責任を負う）責任政府（議院内閣制）のメリットを論じているが、内容的には地方政治への限定的参画を認めたに過ぎない(12)。しかし、こうしたさまざまな動きは一体となってコモンウェルスの環境を整備した。

以上の、帝国全体の再編に対するメンバーの関与に、南アフリカ経験が大きく影響したことは疑いない。そのことの自覚も現に存在した。例えば、カーティスは一九〇七年「南アフリカは縮図であり、当地に特化して考えたことの多くは、帝国自体にも等しく当てはまることが明らかになりつつあります。……南アフリカについてできること、すべきことのすべてをなし終えたとき、同種の仕事を帝国内関係についても開始すべき時機が来るものと思います」と書き残している(13)。南アフリカは他の白人定住植民地、あるいは従属植民地と異なり、ヨーロッパ系も非ヨーロッパ系も一定の人口を有し、一植民地にして帝国全体が抱える問題のほとんどを抱えていた。こうした意味での「縮図」として、当地はメンバーにシティズンシップの示唆を与えた。

他方、ここまで整理してきたことは、キンダーガルテンがコモンウェルスで推進しようとしたシティズンシップの性格規定とも関わる。歴史家のダーウィンは以前、本国のみの「ブリティッシュ」概念に対し、コモンウェルス単位の「ブリタニック」概念が一九世紀末以降生じたとした(14)。また、カール・ブリッジとケント・フェドロウィッチもダーウィンをふまえ「ブリタニック・アイデンティティ」の存在を想定している(15)。こうした問題提起に倣えば、キンダーガルテンのシティズンシップは「ブリタニック・シティズンシップ」とも言える。その意味内容が、白人定住植民地でシティズンシップを涵養し、高度の自治を達成して「市民社会」を建設することだけでなく、各植民地の社会が対等の立場に立ってコモンウェルスを建設することも含んでいたためである。

以上、イギリス帝国史への「植民地経験」の影響に重点を置いたが、若干別の次元には、南アフリカ史への影響の問題も存在する。メンバーのうち、ダンカン、フィータムは南アフリカに残り、それぞれ総督、最高裁判所判事にまで上り詰めた(16)。だが和解のゆくえをたどるには、イギリス系の歴史叙述の変化を追うのが好適かもしれない。その前に、まずは二〇世紀前半の南アフリカについて、白人政治と人種差別の進展に的を絞りながら通観しよう。

第二部

イギリス系歴史家たちの南アフリカ経験

はじめに――二〇世紀前半の南アフリカ

✣第一次大戦と白人政治の変容

一九一〇年の連邦結成に際して政権を担当したのは、キンダーガルテンの支持者でもあったボータ、スマッツの南アフリカ党だった。だが同じ時期、先述の言語問題などを契機として、和解に否定的なアフリカーナー・ナショナリズムもプア・ホワイトを魅了し始めた。亀裂は、第一次大戦を通して深まる。イギリスが一四年八月、南アフリカにドイツ領南西アフリカ侵攻を要請すると、連邦議会は九月までにこれに同意した。しかし、親独の立場もあって参戦に反対する元ボーア人ゲリラは一〇月、武装蜂起した。蜂起は一五年一月までつづき、一万一四〇〇人が参加したが、失敗に終わった。(1)

その後、南アフリカは大戦に積極的に関わっていく。南西アフリカ侵攻が一五年七月に完了すると、一六年二月にはドイツ領東アフリカ（タンザニアなど）作戦を本格化させる。だが、敵のゲリラ戦に悩まされ、戦闘は大戦の終結までつづいた。南アフリカは、こうしたドイツ領を自らの領土にし、セシル・ローズの「ケープからカイロへ」の夢を実現しようとした。(2) 加えて、帝国内での地位向上を狙い、他の地域にも軍を進める。一五年一二月にはエジプトに、白人からなる一旅団六〇〇〇人を派遣した。同旅団は一六年四月、フランスに転じたが、七月のソンムの戦いではデルヴィル・ウッドの戦闘で兵力の三分の二以上を失った。この間、ボータは連邦首相として戦争を指導、スマッツは東アフリカ作戦の最高司令官を務めるとともに、一七年一月には帝国戦時内閣にも入閣した。(3)

写真 17　デルヴィル・ウッドの
「一対の同胞」像
Baker, *Architecture*, 88.

ドイツとの戦争は、一八年一一月に終結した。南西アフリカは、南アフリカの委任統治領になった。フランス、ソンムのデルヴィル・ウッドには、ここで息子を亡くしたフィッツパトリックの発案により、ベイカー設計の記念碑が建てられた。ケープタウンのオークの実を参道に植え、オランダ人とイギリス人の「一対の同胞」の像を戴いた、和解の継続を感じさせるものである（写真17）[4]。デルヴィル・ウッドは、スプリングボック・アイデンティティの「記憶の場」になった（スプリングボックはシカに似た動物で、帝国のために戦う南アフリカ兵士を象徴）[5]。また、連邦首相のボータは在職中の一九年に死去したが、その後を継いだスマッツは国際連盟の創設などでも活躍し、世界の名士への道を歩んでいく。

これに対し、一四年の蜂起に失敗したアフリカーナー・ナショナリストは、軍事路線を放棄して遵法闘争に転換、ジェイムズ・バリー・ミュニック・ヘルツォークの国民党に結集した。こうした中、戦後不況のランドで二二年に二万人以上の白人鉱山労働者が、賃下げとアフリカ人の雇用拡大に抗議してストライキを起こした。スマッツはこのストライキを、軍隊を用いて鎮圧したが、白人労働者の背後にいた国民党は鎮圧への不満に乗じて二四年の総選挙に勝利、政権を獲得した。国民党政権はまもなく金鉱業などで、熟練労働を白人に限定し、アフリカ人労働者を非熟練部門において低賃金で働かせるジョブ・カラー・バーを固定化した（「文明化労働」政策）。また、イギリス帝国内での南アフリカの自立を図り、二六年のバルフォア報告書や三一年のウェストミンスター憲章など、帝国のブリティッシュ・コモンウェルスへの移行にも影響を与えた。だが政権は、二九年に始まる世界恐慌への対応に失敗した。そこで、ヘルツォーク首相は三三年、イギリスのマクドナルド挙国一致内閣に倣い、スマッツを副首相として招き入れる。国民党と南アフリカ党も、三四年に合同して連合党になった。しかし、これに反発する内相・教育相・保健相のダニエル・フランソワ・マランらは政権を離脱して（純正）国民党を結成した[6]。

連合党政権では、スマッツ派が多くの政策を主導する一方、ヘルツォーク派もナショナリストとしての主張を研ぎ澄ましていった。特に「〔政権に反対する〕イギリス系は南アフリカよりイギリスに忠誠心を抱いている」との批判を強めた（「南アフリカ第一」主義[7]）。また、ヘルツォーク派の攻撃の矛先はケープの非ヨーロッパ系選挙権にも向かう。ケープでは一八五四年の植民地議会開設に際して、財産、所得制限が付されたが非ヨーロッパ系にも選挙権が認められた[8]。これは、イギリス系がオランダ系に対抗するのに協力者を必要としたためで、非ヨーロッパ系の側もその意図に応えた。八七年と九二年には財産制限が強化されたものの、一九〇七年の時点で有権者の一〇％がカラード、五％がアフリカ人になっている[9]。ケープの非ヨーロッパ系は一〇年以降も、連邦議会に選挙権を保持した[10]。だが、国民党政権が白人について、三〇年に女性参政権を認め、三一年に財産、教育制限を撤廃すると、ケープの有権者に占める非ヨーロッパ系の割合は八・五％にまで低下した。さらに連合党政権下の三六年、アフリカ人は三人の白人の「原住民上院代表」にしか投票できなくなった（選挙権分離）。このような非ヨーロッパ系選挙権の後退は、それを支持基盤とするイギリス系への攻撃も意味した。(11)

✣第二次大戦とアパルトヘイトの開始

しかし、三九年に第二次大戦が勃発すると、中立を求めるヘルツォークと、連合国側での参戦を主張するスマッツの間で論争が起こった。まもなく、論争に勝ったスマッツが首相に再登板し、併せてイギリスのチャーチルの顧問になる。これに対し、ヘルツォーク派はダニエル・フランソワ・マランの国民党に合流した。また、大戦中はヨーロッパ戦線への物質供給のため、生産拠点の都市に大量の労働力需要が生まれてアフリカ人が流入した。だが、四五年に戦争が終わると景気は悪化し、都市には失業者が溢れ返った。この事態にもっとも危機感を覚えたのは、白人社会の下層に位置し、職をめぐってアフリカ人と競合していたアフリカーナーだった。彼らの危機感を結集した国民党は四八年の総選挙に勝利して政権を獲得、アパルトヘイトを実行に移す。

アパルトヘイトは、数多くの立法の集積だった。五〇年の住民登録法は、アフリカーナーとイギリス系を「白人」として統合する一方、非白人を「バントゥー」（アフリカ人）、「カラード」、「アジア人」（インド系）などの民族に区別した。少数派が多数派を管理、支配するための分割である。四九年には、異人種間結婚禁止法も制定された。アフリカ人の都市流入がアパルトヘイトの直接の背景だった以上、その空間的隔離も重要な課題となった。五〇年の集団地域法により、人種ごとの居住区が指定された。例えば、ヨハネスブルクのアフリカ人は五五年、郊外のソウェトに強制移住させられた。また五三年の分離施設法により、公共施設が「ヨーロッパ人専用」と「非ヨーロッパ人専用」に分けられた。農村の保留地への強制送還も行われた。保留地は、一〇の「ホームランド」(「バントゥースタン」)に再編、強化された。ホームランドが「ズールー」などの「部族」ごとに指定されたのは、アフリカ人の結束を防ぐためである。さらに、いくつかのホームランドには名ばかりの独立が与えられ、その代償として、アフリカ人が南アフリカにおいてわずかに認められてきた政治的権利は剥奪された[12]。次章以降では、こうした二〇世紀前半の状況にイギリス系の歴史家たちがどのように対応したかを探るが、初めに、南アフリカにおける歴史の政治利用の問題から説き起こしたい。

第三章　エリック・ウォーカーと南アフリカのブリティッシュ・リベラリズム

一　「フロンティアの伝統」と「ムフェカネ」

❖歴史の政治利用とイギリス系

アパルトヘイト後の南アフリカでは、二〇世紀を通してアフリカ人の抵抗運動をリードし、一九九四年に政権を獲得したANCが歴史の語りをいかに政治的に利用しているか、という問題が争点になってきた。ここで二つの事例を振り返ると、第一の事例は真実和解委員会（一九九五～九八年）である。議会が設置し、ノーベル平和賞受賞者のデズモンド・ツツ大主教を長とした同委員会は、アパルトヘイトの時代の人権侵害について、その全容解明を目指した。より具体的には、一九六〇年のシャープヴィル虐殺[1]から九四年のマンデラ大統領就任までの時期を対象として数多くの公聴会を開き、二万以上の証言を集めている。だが加害者の処遇に関しては、人種間の和解を重視し恩赦（アムネスティ）を採用した結果、被害者の一部に不満を残すことになった[2]。これに対し、第二の事例は第二次南アフリカ戦争一〇〇周年（一九九九～二〇〇二年）である。政権は一九九八年から「南アフリカ大統領ネルソン・マンデラが体現する寛容と和解の精神」にもとづき、一〇〇周年記念事業への関与を強めた。しかしその内実は、一九八〇、九〇年代の研究成果[3]を利用することにより「白人の戦争」の側面を過度に否定し「黒人の戦争」の側面を過度に強調するものだった。[4] 以上二つの事例を通して垣間見えるのは、人種間の和解／多文化主義とアフリカン・ナショナリズムとの狭間にあるＡＮＣ支配の姿である。

こうした状況において、歴史の政治的利用に対する南アフリカ史研究者の構えも変化した。アパルトヘイトの時代、イギリス系の歴史家は、国民党政権による歴史の利用を糾弾した。例えば、レナード・トンプソンは、グレート・トレックや第二次南アフリカ戦争などをめぐる「アパルトヘイトの政治的神話」を批判の対象とした。[5] この批判の系譜はいまもなお、幾分冷静な実証研究に形を変えて存続している。[6] だがアパルトヘイト後の争点は、言うまでもなくＡＮＣ支配との関係にある。例えば、政府がケープタウン大学に共同利用機関として設置した民衆の記憶研究センターは「社会の発展と民主化に貢献」することを標榜し、アフリカ人などの記憶への関心を喚起した。他方、イギリス系、アフリカーナーの研究者の間では、こうしたアフリカン・ナショナリズムの脅威に反発も強まっている。[7]

ところで以上の、歴史の語りの問題と南アフリカ史研究の関係をめぐっては、一つの奇妙な空白が存在する。すなわちアフリカーナー、アフリカ人などによる歴史の政治利用が批判されてきた一方で、一連の批判をリードしてきたイギリス系の問題は今日もなお、本格的には研究の対象になっていないことである。先述の通り、たしかにブリティッシュ・ワールドの研究は存在するが、こうした研究は帝国の多文化性を強調し過ぎている。しかし、二〇世紀前半の南アフリカではイギリス系が、アフリカーナー・ナショナリストと対抗する中で排他性を深めた。そこで、以下ではこの過程について、当地のブリティッシュ・リベラリズムの確立に寄与した歴史家ウォーカーに光を当てて検討したい。

写真18　エリック・ウォーカー
J. Walker, *Skin Deep*, 22.

❖エリック・ウォーカー

南アフリカ史学史の研究で著名なクリストファー・ソーンダーズは、ウォーカー（写真18）について「マクミラン、コーネリス・ウィレム・デ・キーウィートとともに、二〇世紀初頭の南アフリカでもっとも重要な歴史家の一人」と評している。(8) だが、ウォーカーに関する叙述はソーンダーズのものの他、(9) 人名事典の記事、(10) 医師である娘ジーンの自伝などが存在するのみである。(11)(12) しかし、一九～二〇世紀転換期と二〇世紀前半期の南アフリカ史の語りを橋渡しし、またリベラル派の重要な橋頭堡である大学やメディアでも影響力が大きかったその役割は軽視できない。

ウォーカーは一八八六年九月六日、ロンドンのストリータムで生まれた。父ウィリアムはスコットランドのリース出身で、サウサンプトンとケープタウンを結ぶユニオン・カースル郵便汽船会社の事務員だった。一九〇五年、非国教会系の私立学校ミル・ヒル校を卒業してオクスフォード大学のマートン・カレッジに入学、〇八年に近代史専攻を首席で卒業すると、ブリストルのユニヴァーシティ・カレッジ（〇九年ブリストル大学に改組）で講師の職を得た。ここで、ウォーカーはアルバート・ジョン・ウィリアムズとともに、最初の著書である中等学校の教科書『初期から国王エドワード七世の死までのイングランドの歴史』[13]を著している（ウォーカーの著書については表5参照）。しかし、同書出版の一一年にはケープタウンの南アフリカ・カレッジに、史学科の開設に伴って異動、同年中には教授に昇進した（教授就任講義は「歴史の授業」[14]）。その南アフリカ行きについては、父の職業に加え、プレズビテリアン（長老派）の牧師だった伯父トマスが、ケープタウン近郊のヴィクトリア・カレッジ（現ステレンボッシュ大学）で教鞭を執っていたことも大きく影響したようである。[15]なおウォーカーも、元はプレズビテリアンだったが、一三年、結婚を契機として国教会に改宗した。[16]

ところで、ウォーカーがケープタウンに来た一九一一年は、南アフリカ連邦結成の翌年に当たる。ウォーカーと南アフリカ史研究の邂逅は、一八九〇年代にセシル・ローズの下で白人の統合に重要な役割を果たし、連邦結成時の和解にも影響を与えた歴史家シールの存在を抜きにして語ることができない。二人は出会ってまもなく親密になり、ウォーカーは一九一三年、南アフリカ史学会を設立するとシールを初代会長として招聘し、その晩年を遇した。[17]また、同じころウォーカーは、シールが編纂した史料集に依拠して南アフリカ史の研究を始めた。だが、一四年の第一次大戦の勃発で研究は中断する。大戦中、ウォーカーはケープ駐屯軍の砲兵隊長としてドイツ船舶の監視に従事したが、重い弾薬の運搬で心臓を傷め、他の南アフリカ将兵のように西部戦線などに向かうことはなかった。[18]

一九一八年に大戦が終わると、ウォーカーは、ケープタウン大学に改組した職場に復帰して研究を再開した。この時期の活動として顕著なのは、イギリス帝国の再編に関わるものである。ウォーカーはブリ

表5　ウォーカーの著書

書　名	初版年
『初期から国王エドワード7世の死までのイングランドの歴史』(アルバート・ジョン・ウィリアムズとの共著、中等学校の教科書)	1911年
『歴史の授業』(南アフリカ・カレッジ教授就任講義)	1912年
『大学教育における歴史の位置』(講演)	1919年
『南アフリカ歴史地図』	1922年
『デ・フィリアース卿とその時代』	1925年
『南アフリカ人のための近代史』(大学入学資格試験用の教科書)	1926年(アフリカーンス語訳1928年)
『南アフリカの歴史』①	1928年(増補版1935年、2版1940年)
『南アフリカ・カレッジとケープタウン大学』	1929年
『南アフリカにおけるフロンティアの伝統』(講演)	1930年
『グレート・トレック』	1934年(2版1938年、3版1948年、4版1960年、5版1965年)
『ケープの原住民選挙権』(『ケープ・アーガス』紙の連載記事)	1936年
『ケンブリッジ・イギリス帝国史第8巻——南アフリカ、ローデシア、保護領』(アドヴァイザー)②	1936年
『W・P・シュライナー——南アフリカ人』	1937年(縮約版1960年)
『イギリス帝国史の研究』(ケンブリッジ大学教授就任講義)	1937年
『南アフリカ』(パンフレット)	1940年
『イギリスと南アフリカ』(パンフレット)	1941年
『イギリス帝国——その構造と精神』	1943年(2版1953年)
『ミルナー卿と南アフリカ』(パンフレット)	1943年
『植民地』	1944年
『南アフリカ連邦のアパルトヘイト政策』(講演)	1953年
『南部アフリカの歴史』(①の改訂版)	1957年
『ケンブリッジ・イギリス帝国史第8巻——南アフリカ、ローデシア、高等弁務官領』(編著、②の改訂版)	1963年

ティッシュ・コモンウェルスの自治領としての南アフリカを模索し、キンダーガルテンの『ラウンド・テーブル』誌に、南アフリカ問題の記事を数多く寄稿している。[19] また、三三年にはカナダのトロントで、文明史家トインビーの王立国際問題研究所が主催するブリティッシュ・コモンウェルス関係会議に南アフリカ代表団の一員として出席、帝国問題について討論した。[20] さらに戦間期、イギリスと南アフリカの友好関係を象徴する人物だったスマッツの知遇を得ている。[21] 南アフリカ史に関する最初の著書『南アフリカ歴史地図』（一九二二年）[22]も、父ランドルフ以来この地域と深い関わりを持ってきたウィンストン・チャーチルなどが評価した。[23]

だが同じ時期、ウォーカーは南アフリカ国内の状況の変化に疎外感を深めつつあった。一九二四年に、ヘルツォーク率いるアフリカーナー・ナショナリストの国民党が政権を獲得すると、ジョブ・カラー・バーなど人種差別政策を進めるとともにイギリス帝国内での南アフリカの自立を志向し、例えば、国旗の制定を図った。ウォーカーは二五〜二七年、この国旗制定に関する政府諮問委員会の委員を務めたが、イギリス系のウォーカーの提案（アフリカーナーばかりでなくスコットランド系の伝統にも配慮したものである）が国民党政権下で実現することはなかった。[24] ウォーカーは二六、二八年の二度にわたって『ラウンド・テーブル』誌に国旗問題について寄稿し、国民党の姿勢を孤立主義と批判した。[25] また、二七〜三〇年にはキンダーガルテンの一人ロジアン卿（カー）と複数の書簡を交換し、ヘルツォークに全般的に懸念を深めている。[26] さらにこの時期、グレート・トレックへの関心がアフリカーナー・ナショナリストの間で再度高まり、一八〜三八年にプレラーが史料集『フォルトレッカーの人々』[27]を刊行するなどしたことも、ウォーカーを刺激する材料になった。

❖「フロンティアの伝統」

ウォーカーは一九三〇年、研究休暇で滞在中のオクスフォード大学ローズ・ハウスで[28]「南アフリカにおけるフロンティアの伝統」と題して講演した。講演は「現代文明は……フロンティアの諸条件が二世紀の長きにわたり、南アフリカに刻んできた深い刻印〔人種差別〕を完全に破壊していない」という一節に始まる。一七世紀半ば以降、ケープに到達したオランダ系入植者は、先住民と奴隷に、日常の接触を通して優越意識を抱くようになった。この優越意識は、入植者が少しずつ内陸部のフロンティアに移動するに従って、ますます深まることになる。だが、人種差別の起源として決定的に重要だったのは、一九世紀前半のグレート・トレックである。一八三四年、イギリス領ケープ植民地当局が奴隷制の廃止に踏み切ると、オランダ系入植者／ボーア人の不満は頂点に達し、大挙してさらに内陸部に移動した。このグレート・トレックとトランスヴァール共和国、オレンジ自由国の建国を通して、ボーア人の間ではナショナリズムが高まり、また人種差別意識も深まった、とウォーカーは結語する。[29] 以上の、フロンティアを南アフリカの人種差別の起源とする内容は、アメリカの民主主義の源流をフロンティアに見るフレデリック・ジャクソン・ターナーの『アメリカ史におけるフロンティア』（一九二〇年[30]）に想を得たものである。ウォーカーはこのようにして、シールの親ボーア的な歴史叙述と一定の距離を置き、アフリカーナー・ナショナリズムと人種差別に否定的かつ、文明と野蛮の対比にもとづく差別的な態度を垣間見せた。

だがウォーカーは、関連する著書ではフロンティア学説を本格的に展開せず、親ボーア的なシールを踏襲してアフリカーナーからも一定の評価を得た。例えば、『グレート・トレック』（初版一九三四年）は、このアフリカーナーの建国神話のことを「偉大な冒険」と記し、一九六五年までに五版を重ねている。[31] また大学入学資格試験用の教科書『南アフリカ人のための近代史』（一九二六年）は、ヨーロッパ史と南アフリカ史を結合した独創的な内容ゆえか、早くも二八年にアフリカーンス語訳が出された（同書の構成については表6参照）[32]。さらに『南アフリカの歴史』（初版一九二八年）も、多数の読者を獲得すると同時に大学の教科書になり[33]、アフリカーナー・ナショナリストの歴史家にも「偏見の少ない本」との評価を得ている[34]。しかし、フロンティア学説の本格的展開は他のイギリス系歴史家の仕事になった（次章以降参照）。

❖「ムフェカネ」

アフリカ人の歴史を軽視する点についても、ウォーカーはシールを踏襲するにとどまった。たしかに、ウォーカーは『南アフリカの歴史』の序で、主題を「自治と連邦の発展」「イギリス系とアフリカンダー（アフリカーナー）の間の闘争」など入植者の問題に限定しない姿勢を示している。だが、同書の西洋中心主義は否めない。例えば、序ではアフリカ史の主役を「西洋文明、部族のアフリカ、この二つほど重要ではないが神権政治のアジア」と記し[35]、第一章はフェニキア人からポルトガル人までのアフリカ「発見」に当てている（同書の構成については表7参照）。

ヨーロッパ人が直接登場しないほぼ唯一の事例は、一九世紀前半のズールー王シャカの征服活動をめぐる箇所である。シールはシャカの残酷性を強調したが、ウォーカーは同じ主題について以下のように記す。

〔ケープ植民地総督ベンジャミン・〕ダーバン到着〔一八三四年〕前の約一五年間、東南アフリカの

表6 『南アフリカ人のための近代史』の構成

第1部	
第1章	革命の始まり
第2章	イギリス帝国内の諸革命、1763～1800年
第3章	フランス革命、1789～1802年
第4章	ケープ植民地、1775～1796年
第5章	皇帝と諸王、1802～23年
第6章	ケープ植民地における旧秩序の終焉、1795～1825年
第2部	
第7章	産業革命
第8章	リベラリズム、ナショナリズム、社会主義
第9章	ヨーロッパ外のリベラリズム、1830～60年
第10章	南アフリカにおけるリベラリズム、1825～56年
第11章	国民国家、1852～72年
第12章	南アフリカにおける黒人と白人、1854～72年
第3部	
第13章	帝国主義、1872～1905年
第14章	南アフリカにおける金と鉄道、1872～1902年
第15章	大戦の到来
第16章	連邦憲法
第17章	戦後の諸問題

表7 『南アフリカの歴史』の構成

第1章	発見
第2章	オランダのケープ占領、1581〜1679年
第3章	植民地化、1679〜1717年
第4章	ディアスポラ、1717〜78年
第5章	オランダ東インド会社の衰退と没落、1778〜96年
第6章	公的占領、1795〜1823年
第7章	変化の時代、1823〜37年
第8章	グレート・トレック、1835〜48年
第9章	議会とフォルクスラート、1837〜57年
第10章	モシェシェとウォーターボーア、1854〜71年
第11章	「わが連邦政策」、1871〜81年
第12章	アフリカの争奪、1881〜96年
第13章	連邦結成、1896〜1910年
第14章	統一南アフリカ、1910〜24年

バントゥーの間では大混乱が猛威を振るった。バントゥーはいまもなお、当時のことをムフェカネ（壊滅的な）時代と呼ぶ。……嵐の中心ではシャカ・ズールーが王位を継承し、大きな牛皮の盾と、広範囲に突き刺さるアセガイ〔の槍〕で軍隊を武装し、三日月の陣形で戦うよう教育していた。シャカはさらに規律を強化し、世襲の首長ではなく、選抜した者を連隊長に任命した。彼は最初、近隣の諸部族を北に追いやり、東海岸を経てニヤサ湖に至る地域に荒廃をもたらした[36]。

この記述に、シールとの相違を見

出すことは難しい。ウォーカーは『グレート・トレック』でも、シールの叙述を踏襲した。例えば、シャカの次代の王ディンガネがトレックのリーダーの一人レティーフを殺害した事件（一八三八年）については以下のように記す。

二月六日火曜日、ディンガーン〔ディンガネ〕は、南アフリカの移民に広範な土地を譲渡する証書に署名した。……彼はこのようにして、自分の心が実に善良であると移民に信じ込ませた上で、別れの一杯をと首邑に招待し、移民の武装を解いた。……戦士が踊り、杯が回ると、恰幅のよいディンガーンは起立し、威嚇するようにして「魔術師を殺せ」と大声を上げた。そのとき踊り手と、小屋に潜んでいた戦士が無防備なボーア人に襲い掛かった。(37)

ただし、この記述についてはウォーカーも修正の必要を感じた。ウォーカーは『グレート・トレック』初版の翌年の一九三五年、ケープタウン大学の『クリティーク』誌に「レティーフ虐殺に関するズールー人の記述」を寄稿した。ここでは、事件の史料がボーア人側に偏る点を問題視し、ズールー人の語りを紹介している。ウォーカーはさらに「バントゥーの歴史」を書く必要も説いた。具体的には、最初の著者は「黒人のギボンないしはトレヴェリアン」の登場を待つより「白人の南アフリカ人」のほうが早く、また主題は「〔シャカの征服活動に際して〕コーサ人社会を救おうとした支配者」などが相応しいと記している。(38)だが、ウォーカー自身がこうした案を実現に移すことはなかった。しかし、ウォーカーが『南アフリカの歴史』で初めて用いた「ムフェカネ」（シャカの征服活動が引き起こしたアフリカ人社会の大混乱）

は、二〇世紀半ばの南部アフリカ史研究でもっとも重要な概念の一つになる（次章以降参照）。

以上のようにウォーカーは、グレート・トレックとアフリカ人の歴史についてはシールを踏襲するにとどまった。このことはグレート・トレックも、また金鉱業のジョブ・カラー・バーなども、ウォーカーには遥かトランスヴァールの縁遠い問題だったことを示している。これに対して、一九世紀末のケープ植民地をめぐるリベラリズムの神話は、ウォーカーにとってもっとも重要な問題となった。

二　ケープ・リベラリズムの神話

❖ケープ史への関心

世紀末ケープをめぐる歴史研究は、南アフリカ連邦結成により植民地が消滅して一〇年あまりが経過した一九二〇年代以降本格化する。この動きをリードしたのはウォーカーである。ウォーカーは一〇年代から、一七―一八世紀のケープの歴史に関心を抱いてきた。二〇世紀初頭、南アフリカのイギリス系入植者にとっては、白人間の和解を背景として、オランダ東インド会社時代のケープ史をいかに語るかが重要な問題になった。こうした語りに際してはアマチュア歴史家の役割も大きく、その中心にいたのは作家ドロシア・フェアブリッジ（**写真19**）である。フェアブリッジは、オランダ系アーキヴィストのヘンドリク・カレル・フォス・レイブラントの影響下でケープ史に興味を持った。一一～一二年には『ステイト』誌、次いで『ケープ・タイムズ』紙に「南アフリカの旧家」を連載、オランダ東インド会社時代のケープ建築を礼賛している。また、当時のできごとを主題とした何冊かの小説と『南アフリカの歴史』（一九一八年[39]）

写真19　ドロシア・フェアブリッジ
Gutsche, *No Ordinary Woman*.

などを執筆、「南アフリカの旧家」をまとめた『南アフリカの歴史的家屋』（一九二二年）にはスマッツも序文を寄せた[40]。一七～一八世紀のケープ史に対するウォーカーの関心については、こうした時代状況に加え、一九一三年に結婚した妻ルーシーの母方が、当地のオランダ系の旧家デ・スミット家だったことも大きく影響している[41]。

ウォーカーは、ケープ史をアカデミズムに回収しようとした。ウォーカーの師シールとフェアブリッジの師レイブラントは、終生ライヴァル関係にあった[42]。ウォーカーは一八年、ケープ史を中心として南部アフリカ史の史料を刊行するファン・リーベック協会の設立にも一役買う[43]。だが、ウォーカーはオランダ東インド会社時代を主要なフィールドとはしなかった。元植民地首相メリマンなどの知遇を得た二〇年ごろから、関心は世紀末に移っていく[44]。

ケープ史に関するウォーカーの最初の著書『デ・フィリアース卿とその時代』（一九二五年）も、こうした植民地時代以来の政治家との交流によるところが大きい。ジョン・デ・フィリアースは、ケープ植民地と南アフリカ連邦で計四一年間最高裁判所長官（一八七三～一九一〇、一〇～一四年）を、連邦結成に際しては全国会議議長も務めた。当地のオランダ系の旧家の出で、ユトレヒトで改革派教会牧師の修練を積み、さらにロンドンで法曹資格を取得した人物の選択は、和解の問題とも無関係ではない。この問題と並ぶ同書のもう一つの基調は、ケープと南アフリカに対するイングランドの法、政治制度の導入を重視するホイッグ（自由主義）史観である。ウォーカーは序で「二つの関心――法と連邦結成――が彼〔デ・フィリアース〕の生涯に影響を与えた」と記している。ウォーカーによると、南アフリカではデ・フィリアースのみが「法の精神を理解」した。また「イギリスとのつながりと南アフリカの自由を擁護し、生涯を通して南アフリカ全体を見つめた」とも記し、一八七二年の責任政府授与、八一年の第一次南アフリカ戦争終結、九〇年代のイギリス帝国植民地会議に際してのデ・フィリアースの役割を強調している[45]。同書は基本的に伝記であるが、連邦結成時のメリマン、スマッツとの往復書簡など引用も多く、史料集の性格も否定できない。だが、この性格ゆえに読者が多くなかったとは言えない。例えば、書評を掲載することの少ない『ラウンド・テーブル』誌が珍しく、内容紹介に誌面を割いている[46]。ウォーカーは一九二七年、イギリスの『国民人名事典』でもデ・フィリアースの項を執筆した。ここでは、ジョブ・カラー・バーなどの時代状況を反映して「ケープの原住民政策の最良の伝統を尊重した」側面にも言及している[47]。

しかし、ウォーカーは一九三〇年代初頭まで「ケープの原住民政策」を主要な関心事とはしなかった。この時期、ウォーカーはケープタウン大学で図書館長（二三～三〇年）、学寮長（二八～三一年）、評議員（三一～三三年）、文学部長（三二～三三年）を歴任した。二九年には、同大学の一〇〇年史である『南アフリカ・カレッジとケープタウン大学』も著している。同書はこの年のキャンパス移転について「〔ローズの地所〕フルーテ・スヒュールに全国規模の、教育専門かつ学寮システムの大学を〔創る〕、というセシル・ローズの夢の……実現」と記し、世紀末ケープに起源をたどる姿勢を明確にした。[48] ウォーカーは『ラウンド・テーブル』誌にも、大学創立一〇〇周年について寄稿している。[49] 他方、当時は狭義のアカデミズム外の歴史家も世紀末ケープに関心を抱いたが、その一人は「南アフリカ議会の伝統と慣習の第一位の設計者」ラルフ・キルピンである。キルピンはケープ植民地、次いで南アフリカ連邦の下院官吏として議会資料の編纂に従事、また『ケープ・アーガス』紙に、植民地議会史の記事を数多く寄稿した。キルピンの主著『植民地議会のロマンス』(一九三〇年)は、連邦議会の起源を世紀末ケープにたどると同時に「南アフリカ建国の父祖」ファン・リーベックの「政策会議」などオランダ東インド会社時代との連続性にも留意している。[50]

❖「ケープの原住民選挙権」と『W・P・シュライナー』

だが、こうした状況は一九三〇年代半ば、大きく変化する。三四年に国民党が南アフリカ党と合同して連合党になり、アフリカ人が原住民上院代表にしか投票できなくなる選挙権分離を画策すると、ウォーカーは危機感を強めた。三四〜三六年には、植民地時代のアフリカーナー同盟の指導者フランシス・ステファヌス・マランと複数の書簡を交換し懸念を深めている。[51] 三五年『クリティーク』誌の「レティーフ虐殺に関するズールー人の記述」で「バントゥーの歴史」の主題は(ケープのアフリカ人である)コーサ人などが相応しいと記したのも、この関心と無縁ではない(前節参照)。三六年には、同誌に「選挙権について」を寄稿し「人間の諸権利の承認が……わが国の行政においてほぼ消えてしまう」と記している。[52]

ウォーカーの妻ルーシーも、植民地時代以来の政治家でデ・フィリアースの後任の連邦最高裁判所長官（一九一四～二七年）だったジェイムズ・ローズ・イネスとともに、ケープタウンのシティ・ホールで大規模な抗議集会を組織した[53]。

一九三六年、ウォーカーは『ケープ・アーガス』紙に「ケープの原住民選挙権」を連載した（連載は同年、原住民諸法案に関する全国会議継続委員会がパンフレットにまとめた）。連載は、この問題をめぐる世紀末以降の経緯をたどる。特にデ・フィリアース、元植民地首相ウィリアム・シュライナー（写真20）などを「自由の擁護者」と記し、連邦結成に際しての二人の役割を強調している。もっとも、ウォーカーは選挙権の付与について「人種、肌の色などの……障壁の有効性」を否定するものの「文明〔度〕を政治的適性の判断基準として維持すること」に関しては肯定的である。一八九二年の財産制限の強化をめぐっても「無教育の、いわゆるブランケット・カフィア〔コーサ人〕」が大量流入する危険を回避したと記し、

写真20　ウィリアム・シュライナー
E. A. Walker, *W. P. Schreiner.*

強化に動いたアフリカーナー同盟の指導者ヤン・ホフメイアー以下セシル・ローズ、メリマン、ローズ・イネスなどを称賛している。[54] ウォーカーは『ラウンド・テーブル』誌にも「ケープの原住民選挙権」に関する世紀末以降の経緯について寄稿した。ここでは上記の人物に加え、特にマランなどの役割を強調している。[55]

一九三〇年代半ばの状況の変化を反映したもう一冊の著書は、伝記『W・P・シュライナー――南アフリカ人』（一九三七年）である。ウォーカーは二七年、イギリスの『国民人名事典』でもシュライナーの項を執筆した。ここでは、第二次南アフリカ戦争時の首相として開戦回避と植民地の中立維持に動いたことなど、和解の側面を重視している。[56] だが、三七年の伝記は次の二点を強調するようになった。第一の強調点は一八九五〜九六年、ローズがトランスヴァール共和国の転覆を企てたジェイムソン侵入事件との関わりである。シュライナーは九七年、事件に関するイギリス庶民院調査委員会で、本国植民地省の内政干渉を批判する文脈で「わたしは第一に南アフリカ人ですが、次いでイングランド人であると思っています」と証言している。ウォーカーは、同証言の「南アフリカ人」を伝記の副題に用いた。このことは一九三〇年代半ばの「イギリス系は南アフリカよりイギリスに忠誠心を抱いている」というアフリカーナー・ナショナリスト陣営の批判とも対応している。これに対し、第二の強調点は連邦結成に際しての「原住民問題」との関わりである。ウォーカーはこの主題について以下のように記す。

連邦結成運動の間、彼〔シュライナー〕は、現実のものとなった立法府の統合の代わりに緩やかな連邦制を主張する唯一の、一流の南アフリカ人だった。彼がそうしたのは第一に、緩やかな連邦制のみが、非ヨーロッパ人に対するケープの伝統的にリベラルな政策を、二つの旧共和国〔トランスヴァールとオレンジ自由国〕のフロンティア的な人種政策から救い出すと信じたゆえである。彼は、ズールー族の族長ディヌズールー〔一九〇六年のバンバタ蜂起に連座し留置中〕を弁護するために全国会議の〔代表の〕地位を辞し〔中央集権的な〕南アフリカ法案との闘いをウェストミンスターの門前で展開した。(57)

このようにして、ウォーカーは南アフリカのブリティッシュ・アイデンティティをすべての人種に公正なリベラリズムと性格規定し、その源流を世紀末ケープに見る姿勢を明確にした。伝記は、ローズ・イネスなども評価している。(58) しかし『W・P・シュライナー』出版の年の三七年、ウォーカーの姿はもはや南アフリカには見られなかった。

三　イギリス帝国の変容とウォーカー

❖「何が間違ったのか」とパクス・アメリカーナ

一九三六年、ウォーカーはケンブリッジ大学に異動、帝国・海軍史担当教授に就任した〔就任講義は「イギリス帝国史の研究(59)」〕。異動の契機になったのは、『ケンブリッジ・イギリス帝国史』の南アフリカ巻に関わったことである。同巻の編者はロンドン大学のアーサー・パーシヴァル・ニュートン、ケンブリッジ大学のアーネスト・アルフレッド・ベニアンズの二名となっているが、実際にはアドヴァイザーのウォーカーが務めている。同巻は三二章から成り、執筆者はマクミラン、デ・キーウィートなど計二五名、うちウォーカーは三章を担当した。トランスヴァール共和国、オレンジ自由国の建国が主題の第一四章「新国家の形成、一八三五〜一八五四年」は『グレート・トレック』など、[60]第二次南アフリカ戦争が主題の第二二章「覇権競争、一八九六〜一九〇二年」は『W・P・シュライナー』などをもとにしている。[61]また、第二八章「南アフリカと帝国」はケープ植民地の代表政府授与、責任政府授与につづいて、南アフリカと一九世紀末の植民地会議、二〇世紀前半のブリティッシュ・コモンウェルスとの関係を扱う。[62]さらに、南アフリカ連邦結成が主題の第二三章「連邦の形成、一九〇一〜一九一〇年」は、キンダーガルテンの一人ウィンダムが担当した。[63]

ケンブリッジ大学に異動したことにより、ウォーカーの活動媒体も大きく変化する。『ラウンド・テーブル』誌の南アフリカ問題担当は、ケープタウン大学時代の同僚ヨハネス・ステファヌス・マレイに交代した。マレイは一九三八年、同誌にケープのカラードについて寄稿している。[64]他方、ウォーカーは同じ三八年『ケンブリッジ・ヒストリカル・ジャーナル』誌（五八年『ヒストリカル・ジャーナル』に改称）の編集委員になった（六〇年まで）。この人事については、同じく編集委員の、ホイッグ史観を基調とするイングランド史で著名なジョージ・マコーリー・トレヴェリアンの知遇を得たことが大きく影響している。[65]ウォーカーは四〇年、同誌に論文「ジェイムソン侵入事件」を寄稿した。論文によると、南アフリカでは一八九五〜九六年の同事件によって「政治的状況が著しく悪化した」。友好的なオレンジ自由国は離反し、トランスヴァール共和国は「アフリカンダーとブリティッシュの人種対立」の復活に動いた。そうした意味で事件は「一八九九年の南アフリカ戦争の端緒になり、その物語はまだ終わっていない」と記す。[66] ウォーカーは、パンフレット『ミルナー卿と南アフリカ』（一九四三年）でも一九～二〇世紀転換期、アフリカーナー・ナショナリズムが勢いづいた原因を解明しようとした。[67] この「何が間違ったのか」の解明は一九五〇、六〇年代、ウォーカーのケープタウン大学時代の弟子ジーン・ファン・デア・プールの『ジェイムソン侵入事件』（一九五一年）、トンプソンの『南アフリカ連邦の結成、一九〇二～一九一〇年』（一九六〇年）、マレイの『クリューガーの共和国の崩壊』（一九六一年）などの主題にもなっている。[68]

一九三九年、第二次大戦が勃発すると、ウォーカーは学外での啓蒙活動に多忙を極めるようになった。一九四〇年代初頭には『ミルナー卿と南アフリカ』の他にも二冊のパンフレットを著した。このうち『南アフリカ』（一九四〇年）は人種問題、『イギリスと南アフリカ』（四一年）は通史に主眼を置くが、両者とも、スマッツの戦争指導関与を重視する点では共通している。[69]

さらに、ウォーカーのフィールドは大戦中、大学での地位を反映して海軍史、帝国史に拡大する。『ケンブリッジ・イギリス帝国史第二巻――新帝国の成長、一七八三～一八七〇年』（一九四〇年）では、第一五章「東方へのルート、一八一五～一八七〇年」を担当し、一九世紀のシーレーンの変遷をたどった。[70] 一九四三年には、キンダーガルテンと深い関わりを持つ王立国際問題研究所の助成を受け『イギリス帝国――その構造と精神』を著している。同書は自由、寛容など「帝国の精神に対するグレート・ブリテンの諸国民の貢献」を主題とし、白人定住植民地の自治拡大、植民地会議、ブリティッシュ・コモンウェルスの経緯をたどる（同書の構成については表8参照）。特に、アメリカの「形成と維持に寄与してきたのは〔グレート・ブリテンの諸国民と〕同じ人種の人々である」点を強調し、合衆国が「イギリス帝国と手を組んで英語諸国民の共有物すべてを防衛することとなった」日米開戦の日で筆を擱いている。[71] ウォーカー

表8 『イギリス帝国――その構造と精神』の構成

第1章	第一次イギリス帝国
第2章	法、秩序、安全、1783～1833年
第3章	責任政府、1833～1874年
第4章	従属帝国、1833～1874年
第5章	対抗する海外帝国、1874～1914年
第6章	熱帯の従属植民地とインド、1874～1914年
第7章	統合と自治領の地位、1874～1914年
第8章	ブリティッシュ・コモンウェルス、1914～1939年
第9章	植民地、保護領、委任統治領、1914～1942年
第10章	オタワと植民地の福利、1915～1941年
第11章	防衛と外交政策、1919～1939年
第12章	戦時下の帝国、1939～1941年

は四四年『植民地』でも英米仏などの植民地支配を比較しながら、パクス・アメリカーナの時代のイギリス帝国を模索した（同書の構成については**表9**参照[72]）。ウォーカーは同年、大学の卒業生でもあるスマッツから、南アフリカに戻って戦史を編纂するよう依頼を受け、承諾する。だが、急病により編纂は実現せず、公的生活も二年あまり中断した。同時に、ケンブリッジがウォーカーに与えた最大の変化の一つであるパクス・アメリカーナの探究も未完のまま終わっている[73]。この時代と本格的に向き合うことは、オーストラリアのキース・ハンコックなど他の帝国史家の課題になった。ハンコックはスマッツの伝記を著し、またファン・デア・プールとともにスマッツ文書を編纂している[74]。

❖アパルトヘイトとウォーカー批判

一九四七年、国王ジョージ六世一家はスマッツの招待により南アフリカを訪問した。一家が帰国するとトレヴェリアンは歓迎レセプションを開催、ウォーカーも生涯でただ一度国王夫妻に拝謁している[75]。だが四八年、スマッツ率いる連合党は総選挙で敗北した（スマッツは以降没年の五〇年まで、ケンブリッジ大学の名誉学長を務めた）。ダニエル・フランソワ・マラン国民党政権のもと、イギリスと南アフリカの友好関係は終焉に向かい、アパルトヘイトの時代が始まる。政権は五一年、三六年のアフリカ人につづき、カラードについてもその上院代表にしか投票できないよう画策した。この選挙権分離は五二年、連合党が影響力を保っていた最高裁判所の反対に遭うが、五六年には現実のものになっている。こうした事態に対

表9 『植民地』の構成

第1章	世界的背景の中の植民地帝国
第2章	植民地大国の諸政策
第3章	植民地の諸事情
第4章	憲法、開発、福利
第5章	植民地の未来

して、ウォーカーは五一年に大学を退官して以降積極的に発言した。五三年には、ノッティンガム大学で「南アフリカ連邦のアパルトヘイト政策」と題して講演している。講演は「フロンティアの伝統」の再論につづき、三六年のアフリカ人選挙権分離の経緯を振り返る。また「すべての南アフリカ白人がカラー・バーの支持者ではない」と記し、ウィリアム・シュライナー、ホフメイアーなど「よきリベラル」の存在を強調している。(76) ウォーカーは同年『ケンブリッジ・ヒストリカル・ジャーナル』誌にも「ケープの原住民選挙権」に南ローデシアなどの内容を加筆し、論文「南部アフリカの選挙権」を寄稿した。(77)

ウォーカーの執筆活動はなおもつづく。一九五七年には、『南アフリカの歴史』の改訂版である『南部アフリカの歴史』を著した。同書では、連邦結成から第一次スマッツ政権までの第一四章を改題し、ヘルツォーク、スマッツ（第二次）、マラン以降の一五～一七章を加筆する（同書の構成については表10参照）。特にヘルツォークの章では、二四～三〇年を「よき時代」、連合党結成までの三〇～三四年を「悪しき時代」、選挙権分離の三五～三九年を「危険な時代」と記した。またマラン以降の章では、最高裁判所の選挙権分離反対を強調する一方、当時勢いづいていたANCなどの抵抗運動についてはほとんど記述していない。(78) ウォーカーは五九年、イギリスの『国民人名事典』でもヘルツォークの項を執筆している。(79) さらに、六三年には『ケンブリッジ・イギリス帝国史』の南アフリカ巻を改訂した。同書では、第二一章「協力の問題、一八八六～一八九五年」のジェイムソン侵入事件の節を修正し、(80) また第三二章「文化の発展」の新聞、大学の項を加筆している。新聞と大学は当時、政権を持たなかったリベラル派にとって反アパルトヘイトの重要な橋頭堡だった。(81)

ウォーカーは一九六八年、娘ジーンのいるナタールのダーバンに移り住み、七六年二月二三日、当地で死去した。ウォーカーへの批判は六〇年代から始まる。アフリカーナー・ナショナリストの歴史家は『南部アフリカの歴史』を公平性と客観性に欠くと評した[82]。また、トンプソンなど他のリベラル派の歴史家も『ケンブリッジ・イギリス帝国史』南アフリカ巻の改訂を契機としてウォーカーの西洋中心主義を批判、フィールドをアフリカ人社会に移している[83]。だが、ウォーカーへの批判が本格化するのは七〇年代初頭、従属理論などの影響を受けたニュー・レフトのラディカル派が登場してからである。マーティン・レガシックは、入植初期についてボーア人と先住民、奴隷との平和的な関係を強調する一方、一九～二〇世紀

表10 『南部アフリカの歴史』(『南アフリカの歴史』の改訂版) の構成

第14章	自治領の権限と地位、1910～24年
第15章	主権独立、1924～39年
第16章	文明、1939～48年
第17章	共産主義、人種、法廷、1948～55年

1～13章は『南アフリカの歴史』に同じ(表7参照)

転換期のイギリス帝国主義と資本主義にアパルトヘイトの起源をたどり「フロンティアの伝統」を明確に否定した。[84] またケープ・リベラリズムの神話に関しても、八〇年代初頭にはスタンリー・トラピドが「文明化の使命」に過ぎないと批判している。[85] さらに、アパルトヘイトの終焉とともにアフリカーナー・ナショナリズムと人種差別の糾弾は現実的意味を失った。しかし、イギリス系のリベラルなアイデンティティは今日もなお、ANC支配への反発に形を変えて存続している。ブリティッシュ・アイデンティティとリベラリズムとの関わりは、けっして過去の問題ではない。

❖ウォーカーの相対的位置

おわりに、この歴史家の相対的位置を探りたい。ウォーカーは同時代の他のイギリス系歴史家に比べ、親ボーア的ないし和解の側面を数多く残していた。晩年になっても『グレート・トレック』を自分の最良かつもっとも面白い本と評し、また教育者、社会学者のエルンスト・フィデオン・マレルブなどアフリカーナーの知識人とも交流している。[86] だが「フロンティアの伝統」「何が間違ったのか」などについてはアフリカーナー・ナショナリズムと対峙し、他をリードした。さらに、ウォーカーにとってもっとも重要な問題は、ケープ・リベラリズムの神話とブリティッシュ・アイデンティティにあった。ケープタウン大学のコリン・ウェッブは追悼文で「人種関係の歴史家」マクミランなどと異なり「ウォーカーのみが南アフリカの歴史家となった」と記している。[87] これに対して、ケンブリッジがウォーカーに与えた変化の多くは、一九四四〜四六年の闘病生活により中断の憂き目に遭っている。パクス・アメリカーナの時代のイギリス帝国をめぐっても、ウォーカーは十分に展開しないまま終わった。とはいえ、ウォーカーが南アフリ

写真21　ケープタウン大学学寮長時代のウォーカーと寮生
J. Walker, *Skin Deep*, 36.

カについて語るとき、そこにはつねに帝国の問題が存在し、反対に帝国について語るとき、そこにはつねに南アフリカの問題が存在したことは疑いない。

しかし、真にウォーカーの相対的位置を探り、（集合的）記憶に光を当てるには影響関係の検討が不可欠である。南アフリカではアパルトヘイトの終焉まで、シールが中等以下の歴史教育の基礎になった。他方、ウォーカーは一九一九年「大学教育における歴史の位置」と題して講演するなど高等歴史教育の重要性を認識しており[88]『南アフリカの歴史』は多くの大学で教科書になっている。ウォーカーは講演、パンフレット、『ラウンド・テーブル』誌への寄稿など学外での啓蒙活動にも積極的で、いくつもの著書が版を重ねた。また『ケンブリッジ・イギリス帝国史』南アフリカ巻の改訂では新聞の項を加筆するなどメディアの重要性も認識しており、ケープタウン大学時代には多くの卒業生を『ケープ・タイムズ』紙などに推薦し送り出している[89]（**写真21**）。以上をまとめると、ウォーカーは南アフリカで、著書のほか大学、メディアなどを通して、エリート層を中心に一定の影響力を保持した。この点はイギリスでも、程度の差はあるものの同様といえる。

だが、本章は特にイギリスへの影響について、課題を数多く残している。ウォーカーは、系譜的にトレヴェリアン、トインビーなどと同様に本国保守党寄りのリベラルに属した。また、ウォーカーは「ブリティッシュ・ワールド」のネットワークで、帝国主義と人種差別の南アフリカに関する語りの中心に位置した。この語りは二〇世紀半ば、アパルトヘイトの時代が始まるとともに、帝国を超えて国際的な拡がりを持つようになっていく。こうした国際的な拡がりの一部をめぐっては本部の末尾で触れるが、次章では、ウォーカーと並び称されるマクミランについて検討したい。

第四章　ウィリアム・マクミランの南アフリカ時代

一　ケープとプア・ホワイト問題（一八九一～一九一七年）

❖ウィリアム・マクミラン

ウィリアム・マクミラン（**写真22**）は一八九一年、五歳で南アフリカに渡り、一九三三年イギリスに帰国した。マクミランにとっての南アフリカ時代の意味は両義的である。例えば、自伝には以下のように記されている。

子ども時代に移民したほとんどの人々〔が出身国より移民先に所属意識を持つの〕とは似つかず、わたしは当初、本当はどこか他のところに属しているという意識を持っただけでなく、時が経つほどにますますこの意識を強めたと思う。〔だが〕すべてを振り返ってみると、実際は違ったかもしれないことがよくわかった。(1)

しかし、南アフリカ史学史に関心を抱く人々は「本当はどこか他のところに属しているという意識」ばかりを強調してきた。たしかに、本国労働党寄りだったマクミランは、その意味では南アフリカで孤立し

写真22　ウィリアム・マクミラン（中央）とジョン・デューブ（右）
デューブはSANNC（南アフリカ原住民民族会議）の初代議長（W. M. MacMillan, *My South African Years.*）。

ていた。こうした事情をふまえ、ケープタウン大学のソーンダーズは「彼〔マクミラン〕は、帰化した国〔南アフリカ〕で支配的な白人の文化とは同化しなかった」と記している。(2) また先述の通り、同じくケープタウン大学のウェッブもウォーカーの追悼文で「人種関係の歴史家」マクミランを「南アフリカの歴史家」ウォーカーと対置している。(3) さらに七〇年代初頭、ニュー・レフト／ラディカル派のレガシックも、ウォーカーの「フロンティアの伝統」を批判する一方で、マクミランについては自伝を編集するなど積極的に学ぼうとした。(4) だが「すべてを振り返ってみると、実際は違ったかもしれないことがよくわかった」という点に留意しながら、南アフリカ時代の意味を問うことも重要だろう。

マクミランは一八八五年一〇月一日、スコットランドのアバディーンで生まれた。父ジョンはプレズビテリアンの牧師で六四〜七八年、インドのマドラスで布教活動に従事した。また九一年には、ケープタウン近郊のヴィクトリア・カレッジで教鞭を執ることになり、一家はカレッジの所在地ステレンボッシュに移住する。(5) 当地の教育の中心にはスコットランド系、特に宣教師のコミュニティが存在し(エリック・ウォーカーの伯父でヴィクトリア・カレッジの教師だったトマス・ウォーカーもその一人である)、マクミランはここで「スコットランド人の帝国」ないし「博愛主義の帝国」の一員になった。通読した最初の本は、宣教師にして探検家のスコットランド人デイヴィッド・リヴィングストンの伝記である。(6) さらに、マクミランの周囲には親英的なオランダ系も混血のカラードも多数いた。一方で、ケープタウン近郊にアフリカ人の「部族民」は存在せず、マクミランが当時、南部アフリカの「原住民」について聞くことはほとんどなかった。(7)

マクミランは一九〇一年、ヴィクトリア・カレッジに入学、〇三年に退学すると最初のローズ奨学生の一人としてオクスフォード大学のマートン・カレッジに入学した。ローズ奨学生の制度は、セシル・ローズの遺志にもとづく。マクミランは一八九四年ごろ、ステレンボッシュを訪問したローズに会ったことがあり、そうした経験を持つ唯一の奨学生だ、と主張している。(8) また、一九〇六年には近代史専攻を次席で卒業するが、その関心は歴史より宗教と教育にあり、次いで救貧と社会改革の問題に移った。〇六〜〇九年にはアバディーンの、一〇年にはグラスゴーの合同自由教会カレッジで神学コースに在籍している。さらに、〇七年にはアバディーン大学の教育学コースに入学し、〇九年にはケントのプレップ・スクール(パブリック・スクールの進学予備校)などで教えた。他方、一〇年にはベルリン大学で社会政策学の父の一人グスタフ・フォン・シュモラーの講座を取り、一一年にはフェビアン協会の一員になっている。[9]

❖プア・ホワイト問題

同じ一九一一年、マクミランは東ケープ・グレアムズタウンのローズ・ユニヴァーシティ・カレッジで歴史学と経済学の講師の職を得た。同カレッジは〇四年、植民地首相リアンダー・スター・ジェイムソン（ジェイムソン侵入事件の実行者）がセシル・ローズの遺産を用いて開設し、現在もローズ大学として存続している。[10] マクミランはグレアムズタウンにおいて、歴史の分野ではヨーロッパ史を講じるにとどまった。同僚で化学者のジョージ・コリーは一〇～三〇年、イギリス系の「一八二〇年の入植者」を主題とした『南アフリカの興隆』全六巻[11]を著し、好評を博しているが、マクミランが南アフリカ史の研究に関心を示すことはなかった。[12] これに対して経済の分野では、第一次大戦が勃発した一九一四年ごろから研究を本格化している。一五年には『グレアムズタウンの公衆衛生改革』[13]、同市のイギリス系プア・ホワイト問題が主題の『ある非工業的南アフリカ都市の経済状況』[14]の二冊のパンフレットを著した（マクミランの著書については**表11**参照）。特に『経済状況』は元植民地首相のメリマンが評価し、フィールドをオリーヴ・シュライナーの小説『アフリカ農場物語』の舞台カルー地方など農村にも拡大するよう提案している。[15]

同年末、マクミランは渡英したが、ここでも『経済状況』はフェビアン協会のシドニー・ウェッブらが評価した。ウェッブは、自身が一三年創刊した『ニュー・ステイツマン』誌に書評を執筆している（なお、マクミランも二一～四〇年、同誌に一七編もの記事を寄稿することになる）。[16] また、渡英時にはキンダーガルテンのカーティスの知遇を得た。[17] さらに、帰国すると一六年には、大戦から帰還した兵士の貧困

表11　マクミランの著書

書　名	初版年
『グレアムズタウンの公衆衛生改革』（パンフレット）	1915年
『ある非工業的南アフリカ都市の経済状況』（パンフレット）	1915年
『貧困と戦後の諸問題』（パンフレット）	1916年
『南アフリカ連邦における地方自治の位置』（南アフリカ鉱山・技術専門学校教授就任講義）	1918年
『南アフリカの農業問題とその歴史的進展』（講演）	1919年
『ある南アフリカ学生兵士』（編著）	1919年
『土地、原住民、失業』（パンフレット）	1924年
『ケープの人種問題』	1927年
『バントゥー、ボーア、ブリトン』	1929年（改訂版1963年）
『錯綜の南アフリカ』	1930年
『西インド諸島からの警告』	1936年（改訂版1938年）
『新興のアフリカ』	1938年（改訂版1949年）
『ヨーロッパと西アフリカ』（チャールズ・キングズリ・ミーク、エリック・ハッセイとの共著）	1940年
『帝国を民主化せよ』（パンフレット）	1941年
『勝利のための計画』（ハロルド・ラスキなどとの共著）	1941年
『連邦のかなたのアフリカ』（講演）	1949年
『自治への道』	1959年
『わが南アフリカ時代』（自伝）	1975年

が主題の『貧困と戦後の諸問題』[18]も著している。ところで、マクミランの渡英には軍隊志願の目的もあったが、友人の説得で断念した[19]。だが、教え子のハロルド・ハウスが西部戦線で戦死すると、二〇年にはその書簡集『ある南アフリカ学生兵士』を出版「ハロルド・ハウスは真に南アフリカ人だったし、またつねに自分のことをそう考えていた」と記している[20]。

一九一七年、マクミランはヨハネスブルクの南アフリカ鉱山・技術専門学校（二二年ヴィットヴァータースランド大学に改組）で歴史学の教授になった。マクミランはここで、グレアムズタウン時代の集大成とも言える講義と講演を行っている。その一つは、教授就任講義「南アフリカ連邦における地方自治の位置」（一九一七年）である。同講義はシドニー、ベアトリス・ウェッブ夫妻の『イングランドの地方自治』全九巻（一九〇六～二九年）[21]に想を得ており「序――南アフリカの困難」「議会制度の真の意味」「南アフリカにおける政府」「南アフリカにおける地方自治の現在の弱点」「将来の進展の方向」「対案」の六章から成る。全体としてはトランスヴァールの状況をふまえ、イギリス系からアフリカーナーのプア・ホワイトに関心を移し、こうしたプア・ホワイト、公衆衛生などの問題の解決には地方自治が有効であることを示している。また、序では一四年の元ボーア人ゲリラの蜂起に留意しながら、旧オレンジ自由国などの不満の解消にも地方自治が有効であると記した。講義の出版に際しては、キンダーガルテンで南アフリカに残った（当時連邦議会議員の）ダンカンが序文を寄せている[22]。

グレアムズタウン時代の集大成のもう一つは、講演「南アフリカの農業問題とその歴史的進展」（一九一九年）である。同講演は、マクミランが親しかったイギリスの経済史家リチャード・ヘンリ・トーニーの、借地農などに対する「囲い込み運動」を主題とした『一六世紀における農業問題』（一九一二年）[23]に想を得ている。メリマンの提案に従って、農村の、ただしアフリカーナーのプア・ホワイト問題を扱い「序」「南アフリカにおける貧困」「歴史」「今日の農村の状況（Ⅰ）」「〔今日の〕農村の状況（Ⅱ）」「要約――全体としての問題」の六章を設けている。特に「歴史」の章は、マクミランにとって最初の南アフリカ史叙述である。マクミランは（ウォーカーが一九一八年、設立に一役買った）ファン・リーベック協会の刊行する史料などを用いながら、農村アフリカーナーのプア・ホワイト問題の起源を、オランダ系入植者がケープタウン近郊から少しずつ内陸部のフロンティアに移動した一八世紀にたどっている。だが、その叙述は一九二〇年代以降のものともウォーカーの「フロンティアの伝統」とも異なり、以下のようにお親ボーア的である。

この南アフリカ社会史の概観から……ボーア人の本質的な習慣と特性の大部分がこの一八世紀に決定したことは明らかに思える。諸条件によってボーア人のよい性質、欠点、さらに遊牧かつほぼ家父長制の社会の型が産み出された。シール博士が指摘するように、身体的にも精神的にも血統は健全で……通俗的には「プア・ホワイト」の語と結び付けて考えられる退化も、生来ではなく機会の欠如によるものである。

一方で、マクミランは問題の起源について「グレート・トレックにつづく半世紀の南アフリカの経済発展……は重要ではない」とも記し、近現代史軽視の姿勢を示している。この講演のパンフレットは一九二九～三二年、南アフリカでプア・ホワイト施策を実行に移したアメリカ合衆国のカーネギー委員会も活用することになった[24]。だが、マクミランは二〇年代以降、アフリカーナー・ナショナリズムと対峙する中でスコットランド人宣教師、カラード、アフリカ人などの問題に関心を移していく。

二　トランスヴァールとアフリカーナー・ナショナリズム（一九一七〜三三年）

❖アフリカ人労働運動との連携と『ケープの人種問題』

トランスヴァール時代のマクミランを取り巻く環境の変化で、もっとも重要なものは国民党の政権獲得と人種差別の進展だった。マクミランは、国民党を支持したアフリカーナーのプア・ホワイトの研究から、アフリカ人労働運動との連携に転換する。ここでアフリカ人の政治運動について振り返っておくと、連邦結成時、ケープの非ヨーロッパ系選挙権が他地域に拡大しなかったことなどに抗議して一九一二年、SANNC（南アフリカ原住民民族会議、二三年ANCに改称）が誕生した。SANNCは、アフリカ人の土地所有を保留地内に制限した一三年の土地法にも反対するが、第一次大戦では政治的権利の拡大を期待して政府に積極的に協力する[25]。だが期待は裏切られ、運動は、長い停滞の時代に入った[26]。これに対して二〇年代、アフリカ人組織の中でもっとも戦闘的だったのはICU（南アフリカ産業商業労働者組合）である。マクミランは早くも二二年、ICUの関連団体の一つ（ヨハネスブルク）ヨーロッパ人・アフリカ人協議会の一員になった（なお、同協議会の議長は『ステイト』誌の大航海時代史の執筆者ピムが務めていた）。また、二六年のジョブ・カラー・バー法制定に際しては反対の請願活動にも従事している[27]。

こうした活動は、一九二〇年代末の「三部作」の内容に反映する。その第一『ケープの人種問題』(一九二七年)は一九世紀初頭のケープにおいて、同じスコットランドのアバディーン出身でロンドン・ミッショナリ協会のジョン・フィリップがカラードの問題にいかに対処したかを主題としている(同書の構成については表12参照)。一九二〇年以降、フィリップの子孫はマクミランに、祖先の伝記の完成を期して文書を託したが、マクミランの企図は「〔歴史的事情により進展してきた今日の状況の研究と並行して〕文書を研究すること」にあった。シール、コリーの南アフリカ史では入植者が主役であり、フィリップは、その利益を踏みにじる敵役でしかなかった。(28) しかしマクミランによると、同じ「スコットランド人の帝国」「博愛主義の帝国」に属するこの人物は自由黒人の法的不平等の改善、奴隷制廃止などに尽力した。その結果、

〔かつて〕「浮浪」かつ軽蔑の対象とされていたいわゆるホッテントットは、一八三〇年代にはすでに、今日のカラードの人々と外見上たいして違わない混血の人種となった。その進歩は、ゆえに非常に重要であり……その歴史はすなわち、身体的に劣った血統で、もともとバントゥーほど能力もなく、農業の兆しもない遊牧の原住民の子孫がいかにして、ヨーロッパ人の諸特権を完全に共有するのに十分と考えられる文明の標準を達成するようになったか、という物語である。

一方「歴史的事情により進展してきた今日の状況」に目を転じると「バントゥーについては本来的に「劣って」おり、文明の段階に上昇することができないと決め付ける人もいる」。だが、実際には「急速に

表12 『ケープの人種問題』の構成

第1部　問題の背景	
第1章	序
第2章	歴史地理とボーア人の起源
第3章	有色人種／未開の慣習と文明化された法／1795年のホッテントットの地位
第4章	トーリー反動の時代の植民地政府
第5章	人道主義とミッショナリの運動――「エクセター・ホール」
第2部 「ホッテントット」から「ユーラフリカン」へ	
第6章	喜望峰植民地における奴隷制
第7章	1806年の南アフリカ／宣教師と、有色人種の権利のための最初の闘い
第8章	ジョン・フィリップ
第9章	1820年の入植者
第10章	ホッテントット問題の進展／フィリップの初期の態度
第11章	ホッテントット問題の重要性／「諸制度」の起源と機能
第12章	1822年のホッテントットの地位／法的無能力と労働問題
第13章	人種問題に関する新たな見解／嵐の起こり
第14章	チャールズ・サマセット卿との政治的闘い
第15章	人種問題の再来／ホッテントットの解放／法令第50号
第16章	反動／1834年の浮浪法案／グレート・トレック
第17章	ケープの政治的自由の誕生
第18章	「ホッテントット」から「ユーラフリカン」へ

上昇したので、一九二六年の悪名高い「カラー・バー」法のパニック的な制定という結果になった」。この現状に対して「ケープの歴史は、古いヨーロッパと同様に新しいアフリカでも、徹底的な自由が政策の基準となる必要があることを示している」と同書は結語する。マクミランはこのようにして、カラードをめぐるケープの（スコットランド人宣教師の）リベラリズムを礼賛しかつ、アフリカ人へのアフリカーナー・ナショナリストの差別を批判した。[29]

❖『バントゥー、ボーア、ブリトン』

以上の『人種問題』の内容に対し「三部作」の第二『バントゥー、ボーア、ブリトン』（初版一九二九年）は、同じくフィリップがフロンティアのアフリカ人の問題にいかに対処したかを主題としている（同書の構成については**表13**参照）。だがカラードの場合とは異なり、アフリカ人の権利拡大についてのフィリップの努力は、ボーア人の反対に遭って必ずしも実を結ばなかった。こうした内容は、ボーア人の人種差別を強調するウォーカーの「フロンティアの伝統」とも共鳴している。[30]

他方『バントゥー、ボーア、ブリトン』で興味深いのはアフリカ人の歴史、特にズールー王シャカの征服活動が引き起こしたアフリカ人社会の大混乱「ムフェカネ」に関する叙述である。マクミランはまずムフェカネの原因を、シールらのようにシャカの残酷性ではなく、以下のように「ヨーロッパ人の征服」「奴隷貿易」などに帰した。

このバントゥーの間の大変動について、原因をどの程度まで、ヨーロッパ人の征服に「接した全部族

表 13 『バントゥー、ボーア、ブリトン』の構成

第 1 章	序／ジョン・フィリップの不朽の重要性
第 2 章	バントゥーの諸部族／慣習と制度／シャカと他の人々
第 3 章	フロンティアのボーア人と最初のグレート・トレック／最初のバントゥーとの接触
第 4 章	北方のフロンティア／グリカ「諸国家」／抑制された拡大、1834 年
第 5 章	移動する東方のフロンティア／中立地帯？
第 6 章	1829 年以降のフロンティアの騒擾／交易と労働
第 7 章	ジョン・フィリップはどのようにして関与することになったか
第 8 章	1834 年におけるフィリップとダーバンの交渉
第 9 章	1835 年の戦争／ダーバンと博愛主義的批判者たち
第 10 章	ダーバンの入植、1835～36 年
第 11 章	グレネルグ卿と入植の反転
第 12 章	グレート・トレックとバントゥーの転回、1836～42 年／イギリスのナタール介入
第 13 章	北方のトレッカーたち／グリカ、バスト、ベチュアナ、宣教師／フィリップ博士のグランド・ツアー、1841～42 年
第 14 章	「フィリップ博士の協定諸国家」、1843～46 年
第 15 章	東方のフロンティアにおける協定システム、1838～42 年／誤用と旱魃
第 16 章	戦争と征服への漂流、1842～48 年
第 17 章	北方の併合と放棄、1848～54 年／ジョン・フィリップの活動の評価
第 18 章	バントゥーへの極めて素っ気ない対処とその結果

の、概して不安定な状態」に帰さなければならないのか、完全に知ることはけっしてできない。事例の性質上、遠く離れた諸部族へのフロンティア戦争の影響に関して直接の証拠はないが、かといって、つながりの存在を示唆することもまったくは退けられないだろう。ケープのフロンティアで事態が最高潮に達しようとしていたまさにそのとき、シャカが勃興した事実は重要である。……奴隷貿易がアフリカの南部に影響を残さなかった、と信じる理由はない。[31]

またマクミランは、ムフェカネの原因だけでなく、結果としての諸「部族」の再編にも関心を示した。例えば、ムフェカネの大混乱を経験したソト人については以下のように記している。

だが戦争の犠牲者すべてが、部族から切り離され、白人農場主に依存した労働者となるよう運命付けられた単なる避難民だったわけではなかった。この時代の混乱によって、もっとも聡明かつ資質のあるバントゥーの首長の一人は、とりわけよい機会を得た。……バソトの首長モシェシェの偉業は、ドラケンスバーグ〔山脈〕の広い谷間の分断された諸部族を、単一の民バソトに変えたことだった。……バストランド〔レソト〕は起源において、モシェシェの統制と指導の下脱出したバントゥーの約束の地であり〔ケープ東方の〕トランスカイ同様、いまなお人口過密だが、混在と混乱の南アフリカにあってはまとまりのある小島である。[32]

しかし、ムフェカネへのマクミランの関心はここまでだった。アフリカ人の「部族民」が存在しないケープタウン近郊で育ったマクミランにとって、アフリカ人社会の問題は縁遠かった。

❖『錯綜の南アフリカ』と教授辞職

こうした歴史への関心とともに、マクミランは一九二〇年代、南アフリカの現状への認識も深めていく。特に、一〇年代に都市のイギリス系、次いで農村アフリカーナーのプア・ホワイト問題に移った関心は、貧しいアフリカ人も対象とするようになった。マクミランは、二四年『ヨハネスブルク・スター』紙に「土地、原住民、失業」を連載した。連載は、アフリカーナーのプア・ホワイト問題の起源を一三年の土地法にたどる。同法はアフリカ人の土地所有を保留地内に制限したため、アフリカ人は困窮して都市に流入、アフリカーナー労働者の仕事を奪うことになった。したがって、土地法を改め、アフリカ人の土地所有を保留地外でも認めてその窮乏化を防げば、都市に流入することもアフリカーナー労働者の仕事を奪うこともなくなる、というのが連載の主張である。[33] 二一〜三五年『ケープ・タイムズ』紙の編集主幹は『ステイト』誌の元編集長ロングが務めていた。マクミランは二六年、このロングの求めに応じて『タイムズ』紙にも「土地、原住民、失業」とほぼ同じ内容の「原住民政策の表と裏」を連載している（なお、連載のタイトルもロングが付けた[34]）。また二五〜二六年には、バストランドとの境界に位置するケープのハーシェル地方で、アフリカ人の窮乏化についての短期集中の調査も行った。[35]

以上の連載、調査の集大成が、三部作の第三『錯綜の南アフリカ』（一九三〇年）である。同書は「過去と現在」「プア・ホワイト！」「原住民」「白人と黒人」の四部から成り（章の構成については**表14**参照）、アフリカ人の窮乏化がアフリカーナーの失業につながる、という意味で、白人と黒人に「共通の社

表14 『錯綜の南アフリカ』の構成

第1部　過去と現在	
第1章	自由との折り合い
第2章	アフリカ問題――その多様性と統一性
第3章	「押し寄せる有色人種」と南アフリカ人の心的態度
第2部　プア・ホワイト！	
第4章	病の起源と広がり
第5章	地域的分布
第6章	農業と土地制度
第7章	土地なき者の苦境
第8章	全国的政策の最近の傾向
第3部　原住民	
第9章	土地を巡る原住民の位置
第10章	原住民区域と「隔離」の不可能性
第11章	生産者、消費者としての原住民――地方調査の一例
第12章	居留地の諸問題――土地と社会的諸条件
第13章	農業と「改良方式」
第14章	経済的従属
第15章	「農場の」原住民――賃金と労働力供給
第4部　白人と黒人	
第16章	南アフリカ全体

会」の存在を強調する。この「共通の社会」に関しては、一九二〇年代の〔社会〕人類学の進展もふまえる必要がある。当時の南アフリカでは、アルフレッド・ラドクリフ・ブラウンが二一年ケープタウン大学に、アグネス・ウィニフレッド・ヘルンレが二三年ヴィットヴァータースランド大学にそれぞれ人類学講座を開設していた[36]。だが、こうした人類学者はアフリカ人社会の異質性を重視したため、マクミランは危機感を強めた。『錯綜の南アフリカ』では以下のように記されている。

〔本書には〕流行りの人類学研究〔に関する記述〕がわずかもない。……バントゥーの異質な心性を過度に強調することはあまりにしばしば、不愉快な事実――バントゥーがふつうの人間であり、その大部分がわれわれ自身の経済制度と密接に絡まりまた従属していること――に目を閉ざす言い訳となっている[37]。

他方、アフリカーナー・ナショナリズムとの対峙は一九三〇年代初頭、マクミランにとってますます重要な問題になった。だがピムや、ヘルンレの夫で哲学者のアルフレッドら[38]は二九年、カーネギー財団の助成により南アフリカ人種関係研究所を設立する。同時に、活動の中心も抗議行動ではなく、貧困、教育などの調査・研究、政策提言に変わり、ICUとは訣別、穏健なエリート層を相手とするようになった[39]。こうした動きに反発して、マクミランは三〇年（ヨハネスブルク）ヨーロッパ人・アフリカ人協議会の議長に就任し活動を先鋭化する。しかし、そのマクミランに政府とヴィットヴァータースランド大学から圧力が掛かった。三三年、マクミランは研究休暇で滞在中のオクスフォードで教授辞職を表明、四九年まで南アフリカを訪問することはなかった[40]。ただしその後、イギリスのアフリカ植民地政策に関与するようになっても、南アフリカへのマクミランの関心はつづく。

三　イギリスのアフリカ植民地政策とマクミラン（一九三三〜七四年）

❖英領植民地歴訪から労働党の論客へ

マクミランは、一九四一年まで定職に就くことがなかった。マクミランにとってイギリスでの最初の仕事は、ウォーカーが事実上の編者を務めた『ケンブリッジ・イギリス帝国史』南アフリカ巻の分担執筆である。マクミランは三章と一節を担当した。三章の方は一九世紀前半のケープ植民地が主題で、第一〇章「政治的進展、一八二一〜一八三四年」[41]、第一二章「カラードの問題、一七九二〜一八四二年」[42]は『ケープの人種問題』、第一三章「フロンティアとカフィア戦争、一七九二〜一八三六年」[43]は『バントゥー、ボーア、ブリトン』をもとにしている。

だが、特に興味深いのは第二四章「連邦結成以降の南アフリカ、一九一〇〜一九二一年」の保護領の節[44]である。この節は、マクミランの新しい活動を反映している。一九二九年、英領タンガニーカの高官フィリップ・ミッチェルに出会ったのを契機として、マクミランはイギリスの（南アフリカ以外の）アフリカ植民地にも関心を抱くようになった[45]。三〇年にはベチュアナランド、南北ローデシア、タンガニーカ、ケニア、ウガンダ、三一年にはバストランド、ベチュアナランド、南ローデシア、ニヤサランド、三二年にも南北ローデシア、三三年には西アフリカを訪問している。また、三五年にはカーネギー財団の助成により、アフリカとの比較研究の目的で西インド諸島にも滞在した[46]。

『西インド諸島からの警告』(初版一九三六年)と『新興のアフリカ』(初版一九三八年)は、以上の訪問、滞在の成果である(『新興のアフリカ』の構成については**表15**参照)。両書で、マクミランは植民地の窮乏化をふまえながら、当局による自由放任を批判して開発政策を提唱する。また、現地人による自治も重要だが、その現地人は「文明化した」エリートでなければならなかった。こうした文明化の重視は、一九世紀初頭のケープ・カラードへの評価とも共鳴している。これに対して「原住民」の伝統社会には無関心で、その機構を利用した間接統治にも批判的だった。ムフェカネをめぐるマクミランの限界などを想起したい。『警告』は一九三七年、西インド諸島で大規模な抗議行動が起こった結果マクミランの声価を高め、三八年にはペンギン・ブックスが改訂版を出した[47]。さらに、マクミランは『新興のアフリカ』の執筆と同時期、元インド植民地官僚のマルコム・ヘイリーが『アフリカ概観』(一九三八年[48])をまとめるのにも助力している。同書は二九年、スマッツがオクスフォード大学ローズ・ハウスでの講演において企画を示し、カーティスがヘイリーとマクミランに依頼したものである[49]。

だが、マクミランとカーティスとの関係は一九三〇年代末、終わりに向かった。当時、カーティスはロンドンの『タイムズ』(編集主幹は同じくキンダーガルテンのロビンソンが務めていた[50])紙上で、ベチュアナランド、バストランド、スワジランドの三保護領を連合党政権の南アフリカに譲渡することを提案したが、マクミランは反対する。マクミランにとっては、アフリカーナー・ナショナリズムとの対峙がなお重要だった。この一件を境として、両者は最終的に訣別する[51]。

一方で、第二次大戦が勃発した一九三九年ごろから、マクミランは労働党との関係を深めた。四〇年に

表 15 『新興のアフリカ』の構成

第 1 部	
第 1 章	遅れたアフリカにおける文明の使命
第 2 章	後進性の諸起源
第 3 章	アフリカ社会
第 4 章	社会的経済的生活の基礎――土地
第 2 部	
第 5 章	アフリカのヨーロッパ人
第 6 章	ヨーロッパ人とアフリカ人＝原住民――その位置において
第 7 章	人種隔離主義
第 8 章	ケニアとニヤサランドの諸傾向
第 3 部	
第 9 章	資本――アフリカ開発における鉱業の位置
第 10 章	労働
第 4 部	
第 11 章	イギリス領アフリカの支配者――植民地省と植民地当局
第 12 章	従来の植民地経済
第 13 章	原住民行政
第 14 章	後進性に対する非難
第 15 章	アフリカ政治の誕生
第 16 章	現代世界の中のアフリカ

はスコットランドのインヴァネスから同党の候補として選挙に出馬し、落選している。同年にはフェビアン協会でも、政治学者のハロルド・ラスキらとともに「勝利のための計画」と題して講演した（「植民地人のための自由」を担当）[52]。また、執筆活動も進展する。三八年の西アフリカ再訪の成果として、四〇年には人類学者のチャールズ・キングズリ・ミーク、教育者のエリック・ハッセイとともに『ヨーロッパと西アフリカ』を著した（開発と政治的社会的再建が主題の第二部を担当）[53]。四一年にはパンフレット『帝国を民主化せよ』も執筆している[54]。さらに、公的生活も拡大した。四〇〜四三年には植民地省の教育諮問委員、四一〜四三年にはBBCの帝国報道部門責任者、四三〜四五年にはブリティッシュ・カウンシルの西アフリカ上級代表を務めている。四七年にはスコットランドのセント・アンドリュース大学植民地研究所所長にもなった（五四年まで）[55]。

❖「南アフリカの歴史家」

一九四九年、マクミランは一六年ぶりに南アフリカを訪問、「連邦のかなたのアフリカ」と題して講演した。講演の主催者はかつて（ヨハネスブルク）ヨーロッパ人・アフリカ人協議会の議長として対立していた人種関係研究所である。前年にアパルトヘイトが始まり、両者は再度共闘することになった[56]。マクミランのアフリカ歴訪はなおもつづき、四九年には『新興のアフリカ』を改訂、五九年には『自治への道』を著している。『自治への道』はアフリカ植民地の現地人エリートの歩みをたどるが、当時勢いづいていた植民地ナショナリズムについてはほとんど記述していない。「スコットランド人の帝国」「博愛主義の帝国」の一員だったマクミランにとって、植民地の分離独立は必ずしも好ましいことではなかった（同書の構成については表16参照[57]。

マクミランは晩年、南アフリカ史に復帰する。一九六二年には南アフリカの各大学で講義、六三年には『バントゥー、ボーア、ブリトン』を改訂した。また、最晩年には自伝『わが南アフリカ時代』を口述している（先述の通り、編集したのはラディカル派のレガシックである）。自伝は、世紀末ケープのリベラリズムを礼賛した。例えば、「［一八］九〇年代、すべての人種、肌の色の人々の間に調和的な関係……を約束した「ケープの政策」」に言及し[58]、次のように記している。

表16 『自治への道』の構成

第1章	最初の植民地フロンティア
第2章	道徳的責任としての帝国
第3章	植民地自治への道
第4章	西インド諸島
第5章	喜望峰植民地における法の支配
第6章	南アフリカの大分裂
第7章	アフリカに新しいものが
第8章	「白人の責務を担う」
第9章	二つの世界の間で
第10章	戦後の10年間
第11章	東・中央アフリカにおける新たな諸傾向
第12章	黒人の責務

当時は、人種意識というものはほとんど存在しなかった。通常の態度は、いかなる肌の色の主人と召し使いの間でも普通に存在するものだった。[59]

さらに、ケープとトランスヴァールなどの内陸部を以下のようにも比較する。

だが、不幸にも経済的好機――遥か内陸部でのダイヤモンドと、特に金の発見――によって、ケープではなく内陸地域が国の経済の中心となった。そして、その内陸地域から毒々しいアフリカーナー・ナショナリズムが起こりまもなく、旧きケープの平和で安定した発展を打ち砕いたのである。[60]

マクミランは一九七四年一〇月二三日、オクスフォードで死去した。

以上のように、マクミランもまたウォーカー同様「南アフリカの歴史家」だった。ソーンダーズが「〔南アフリカで〕支配的な白人の文化とは同化しなかった」側面を強調したことは必ずしも正しくない。南アフリカ以外の英領アフリカ植民地の問題も「その進歩のみが南アフリカの姿勢を克服し得る」との確信ゆえに重要であるに過ぎなかった。[61] だが、ウォーカーとは異なり、マクミランが南アフリカにおいて、大学で教科書になるなど明白な影響力を保持しなかったことも事実である。たしかに一九三三年以降も、グレアムズタウン時代からの知己で「原住民上院代表」になったマーガレット・バリンジャーや、その夫で労働運動家のウィリアムらがマクミランの活動を継承した。[62] しかし、当時の南アフリカではアルフレッド・ヘルンレと人種関係研究所などの影響力の方が圧倒的に大きかった。[63]

一方イギリスでは、マクミランは一定の存在感を示した。フェビアン協会の講演「勝利のための計画」で「植民地人のための自由」を担当するなど、マクミランは、労働党を代表する帝国問題の論客だった。『西インド諸島からの警告』『新興のアフリカ』などは版を重ね、BBCラジオにも頻繁に出演し、また植民地省などにも発言力を保持した。「南アフリカの歴史家」がこうした位置にあったことは重要な意味を持つと言えるだろう。次項では、ウォーカーとマクミランが与えた国際的影響について、アレント『全体主義の起源』とナイジェリアの歴史家ジョン・オーマー・クーパーの事例を点描したい。

おわりに――ハンナ・アレントとジョン・オーマー・クーパー

❖アレントとコーネリス・ウィレム・デ・キーウィート

アレントの主著『全体主義の起源』（一九五一年）で、南アフリカ史に関する叙述は重要な位置を占めている。アレントは、全体主義の起源の一つを帝国主義に求めた。その政治的支配の二大形態は人種主義と官僚制だったが、このうち、前者の起源は南アフリカにあった（後者の起源はエジプト）。『全体主義の起源』の南アフリカ史叙述は二つの部分から成る。第一の部分の主題は、一七世紀半ば以降のオランダ系入植者である。同書によると、入植者はまもなくヨーロッパ文明と隔絶し「未開状態の」ボーア人に退化した。「粗放牧畜にしか適さない劣悪な土地」ゆえに個々の家族単位に孤立し「部族に組織されて遊牧生活を送っていたきわめて人口の多い原住民」の奴隷労働に依存したためである。

ボーア人は、正常なヨーロッパの生活状態に二度と復帰できない人間となった最初の植民者だった。なぜなら彼らにとっては、自分の住む世界の創造と変革に絶えず関与して生きるヨーロッパ人の基本的エトスはもはや理解し得なくなっていたからである。ボーア人は原住民を、人間としてではなく新しい大陸の原料と見なし、ほしいままにこの「原料」を搾取して怠惰な寄生的生活を送るうちに、自分自身が原始的部族の段階にまで落ちてしまった。(1)

また、こうした未開状態にあって、ボーア人の人種意識はもっとも狂信的になった。肌の色によってしか、原住民と自己を識別できなくなったためである。ボーア人は「原住民の酋長として、あるいは白い肌の主人、黒人の神々として」南アフリカの環境の条件に同化し、文明人の証しであるキリスト教の全人類同一起源説までも否定した。

彼ら〔ボーア人〕の中にはおそらく今日もなお、彼らの父祖たちを野蛮状態に逆もどりさせる原因となった最初の身の毛のよだつ恐怖が生きているのであろう――ほとんど動物的な存在、つまり真に人種的存在にまで退化した民族に対する底知れぬ不安、その完全な異質さにもかかわらず疑いもなくホモ・サピエンスであるアフリカの人間に対する恐怖が。……この戦慄から直ちに生まれたのが、このような「人間」は断じて自分たちの同類であってはならないという決意だった。……そしてこの不安と決意から生まれたものが、キリスト教に似て非なるボーア人の新しい宗教であり、その基本的ドグマはボーア人自身の選民性、白い皮膚の選民性なのである。(2)

アレントによると、この初期の人種感情の中には、後の時代の人種主義のすべての要素――「郷土(patria)に対する無理解、土地との結びつきの真の欠如、労働と行為から生まれる価値一切に対する蔑視、それに対するに、生まれによって決められた自然的・肉体的所与の唯一絶対視」――がすでに揃っていた。

つづく第二の部分の主題は一九世紀末である。この時期、鉱産資源の発見が相次ぎ「本職の金採掘者、投機家、酒場経営者、旧軍人、良家の末息子、要するにヨーロッパでは使いものにならないか、あるいはさまざまな理由から窮屈な生活に我慢できなくなった者がすべて集まった」。鉱業資本が黒人労働力の搾取に依存することとなったのにつづいて、新規の入植者もまた、ボーア人が確立した人種社会に参入した。アレントは、以上の南アフリカ人種主義の展開がヨーロッパの全体主義に多大な影響を与えた、と結語する。

『全体主義の起源』の註を見ると、同書の南アフリカ史叙述は、デ・キーウィートの『南アフリカの歴史』（一九四一年）[3]に過半を負っていることがわかる。デ・キーウィートはオランダ系南アフリカ人だが、その家族は二〇世紀初頭の移民で、一七世紀に遡るボーア人／アフリカーナーとは別集団に属した。こうした環境に加えてデ・キーウィートは、ヴィットヴァータースランド大学でマクミランに師事し、次いでロンドンで学び、アメリカのいくつかの大学で職を得た（『南アフリカの歴史』の刊行当時はコーネル大学にいた）。またカーネギー財団の本部で重きをなし、第二次大戦後は合衆国の代表的アフリカニストとして外交政策にも影響を与えた。

『南アフリカの歴史』ないし『全体主義の起源』のボーア人人種差別起源論は、マクミランを介してウォーカーのフロンティア学説を踏襲している。だが、一九世紀末の入植者をめぐる両書の態度は相違する。デ・キーウィートは、（イギリス系など）新規の入植者とボーア人の間に「文明」と「野蛮」の対比を見、前者の人種差別への関与を強く否定した。これに対して『全体主義の起源』は、第二次南アフリカ戦争に取材したジョン・ホブソンの『帝国主義論』（一九〇二年）[4]などを接ぎ木しながら、新規の入植者までも蔑視の対象とし、その人種主義を糾弾している。文明と野蛮の対比はアレントの場合、ヨーロッパと南アフリカという土地の間に存在した。[5]

❖ムフェカネとオーマー・クーパー

ウォーカーとマクミランは、他の面でも国際的影響を与えた。ウォーカーはムフェカネの語を初めて使用し、マクミランはその結果としての諸部族再編に関心を示した。こうした動きは（二人の本意では必ずしもなかったが）当時の、イギリス領植民地当局による分割統治と深い関わりを持つことになった。すなわち、当局はアフリカ人の結束を防ぐため各部族への帰属意識を強化したが、そこで二人の研究が利用されたのである。[6] だが、ムフェカネは一九六〇年代には逆に、独立した（東アフリカまでも含む）アフリカ諸国の起源ともされた。例えば、ナイジェリア・イバダン大学のオーマー・クーパーは『ズールーの余波』（一九六六年）において以下のように記す。

ムフェカネの重要性は、過去にばかりあるわけではない。それによってもたらされた社会的政治的共同体は多くの場合、現代まで生き残った。そのうちの二つ、バスト、スワジ王国は独特の政治的存在でありつづけ、いまアフリカの独立国家に仲間入りしようとしている。他も、植民地主義が課した、より広範な単位に編入されているものの、文化的単位ないしは忠誠心の強力な中心として存続している。ムフェカネの諸事件はさらに、後続の世代の意識に拭い難い印象を与えてきた。この時代の記憶と伝統は、それによって大きく影響を受けた人々のアイデンティティの維持に役立っている。……白人支配の文脈では、この遺産によって多くの人々が誇りと精神の独立を保ちつづけた。他の要因とともに、それは、近代アフリカの政治運動の出現の基礎となる、口では言い表せない感情や態度の維持に貢献してきた(7)。

このようにムフェカネの概念は、南アフリカ外のアフリカ諸国のナショナリズムにも影響を及ぼした(8)。だがそれ以上に、二人を中心とする広義のイギリス系歴史家たちについては、非ヨーロッパ系南アフリカ人の間での影響力が大きかった。第三部ではこのうち、カラードの問題を中心に検討したい。

第三部

イギリス系とカラード

はじめに——一九一〇年代までのカラード

❖カラードをめぐる研究

民族ないし人種の概念は、近代ヨーロッパの植民地支配について考えていく上で不可欠な要素である。ヨーロッパ人はこうした概念を用いて、非ヨーロッパ人への社会的優位を保とうとした。そこでは、民族・人種集団の違いが階級の違い、市民的権利の有無を意味し、例えば、女性も、いずれの集団に分類されるかによって境遇が大きく異なることになった。つまり、植民地支配ではしばしば、民族、人種が階級、シティズンシップと同義で、ジェンダーより優先した。南アフリカでも特にアパルトヘイトの時代、非ヨーロッパ系は民族、部族などに区別され、結束が妨げられた。例えば、一九五〇年の住民登録法やその後のホームランド／バントゥースタン政策などである（第二部参照）。だが、こうした分割統治はアパルトヘイト期だけでなく、南アフリカ史のどの時代でもメイン・テーマの一つになってきた。このような問題を検討していく上で焦点となるのがカラードのカテゴリである。カラードは今日の南アフリカでは、ケープタウン周辺の先住民、解放奴隷、混血の人々を意味する。一九世紀末以降、人種主義の高まりはこうした人々を一つの民族にし、白人とアフリカ人の中間に置いた。

民族の研究が南アフリカ史で本格化したのは、アパルトヘイトが終焉に向かいつつあった一九八〇年代末以降である。本格化の背景としては、ベネディクト・アンダーソン『想像の共同体』、エリック・ホブズボウム／テレンス・レンジャー編『創られた伝統』（ともに一九八三年）などナショナリズム論の流行も存在した[1]。ことに、レンジャーが南アフリカの隣国ジンバブエをフィールドにしていたことは大きかった[2]。だが、南アフリカ史の民族研究は、アパルトヘイトが生み出した部族の虚構性を告発するという明瞭な目的も持っていた[3]。カラードに関する研究も、このような研究と時を同じくして本格化し、アパルトヘイト下のカラード創出を批判している[4]。それらに共通するのは、スティーヴ・ビコの黒人意識思想の影響だった。すなわち、白人によるカラードとアフリカ人の分割を排し、非白人全体の連帯を志向したのである[5]。しかし九四年、アパルトヘイトの終焉とともに政権を獲得したANCはアフリカ人の多数派支配を進め、近年はカラードのマイノリティ・ナショナリズムが顕著になっている。こうした状況は研究にも反映し、例えば、モハメド・アディカリは、一九世紀末の人種主義の高まりがカラードを一つの民族にしたことを認めるものの、二〇世紀を通して白人ではなくカラード自身の役割が重要であり、アイデンティティは変化しなかった、とする[6]。

このように先行研究は、カラードの形成が一九四八〜九四年のアパルトヘイト下か一九世紀末か、重要なのは白人の役割かカラード自身の役割か、などを議論の焦点としてきた。こうした議論に対し、以下では中間の時期、特に一九二〇、三〇年代を変化の時代と捉えていきたい。当時、国民党が初めて政権を獲得すると、イギリス系がアフリカーナー・ナショナリストと対抗し、双方がカラードの問題に関心を示した。だが、国民党／アフリカーナー・ナショナリストとカラードの関わりについては論文があるものの、イギリス系とカラードの関係をめぐっては、それに比肩する研究が存在しない[7]。また、カラードのアイデンティティについては多様な分析があり得るが、本稿ではことに、歴史の語りとの関係に注目したい。一九二〇、三〇年代、カラードの問題に対するイギリス系の関心は歴史についての関心であることが多く、さらにこの時代は、カラードが自己の歴史を本格的に語り始めた時代でもあった。しかし、カラードの記憶が研究の対象になったのは最近のことであり、その場合にも、カラードでない人々との関係まで含めて論じた研究は少ない(8)。以上の諸点をふまえて二〇、三〇年代、特に三〇年代のカラード・アイデンティティと歴史の語りの関係を、イギリス系の役割にも留意しながら検討していくことが課題になる。だが議論の出発点は、それ以前のケープ植民地の時期に置く必要があるだろう。

❖カラードの形成

オランダ東インド会社時代のケープには、非ヨーロッパ系として先住民のサンやコエコエ、奴隷、混血、以上の中で内陸部に逃亡したグリカやバスタードなどの人々がいた。一九世紀、植民地がイギリス領になると、二八年には法令第五〇号で自由黒人の法的不平等が改善、三四年には奴隷制が廃止され、五四年には植民地議会への非ヨーロッパ系選挙権が認められる。これはイギリスによる、オランダ系への対抗目的の協力者づくりだったが、ほとんどの非ヨーロッパ系は社会の下層にとどまりつづけた。彼らのアイデンティティについて、先行研究は言語、宗教などより歴史を核としたものだったと指摘している。コミュニティの言語は、英語の地位も高まっていたものの、基本的にケープ・オランダ語だった。しかし、両者はそれぞれイギリス系、オランダ系のことばでもあったため、言語が非ヨーロッパ系をヨーロッパ系と区別する指標とはなりえなかった。また宗教は一層多様で、キリスト教徒のほかにムスリムの解放奴隷（マレー系）もいた。こうした状況にあって、人々をつないだのは奴隷時代の記憶である。ケープタウンでは毎年、奴隷制廃止記念日の一二月一日に、非ヨーロッパ系がパレード（**写真23**）、ピクニックなどに

写真23　ケープタウンの奴隷制廃止記念日のパレード
中央の旗はユニオン・ジャック（Ross, *Status*, 148.）。

興じ、かつての主人を風刺する「ドラム・ソング」を唱和した。さらに、元奴隷の中には同日、祈祷の場で苦難の体験を語り聞かせる者もいたという[9]。

ケープタウン周辺の非ヨーロッパ系社会では、一九世紀後半に入ると小規模ながら、熟練労働者、小売商、事務員、聖職者、教員などのエリート層も出現する。だが世紀末、植民地の拡大によってアフリカ人、特にコーサ人が大量流入すると非ヨーロッパ系選挙権の財産制限は強化され、第二次南アフリカ戦争後も選挙権はケープ以外に拡大しなかった。こうした事態に非ヨーロッパ系エリート層は危機感を強め、政治的権利擁護の請願活動を本格化する。一九〇二年、APO（アフリカ政治機構）が結成され、〇五年には開業医のアブドゥラ・アブドゥラーマン（**写真24**）が議長に就任した。〇九年には隔週刊の『APO』紙が創刊され、一〇年には成員が二万人に達する[10]。

しかし、APOはケープタウン周辺の非ヨーロッパ系を、植民地に大量流入したアフリカ人と区別した。この時期、人口調査などでも、有色人種の総称だったカラードのカテゴリが、ケープタウン周辺のカラードと原住民（アフリカ人）に分割されるようになっていた。例えば、一八七五年のケープ植民地の調査は白人（二三六〇〇〇人）、カラード（四八四〇〇〇人）の二分類で、カラードにはマレー系（ムスリム）、混血その他、カファ（コーサ人）などが含まれていた。[11] ところが、一九〇四年の調査は白人（五八〇〇〇〇人）、カラード（三九五〇〇〇人）、原住民（一四二五〇〇〇人）の三分類である。マレー系、混血その他はカラードにとどまる一方、カファなどは原住民となった。[12] APOは、ケープタウン周辺のカラードが原住民より白人に近く文明的であることを強調した。例えば、〇九年五月二四日の『APO』紙創刊号には次のように記されている。

誰もが、南アフリカには原住民でない多くのカラードがいることをよく知っている。……彼らは――もっとも不愉快なかたちで、という人もいるが――文明の所産である。彼らはさまざまな程度の混血の所産でもある。その肌の色はカファの黒から、ニグロのいかなる痕跡もほとんど見出せない淡い色

写真24　アブドゥラ・アブドゥラーマン
Van der Ross, *Rise*.

までさまざまである。その多数派の特徴は完全にコーカシアンであり、生活様式も最良のヨーロッパのモデルに従っている[13]。

ゆえに、カラードは原住民より政治的権利に値する、とAPOは主張した[14]。アフリカ人たちは一二年、別組織のSANNC（後のANC）を結成する。

APOはまた、オランダ系と対抗するイギリス系への協力によって諸権利を擁護しようとした。『APO』紙は「文明的な」英語と「野蛮な」ケープ・オランダ語を対比し、前者の使用を奨励もした。例えば、一〇年八月一三日号は「〔カラードは〕英語――もっとも高貴な自由と解放の思想をもたらす言葉であり、世界で最良の文学作品を有し、あらゆる言語のうちでもっとも普遍的に有用な言葉――に習熟すべきである。あまりにもしばしば聞かれる、野蛮なケープ・オランダ語で表現する習慣はできるかぎり捨てよう」と訴える[15]。『APO』紙自体基本的な使用言語は英語で、社説など重要な記事についてのみオランダ語欄を設けているに過ぎなかった。

APOは、第一次大戦でも政府に積極的に協力した。一九一四年の元ボーア人ゲリラの武装蜂起を非難するとともに[16]、ケープ歩兵軍団を組織して一五年九月以降、東アフリカに二五〇〇人を派遣した（一八年四月にはエジプトにも派遣）[17]。ところが、大戦の結果ドイツ領南西アフリカが連邦の委任統治領になっても、非ヨーロッパ系選挙権は当地に拡大しなかった。この政治的失敗に対して一九年、APOのPは**Political**（政治）から**People**（人民）に変更され、貧困、教育などの領域への転換が図られる。だが運動の退潮は否めず、二三年には『APO』紙の刊行が停止された[18]。

❖不明確で流動的なカテゴリ

先述の通りアディカリの研究は、カラード・アイデンティティが一九世紀末の形成以降変化しなかった、としている。だが二〇世紀最初の二〇年、カテゴリは不明確かつ流動的だった。APOは基本的にカラードの組織であるが、少数のヨーロッパ系、アフリカ人の成員もおり、名称にもカラードの語はなかった[19]。当局による白人、カラード、原住民の三分類もあいまいだった。ブッシュマン、ホッテントット、グリカ、バスタードなどは、カラードにとどまることが多かったものの（一九〇四、一一年の人口調査など）、原住民とされることもあった（一六年の原住民定義修正法など[20]）。当局はまた、カラードを白人と区別することの困難も認識していた（一一年のケープ最高裁判所の判断など[21]）。一方でカラード自身も、社会的に上昇して白人に同化することを望み、奴隷時代の記憶などを核とした伝統的なアイデンティティは急速に解体しつつあった。例えば、一九〇九年一二月四日の『APO』紙は以下のように記す。

わたしは、人々が一二月一日についてあまりにもほとんど考えないことを残念に思う。その日、誰もが知っているように、奴隷たちは解放された。われわれが、国王の誕生日やボクシング・デー〔クリスマス翌日の休日〕のようにその日を記念しないのはなぜか。……以前、ケープの褐色の人々はそれをたしかに記憶していた。だが、いまでは彼らのあまりにも多くが白人になりたがっている。彼らは、金を持つと「白人を演じる[22]」。

こうした事態に直面し、カラードのエリート層は特に一九三〇年代、自己の歴史を語ることによってアイデンティティの明確化を図っていく。そこでは、イギリス系の歴史家も一定の役割を演じることになった。

第五章　一九二〇、三〇年代のイギリス系とカラード

一　イギリス系の歴史家とカラード

❖アフリカ国民同盟、カラード・ヨーロッパ人協議会、マクミラン

一九二四年、親英的なスマッツの南アフリカ党に代わってアフリカーナー・ナショナリストの国民党が政権を獲得したことは、前者を支持してきたAPOとカラードにも影響を与える。南アフリカ党とAPOの友好関係に対抗し、ケープの国民党指導者、内相で後の首相ダニエル・フランソワ・マランは二五年、カラードを対象としたアフリカ国民同盟を組織する。だが、同盟は結局、カラードの支持を獲得できなかった。同盟は話し言葉のケープ・オランダ語、ないし書き言葉のアフリカーンス語を媒介とするアフリカーナーとカラードの連帯を主張した。ところが、機関紙の『同盟』は英語を、汎用性が高いとの理由から使用言語とする[1]。また、アフリカーナーの側にはカラード、特にムスリムのマレー系との連帯に対する抵抗感が強かった[2]。国民党はカラードに雇用の創出も公約するが、現実には、白人に熟練労働を限定したジョブ・カラー・バーを優先する。その結果、二九年の総選挙ではカラード有権者の一〇％未満しか同党に投票しなかった。そこで、政権は白人について、三〇年に女性参政権を認め、三一年に財産、教育制限を撤廃、有権者に占めるカラードの割合を低くした。国民党の「背信」をめぐって同盟は分裂し、三一

年、活動を停止する。(3)

同盟にも、またAPOにも失望したカラード・エリート層の多くは一九三〇年代、カラード・ヨーロッパ人協議会に結集する。協議会運動の起源は、二一年にヨハネスブルクで組織され、マクミランも参加したヨーロッパ人・アフリカ人協議会である。当時、国民党に対抗し南アフリカ党にも飽き足りないトランスヴァールのイギリス系知識人は、アフリカ人を中心とする労組のICUと連携した。だが、知識人の多数派が二〇年代末、カーネギー財団の助成を契機にアフリカ人の戦闘的な労働運動と訣別、穏健なエリート層を相手とするようになったことは先述の通りである。その後、協議会運動は三〇年代初頭、南アフリカの各地に拡大する。三一年にはケープタウンでも、イギリス系の大学教員、国教会の聖職者などがカラードのエリート層とともに、カラード・ヨーロッパ人協議会を組織した。協議会の初代議長は市議会議員のM・J・アダムズであるが、三六年にはケープタウン大学の教員で社会学者のE・バストンに交代した。一方、幹事はカラードで教員のエイブ・デズモアが務めている。協議会は「合法的手段」特に「カラードの人々に影響する地域的ないし全国的な諸問題の科学的調査」によって「非熟練労働者の賃金の上昇」「住宅事情の改善」「教育の改善」を図ることを目的とした。三二年には、イギリス系が所有しカラードが編集する週刊の『サン』紙が、協議会の事実上の機関紙として刊行を始めた。また同年には、成員が一五〇〇人に達している。調査・研究と政策提言に力点を置く運動の性格に比べ、少ないとは言えないだろう。三四年、南アフリカ党が国民党との合同により消滅すると、協議会はカラード・エリート層にとって、政策に影響を与える唯一の現実的手段になった。政府は同年、協議会の提案にもとづき、カラードの貧困、教育などについて調査するウィルコックス委員会を設置している。退潮著しいAPOも、協議会との連携に傾いていった[4]。

だが協議会運動が重要なのは、運動にかかわった二人の歴史家――マクミランとマレイ――が最初期のカラードの歴史を著したためでもある。マクミランの『ケープの人種問題』（一九二七年）は、一九世紀初頭のケープにおけるロンドン・ミッショナリ協会のフィリップの活躍が主題だったが、同書は、フィリップの尽力の対象になったカラードの歴史でもあった。マクミランが強調したのは彼らの「進歩」である。当時の南アフリカでは、カラードは混血ゆえに不完全で劣っている、としたユダヤ系のサラ・ミリンの小説『神の継子たち』（一九二四年）が多数の読者を獲得していたが[5]、マクミランはこれに反論した（第四章参照）。一方でマクミランは、カラードはヨーロッパ人との混血ゆえに優れている、とするAPO以来の主張も否定した。『人種問題』は以下のようにカラードの文明性、ないしヨーロッパ性を重視する。

多くのカラードの人々が〔純血のバントゥーより〕疑いなく一般に優れているのはおそらく、ヨーロッパ人の血が混合しているからではない。むしろ、オランダ語を習慣的に用いてきたこと、そしてしばしば英語にも習熟してきたことによって与えられた測り知れない利点、すなわちヨーロッパ文明との長い接触のためである。

同書は、混血性がまとわりつくカラードではなく、ヨーロッパ性を強調する「ユーラフリカン」の語の使用を提起してもいる[6]。

写真25　ヨハネス・ステファヌス・マレイ
Saunders, *Making.*

❖ヨハネス・ステファヌス・マレイ『ケープ・カラードの人々』

マクミランの『人種問題』を引き継ぎ、ヨーロッパ系による最初の本格的なカラードの歴史を著したのはマレイ（写真25）である。マレイは一八九八年、ケープタウン近郊のパールに生まれ、一九二〇年代前半、オクスフォード大学で歴史を学ぶが、博士論文は『ニュージーランドの植民地化』だった。[7] 大学を出ると、マクミランが研究休暇で『人種問題』を執筆中のヴィットヴァータースランド大学臨時講師を経て、二七年、ケープタウン大学に就職した。マレイはここで、上司のウォーカーの奨めに従ってカラードの歴史を研究するようになる。同時に、カラード・ヨーロッパ人協議会の一員にもなり、三〇年代末にはウィルコックス委員会の勧告の実行を政府に求める運動をリードした。[8] こうした研究、運動の集大成が『ケープ・カラードの人々』（一九三九年）である（構成については表17参照）。同書は起源としてのオランダ領時代に始まり（第一章）、内陸部に逃散したグリカとバスタードの一九世紀以降の状況を挟んで

（第二、三章）、奴隷制廃止前後のイギリス領ケープ植民地に移る（第四～六章）。次いで、伝道基地の内外のようすを経て（第七、八章）、二〇世紀の貧困、教育、選挙権について論じる（第九章）。マレイは、マクミランの『人種問題』を挑戦的と称賛した。だがフィリップとアフリカ人への関心が勝っていたマクミランとの違いは明白である。『ケープ・カラードの人々』はグリカ、バスタード、当局による実験的な「ホッテントット」のカト川入植などに関する初の研究だった。(9)

表 17 『ケープ・カラードの人々』（1939 年）の構成

第 1 章	起源
第 2 章	グリカ
第 3 章	バスタードと北西部の植民地化
第 4 章	植民地のホッテントット（1795～1828 年）
第 5 章	解放
第 6 章	結果
第 7 章	カット川入植
第 8 章	解放以降のミッショナリ諸団
第 9 章	後の時代
第 10 章	結論

マレイは一方で、カラードをめぐるマクミランの主張の多くを踏襲している。『ケープ・カラードの人々』はまず「〔バントゥーと違って〕カラードが今日、われわれと異なるようには見えない」とし、その理由を「カラードの多くが、南アフリカの多くのヨーロッパ人より「文明化された」様式で生活している」ことに求める。ここで言うヨーロッパ人とは、アフリカーナー・ナショナリストを支持し、ジョブ・カラー・バーによる救済の対象になったプア・ホワイトのことである。同書はまた「南アフリカ人の人種偏見は、カラードの「血」の本質的劣等性を揺るぎなく信じていることによる」とも記した。このようにカラードの文明性を重視し、混血への偏見を批判する点で、マレイとマクミランとの違いは少ない。だがマレイは、マクミランが提起したユーラフリカンの語は使わず、かえってタイトルにまでカラードの語を用いている。さらに「ヨーロッパ人〔のコミュニティ〕と別個なカラードのコミュニティが、用語をどのように現実的に解釈しても存在しない」ことも強調する。一九三六年、ケープのアフリカ人が三人の白人の原住民上院代表にしか投票できなくなると、こうした選挙権分離がカラードにも拡大するのではないか、との懸念が高まった。マクミランが『人種問題』を執筆した二〇年代より、事態は深刻になっていた[10]。

ただし『ケープ・カラードの人々』は、マレイにとって唯一のカラード関連の著書となった。一九四〇年代前半には一八世紀末のトレックボーアとアフリカ人の遭遇を研究するものの、四五年、ヴィットヴァーターースランド大学に異動すると、フィールドも一九世紀末のトランスヴァール共和国に移した[11]。以上のようにマクミランもマレイも、カラードへの関心が一過的だったことは否定できない。反英的なアフリカーナー・ナショナリズムとの対抗の一部に過ぎなかった、と言うこともできる。だが、協議会運動の実践と一体で、かつ混血性ではなく文明性にカラードの優越の根拠を求めた二人の著書は、同世代、次世代のイギリス系とカラードの歴史叙述にも影響を与えていくことになる。

二　カラードと歴史

❖奴隷制廃止一〇〇周年のページェント

本部の冒頭に記した通り、APOはカラードを、白人に近いと主張することによってアフリカ人と区別しようとした。このことは、人種差別に対抗する戦略だったが、一方でカラードと白人の区別はあいまいになる。二〇世紀初頭、政治運動の外で進行したのは、ケープタウン周辺の非ヨーロッパ系とヨーロッパ系の区別を従来保証してきた奴隷時代の記憶の忘却と、カラードの白人化だった。こうした事態に対して一九三〇年代には、カラード・エリート層によるアイデンティティの明確化が顕著になる。例えば、カラード・ヨーロッパ人協議会の事実上の機関紙『サン』は「人種の誇り」の重要性を強調し、そうした誇りの欠如はカラードの統一と前進を妨げる、と論じた[12]。協議会自体、ヨーロッパ人の役割が大きかったものの、名称にカラードの語が入った最初の政治組織である。だが、人種の誇りの創出にとってもっとも肝要な手段は「歴史」だった。

焦点の一つは、一九三四年の奴隷制廃止一〇〇周年にある。ここでは、協議会との連携に傾いていたAPOの幹部で、アメリカ合衆国に拠点を置くAME（アフリカ・メソディスト監督制）教会牧師のヘンリ・フランシス・ガウ（**写真26**）が指導的な役割を担った。ガウはケープタウンで、西インド諸島出身の

写真26　ヘンリ・フランシス・ガウ
Van der Ross, *Rise.*

牧師である父と、アフリカ系アメリカ人の母の間に生まれた。一九〇五年、渡米し、AME教会のウィルバーフォース・カレッジなどで神学を修め牧師、音楽教師になり、第一次大戦では合衆国軍に従軍しフランスに赴いている。二五年には帰国、トランスヴァールのウィルバーフォース・インスティテュート校長を経て、ケープタウンの教会に勤めるようになった。[13] ガウは三四年、奴隷制廃止記念日の一二月一日に礼拝で、元奴隷の娘による父の体験の語り聞かせを復活、信徒とともに多人種地区のディストリクト・シックスを行進した。[14] だが、一〇〇周年のクライマックスは翌年一月一〇、一一日の、カラードの歴史を主題とするページェント（野外劇）にあった。このページェントは『ケープ・アーガス』紙の後援によってガウが監督、五〇〇人以上のカラードが出演したものである。[15] プログラムには、当時副首相のスマッツがメッセージを寄せ、首相のヘルツォーク、APO議長のアブドゥラーマンも名を連ねている。[16]

このように、ページェントでは白人の役割も無視できなかったが、ガウの言葉にもアイデンティティの明確化、白人との類縁性の強調が併存している。例えば、ガウは『アーガス』紙の取材に、ページェントは「〔個別の歴史上の〕できごとが非ヨーロッパ人の精神に対して、また今日、目覚めつつある民族の意識において何を意味するかを示す」と答えた。[17] プログラムでも「われわれ南アフリカのカラード民族は、ついに人種意識――誇りと尊厳、人種の統合が拡大することの……感動的な喜び――に到達しつつある」と記している。ここでいう「人種の統合」とは、南アフリカの「バントゥー」ではなくアフリカ系アメリカ人との連帯の意であり、ガウ自身のルーツ、アメリカ経験などが色濃く反映している。ところが、この一節は「われわれは、白人の同胞に負うものにも深く感謝している」とつづく。ジョブ・カラー・バーに加え、有権者に占めるカラードの割合が低下した時代、白人との共通性の主張もますます重要になっていた。[18]

ページェントの内容もこうした二面性を抱えている（構成については表18参照）。アフリカ系アメリカ人の詩（「エチオピア頌歌」）、霊歌の利用は、ガウも認めているように「人種の統合」を意識したものである。[19] またカラードの多様性にも配慮し、先住民（第一幕）、グリカの首長アダム・コック（第四幕）の場面をおき、新曲「マレー・クォーター」（ケープタウンのマレー系地区）を演奏している。[20] だが、ページェントはアフリカーナー・ナショナリストへの配慮も欠いていない。オランダ東インド会社のファン・リーベック（第二幕）、グレート・トレック（第一〇幕）の場面を配したことはその例である。[21] 奴隷（第三幕）についても、主題はオランダ系入植者による酷使ではなく、医学未発達の時代に天然痘がいかに入植者と奴隷を苦しめたかだった。[22] さらに一八〇六年のブラーウベルクの戦いで「カラード民兵」と「ホッテントット歩兵隊」がイギリスの侵略に対して、オランダ系入植者とともに「母国を防衛」したことも強

表18　奴隷制廃止100周年ページェント（1935年）の構成

ページェント・ブラスバンド／「エチオピア頌歌」／「オセロ」序曲（ページェント・オーケストラ）	
第1幕	ホッテントット／ブッシュマン
第2幕	ヤン・ファン・リーベック、1652年
霊歌	
第3幕	奴隷
霊歌	
第4幕	人種混交／アダム・コック
第5幕	バントゥー
聖歌	
第6幕	不屈で楽しい草原（フェルト）の民
グリカの歌	
第7幕	イギリス人に対するオランダ人の、ブラーウベルクの歴史的戦い（1806年）
エチオピア（合唱）	
第8幕	イギリス人／工業化／ミッショナリ
「失われたコード」（独唱・合唱）／霊歌／「マレー・クォーター」（ページェント・オーケストラ）	
第9幕	1834年／ウィルバーフォース（ピット）
マルティン・ルターの聖歌	
第10幕	グレート・トレック／フォルトレッカーの福音
「アフリカに配慮を与えよ」／「鉱山の音楽」（独唱・合唱）	
第11幕	リヴィングストンの事業／鉱業
第12幕	カーマ、1895年、ヴィクトリア女王
「これが秘密」（歌）／「ルール・ブリタニア」	
第13幕	運動競技〔プログラムのみ／上演なし〕
第14幕	世界大戦〔プログラムのみ／上演なし〕
フィナーレ	

「失われたコード」（1877年）はイギリスの喜歌劇（サヴォイ・オペラ）作曲家アーサー・サリヴァンの作品

調している（第七幕）[23]。たしかに第一次大戦で、カラードのケープ歩兵軍団がイギリス帝国の勝利に貢献したことも扱っているが（第一四幕）、プログラムのみで上演はなかった[24]。

もっとも、ページェントが全体として重視したのは宣教師の活躍である。人種混交（第四幕）に関しても、内容はオランダ人船医と「キリスト教に改宗した」ホッテントットの少女の「結婚」だった[25]。だが、プログラムの主要な関心は一九世紀のイギリス帝国にあった。特にケープのフィリップが、奴隷制廃止というイギリスの政治家ウィリアム・ウィルバーフォースとウィリアム・ピット（小ピット）の理想をいかに実現したかが重要になっている（第九幕）。このことは、ガウがウィルバーフォースの名を冠する学校を遍歴した事実とともに、マクミランの『人種問題』の影響を思わせる。ただし、マクミランとガウの関係について直接の証拠はない[26]。話題は次いで、フィリップと同じスコットランド人宣教師のリヴィングストンに移る（第一一幕）[27]。またページェントの終わりは、ベチュアナランド王カーマが一八九五年、ヴィクトリア女王から聖書（「イングランドの偉大さの秘密」）を拝領する場面（第一二幕）と愛国歌「ルール・ブリタニア」だった（第一三幕以降は上演がなかった）[28]。

❖教員養成大学の歴史教科書と『褐色の南アフリカ』

白人中心主義的なカラードの歴史は、教育の領域では一層顕著になる。一九三六年、カラード教員養成大学は初めて、白人校と異なる歴史教科書を用いた。この教科書は、APOの関連団体だったカラード教員連盟の幹部で、大学教員のドロシー・ヘンドリクスとクリスチャン・フィリュンが執筆している[29]。だが、その内容は公定のカリキュラムとほとんど変わることがなかった（構成については表19参照）。まず、

表19　ヘンドリクス／フィリュン『教員志望学生の歴史課程――カラード教員養成大学用』（1936年）の構成

序	
第1部　全体史〔1～8章／略〕	
第2部　イギリス帝国の成長〔9～14章／略〕	
第3部　南アフリカ史と市民の道徳	
第15章	序
第16章	ケープ、1652～1679年
第17章	ケープ、1679～1795年
第18章	会社支配の最後の日々
第19章	ケープ、1795～1806年
第20章	ケープ、1806～1836年
第21章	グレート・トレックと諸共和国
第22章	ケープ、1836～1872年
第23章	イギリス領南アフリカの拡大、1872～1902年
第24章	南アフリカ連邦結成にいたるできごと
第25章	連邦とその諸問題
第26章	市民の道徳

南アフリカ史とカラードに関する記述自体が少なかった。南アフリカ史は全三部中一部（二六四頁中一一五頁）、うちカラードは一六、一七、二〇、二四章に登場する（計一三頁）のみである。[30]また、先住民についても偏見は強く、野蛮で盗癖があり怠惰と記した。[31]一方で、奴隷、混血の人々がオランダ系入植者の規律、職業訓練、宗教によって「ヨーロッパ社会の積極的かつ建設的な諸力に従っていった」とするとこ

ろは前年のページェントに近い[32]。さらに、スコットランド人宣教師の役割を重視する点はページェント、マクミランの『人種問題』と共通している[33]。

一九三八年には、カラード自身による最初の本格的な歴史となる『褐色の南アフリカ』も世に出た。同書は、ケープタウンの多人種地区「ディストリクト・シックスの教授」クリスチャン・ジーアフォーヘル（**写真27**）が著している。ジーアフォーヘルは多種多様な仕事をしながら独学し、一九三四〜三九年にはハイマン・リーバーマン会館の初代司書を務めた[34]。この会館は三四年、ケープタウン市が元市長リーバーマンの遺贈とカーネギー財団の助成によってディストリクト・シックスに設立したもので、図書室、保育所、クラブ・教育活動の拠点を兼ねていた[35]。会館の初代名誉館長はカラード・ヨーロッパ人協議会第二代議長のバストンで、ジーアフォーヘルも同協議会の一員だった[36]。

『褐色の南アフリカ』は、パンフレット『カラードの人々と人種問題』（一九三六年）に次ぐジーア

写真27　クリスチャン・ジーアフォーヘル
Edgar, *An African American*, 101.

表20　ジーアフォーヘル『褐色の南アフリカ』(1938年)の構成

第1章	白人以前のケープ
第2章	奴隷の到来
第3章	褐色の人々の発展
第4章	褐色の南アフリカの経済小史
第5章	褐色の南アフリカの政治小史
第6章	褐色の南アフリカの教育小史
第7章	南アフリカにおける国民の福祉
第8章	キリスト教、科学、人種

フォーヘルの第二作で、協議会の『サン』紙に寄稿した記事、AME教会での講演などをまとめている(構成については表20参照)。『褐色の南アフリカ』はまず先住民への偏見を、当時ケープタウン大学にいたアイザック・シャペラの人類学研究にもとづいて是正した(第一章)。「道徳的に優れ……もっとも文明化された人々より種族の法を守っていた」ことを強調し、より差別的でない「コイコイン」(コエコエ)の語を用いている。[37] また、協議会運動の一員として貧困、教育について論じ、ジョブ・カラー・バーを批判した(第四、六~七章)。[38]

だが同書でも、主題は白人との共通性にある。特に「黒人」にも当てはまる「カラード」(有色人種)の語は誤りで「褐色のハイブリッド」がより適切である、と主張した。[39] 褐色の呼称はオランダ系との混血を強く示唆する。ただし、同書はそのことには言及せず「南アフリカのハイブリッド、カラードの人々は多くの場合、部分的にイギリス人に由来しており、必然的にその人種の美徳のいくらかを受け継いでいるはずである」と記す。[40] 同書はこのように、マクミランと異なり混血性の積極的側面を肯定するが、マクミランに依拠するところも多い。フィリップの役割を重視する一方で（第二、五章）[41]、カラードの混血性を蔑視した小説家のミリンに、マクミランと同じく反論している（第三、八章）[42]。混血性より「重大だったのは進歩的な西洋文明との接触によってもたらされた変化」とするのもマクミランと同様である。[43] カラードは「白人のまさにただなかで生活し、原住民とは根本的に異なり、白人の文明以外知らず、白人の言語を話す」とも記している。[44]

❖長期的影響

以上のカラードの歴史について、影響力を推し量ることは難しい。一九三五年のページェントには、後援した『ケープ・アーガス』紙によると二〇〇〇人の「ヨーロッパ人」が参加したが、カラードの観客数は不明である。[45] 教員養成大学の歴史教科書の利用状況、『褐色の南アフリカ』の発行部数なども判然としない。歴史の語り手がその後、カラード・エリート層の中でどのような位置を占めていったのかもさまざまである。ページェントを演出したガウは四二～四四年、ＡＰＯ議長を務め、歴史教科書の執筆者の一人フィリュンも四一年、教員連盟議長になった。[46] 一方で、教科書のもう一人の著者ヘンドリクスに関して、カラード・ヨーロッパ人協議会幹事のデズモアの妻は「同僚にはカラードとして知られているが（白人に同化することを望み）カラードの人々とは何の関係もない」と評している。[47]

確かなのは一九四〇年代以降、従来のカラードの枠組みが政治の領域で急速に色褪せていったことである。四八年に始まったアパルトヘイト体制は、カラードのカテゴリを分割する。五〇年の人口登録法と翌年の人口調査は「ブッシュマン」「ホッテントット」などをカラードから「原住民」に移した[48]。また、マレー系、グリカをカラード内の小集団として区別し、特に前者については「マレーイズム」（マレー・アイデンティティ）の創出を図っている[49]。一方で二〇世紀半ばになると、よりラディカルな政治運動がカラードの間に広がっていく。トロツキスト系の非ヨーロッパ人統一運動（一九四三年結成）、ANC／共産党系の南アフリカ・カラード人民機構（五三年結成）などである[50]。こうした運動は内部の相違、対立も大きかったが、アフリカ人などとの連帯を志向しカラード・アイデンティティに否定的な点では共通していた[51]。最初期の例としては一九三五年のページェントで、非ヨーロッパ人統一運動の遠い前身であるレーニン・クラブがページェント反対のビラを出演者と観客に配っている[52]。

だが、一九二〇、三〇年代のカラードの歴史は四〇年代以降も長く影響を与えていく。例えば四九年には、当時ケープタウン大学にいた歴史家のトンプソンがパンフレット『ケープのカラード選挙権』を執筆、問題の経緯をたどって選挙権分離の動きを批判した。このパンフレットは、当時マクミランが共闘していた南アフリカ人種関係研究所が出版し『ケープ・カラードの人々』のマレイも序文を寄せている（さらに形式の面では、ウォーカーの「ケープの原住民選挙権」を踏襲したものでもある[53]）。歴史叙述の外に目を転じると、一九六六年に始まった強制移住によって、ケープタウンのカラードは「記憶の場」ディストリクト・シックスを喪失した[54]。また、八三年結成の統一民主戦線はビコの黒人意識思想などにもとづき、カラード・アイデンティティの拒絶を訴えている[55]。ところが、八六年にはカラードの教育者リチャード・ファン・デア・ロスが、マクミラン、ジーアフフォーヘルを参照しマレイを引き継いで二〇世紀のカラードの歴史を著した（『アパルトヘイトの繁栄と衰退』）[56]。カラードの歴史の影響力は、一九八〇年代になっても残った。

アパルトヘイトが終わった今日も、カラードによるアイデンティティの模索はつづいている。サン、コエコエ、グリカなどは先住性、マレー系はイスラーム性を強調するようになった[57]。一方で、こうした性格を主張しないファン・デア・ロスらは一九九六年、一二月一日運動を結成、奴隷時代の記憶を再生しようとした[58]。また、白人政党に協力してANCと対抗する動きも目立つ。九四年の初の全人種選挙では、カラードの多くが国民党に投票した[59]。だが、九〇年代末から同党が解体に向かうと、往年の南アフリカ党の系譜を継ぐ民主同盟がカラードの圧倒的多数の支持を集め、西ケープ州の単独与党になっている[60]。さらに、ケープタウン大学のカラードの歴史家が二〇〇四年、イギリス帝国の多文化性とカラードの親英性を肯定的に評価する帝国史を著したことも重要である[61]。以上の現状は、問題の起源としての一九二〇、三〇年代に関する分析をますます必要としている。次章では当時について、ここまで扱ってこなかった南アフリカ共産党のイギリス系とカラードの人々を点描したい。

第六章　初期の南アフリカ共産党とイギリス系、カラード

一　ビル・アンドリューズからシドニー・バンティングへ

❖共産党とイギリス系

南アフリカ共産党は一九二一年に結成された。当初は非合法政党ではなかったが、一定の弾圧を受け、また何よりコミンテルンの指令に翻弄された。四〇年代にはマンデラらＡＮＣ青年連盟との連携に活路を見出すものの、五〇年の共産主義者弾圧法制定によって地下活動を強いられた。再び合法化されるのは九〇年のことで、その後アパルトヘイトの終焉とＡＮＣの政権獲得により、異端から正統への転換を果たした。共産党については、当事者によるものがほとんどだが、すでに多くの歴史が書かれている[1]。こうした中で、本章では初期（一九二〇、三〇年代）を中心に、イギリス（帝国）との関係を検討したい。

ただしイギリスとの関係と言っても、南アフリカ共産党にグレート・ブリテン共産党との強い組織的つながりがあったわけではない。前者の長い歴史を振り返るとき指導部で目立つのは、モーゼス・コタネ、クリス・ハニらアフリカ人を除けばラザ・バッハ、レイ・アレクサンダー（サイモンズ）、ルース・ファースト、ジョー・スロヴォなどのユダヤ人だった。ユダヤ人たちは主に現在のラトビア、リトアニア地域からの移民一世ないし二世で、そのコミュニティには故国での労働運動の経験が強く根づいていた。

だが、一九二〇、三〇年代に限って言えばイギリス人のビル・アンドリューズ、シドニー・バンティング、ダグラス・ウォルトン、イギリス人の母を持つシシ・グールやエディ・ルーの役割も大きかった。(2) 組織というよりこうした人々を通し、異端者たちのイギリスについて考えていきたい。

❖アンドリューズとバンティング

一九二一年の結成当初、南アフリカ共産党の中心は白人労働者だった。指導部にアフリカ人の姿は見えずユダヤ人もいたが、もっとも目立ったのはイギリス系である。特に書記長と、それに次ぐ会計責任者はともに、イギリス人のアンドリューズとバンティングによって占められていた。(3) 書記長のアンドリューズ(**写真28**)は一八七〇年、イングランド南東部サフォーク州のレストンで生まれた。父親は農業土木機械工場の整備工で、保守的でリスペクタブルな熟練労働者の全国組織である合同機械工組合に所属してい

写真 28　ビル・アンドリューズ
Van der Ross, *Rise*.

た。アンドリューズも一三歳で、父親が勤める工場の見習工になり、二〇歳のときには合同機械工組合への加入を認められる。だが、その後はバーミンガム、ロンドンなどの工場を転々とし、一八九三年には友人に誘われて二三歳で、金が発見されたばかりの南アフリカに渡った。南アフリカではランドの金鉱で働き、イギリス合同機械工組合の支部が設立されるとその一員にもなった。ところが、一八九九年に第二次南アフリカ戦争が起こり、アンドリューズは故郷に避難した。だが、まもなくイギリス軍に志願して南アフリカに戻り、戦争の終わる一九〇二年には同軍占領下のヨハネスブルクで鉄道整備工場に勤務していた。(4)

二〇年代の共産党で、アンドリューズ以上に重要な役割を果したのはバンティング（**写真29**）である。シドニー・バンティングは一八七三年にロンドンで誕生した。父パーシーは法廷弁護士で、八二年から没年の一九一一年まで代表的論壇誌の一つ『コンテンポラリー・レビュー』（同時代評論）の編集長を務めた。一八九〇年代には庶民院議員選挙の自由党候補に選ばれ、晩年にはナイト位も授けられている。また、パーシーの祖父（シドニーの曽祖父）はメソディストの宣教師としてケープ東方のテンブランドで活動、シドニーの母方の祖父も、同じく南アフリカのナタールに入植したことがあった。シドニー自身はオクスフォード大学のモードリン・カレッジを出ると、ロンドンで事務弁護士になる。しかし、九〇年代までのシドニーは政治にも帝国にも関心が低く、音楽クラブでヴィオラに熱中していた。変化の契機になったのは第二次南アフリカ戦争である。このとき、同世代のオクスフォードの卒業生には南アフリカに渡る者が多く、中にはキンダーガルテンのように現地に残る者もいた。シドニーも一九〇〇年イギリス軍に志願、戦後はヨハネスブルクで法律事務所を開業している。他方で、現地上流階級の社交の場ランド・

クラブへの入会を許され、音楽活動にも復帰した。[5]

ところで二〇世紀初頭の南アフリカは、非ヨーロッパ系を排除した「白人国家」としての連邦に向かっていたが、そのような目標を共有するイギリス系の労働運動も急成長し、一九一〇年には労働党が結成された。[6] こうした中で、アンドリューズとバンティングは少しずつ労働党に近づいていく。鉄道労働者のアンドリューズはまず、当時トランスヴァール総督府にいたキンダーガルテンの一人ダンカンとの賃上げ交渉で名を馳せた。次いで、合同機械工組合の専従オルガナイザーとして鉱山・印刷・建築労働者にも影響力を拡大していく。一〇年には、最初の連邦議会選挙で労働党候補に選ばれた。この選挙では対立候補のダンカンに敗れるが、別選挙区に転じて一二年の補欠選挙で当選した。しかし、一三年にはランドで約一九〇〇〇人の鉱山労働者が団体交渉権を求めてストライキを起こす。これは警察と軍隊によって鎮圧され流血の事態になり、翌年のストライキでアンドリューズらは一斉検挙された。[7]

写真 29　シドニー・バンティング
Lerumo, *Fifty Fighting Years*.

ダンカンと対決したアンドリューズに対し、バンティングの政治的キャリアはダンカンとの交際から始まった。バンティングは一九〇九年、キンダーガルテンが組織した連邦結成期のアソシエイションの一つ白人拡大協会の名誉幹事に就く（会長はダンカン）[8]。だが翌年には、労働党の指導者フレデリック・クレスウェルとの個人的関係からその選挙を手伝った。労働運動家の一人は当時のバンティングについて「なお社会主義者というよりもリベラルだった」と振り返っている[9]。ところが、一三年のストライキが流血の事態になったことは、バンティングに衝撃を与えた。白人拡大協会は連邦結成によりすでに消滅していたが、バンティングはランド・クラブを退会し音楽活動も辞める。一四年には、トランスヴァール州議会選挙に労働党から出馬、当選した[10]。

しかしまもなく、アンドリューズとバンティングは労働党を離れる。一四年九月、南アフリカは第一次大戦に参戦したが、労働党は、参戦を支持するクレスウェルらと、帝国主義戦争を拒否するバンティングらに分裂した[11]。アンドリューズも連邦議会での参戦決議には賛成したものの、後に反対派に合流する。反対派は一五年、国際社会主義者連盟を設立した。この分裂によって、直後に相次いだ選挙でアンドリューズとバンティングは議席を失う。さらに、バンティングは反戦活動の容疑で二度逮捕された[12]。他方で、連盟にはイギリス系以外の白人も参加した。フィリップ・ルーは東ケープ出身のオランダ系／アフリカーナーだったが、父祖の伝統を嫌って南アフリカ戦争ではイギリス軍に志願、イングランドから来た従軍看護婦と結婚した人物である。戦後、ヨハネスブルクで薬局を経営するかたわら社会主義に傾注した[13]。またユダヤ人も連盟に合流、その中には、リトアニア出身でバンティングの妻になるレベッカ・ノトロヴィッツもいた[14]。

❖アフリカ人と共産党

だが、連盟がアフリカーナー、ユダヤ人以上に関心を示したのはアフリカ人だった。バンティングは機関紙『インターナショナル』で「われわれが労働党からの離党を正当化できる理由の一つは、政治的浮沈にかかわらず、原住民という大きく魅力的な問題を扱う無制限の自由を与えられたことである」と記している。[15]一七年にロシアで革命が起き、一九年にコミンテルンが結成されると、連盟も二一年、コミンテルン南アフリカ支部としての共産党に改組された。しかし、成立後ほどなく共産党では、主要なターゲットを白人と考えるかアフリカ人と考えるかの立場の違いが表面化する。表面化の契機は、二二年にランドで、アフリカ人の雇用拡大に抗議する白人鉱山労働者が起こしたストライキだった。白人労働者の背後にいた国民党と労働党は二四年の総選挙に勝利、クレスウェルも労相兼国防相として入閣した。共産党では、労働運動出身のアンドリューズがストライキを支援して逮捕される一方、バンティングはアフリカ人の排除を問題視した。[16]さらに、バンティングはモスクワのコミンテルン第四回大会に出席して国際共産主義の動向に触れ、みずからの考えに確信を強める。二三年、アンドリューズがコミンテルン執行委員としてモスクワに滞在するあいだに、バンティングは党の実権を握った。[17]アンドリューズは帰国後、党にこそ残留するものの労働運動に拠点を移す。[18]これに代わって執行部入りしたのは、当時ヴィットヴァータースランド大学の植物学の学生で党青年組織の指導者になっていたエディ・ルー（フィリップ・ルーの子、一九〇三年生）（**写真30**）だった。[19]

しかし二三年の時点で、アフリカ人政党への移行は画餅に過ぎなかった。バンティングは、コミンテルンから第五回大会へのアフリカ人代表の出席を求められ「〔アフリカ人は〕無知で文明化の道半ばで自分

写真30　エディ・ルー
Saunders, *Making*.

たちの言葉しか話せず、階級意識はもっとも高いが、世界旅行させてどうするのか」と回答している。[20]二〇年代、アフリカ人の間ではANCより労組のICUが優勢で、イギリス系のヨーロッパ人・アフリカ人協議会と連携を深めており、バンティングは初め、同協議会への加入を申請するが却下された。その後、ICUの活動家の中には、労組に籍を残したまま共産党にも入党する者が現れる。だが、アフリカ人労働運動の腐敗に対するバンティングらの偏見に反発し、ICUは二六年に両属を禁じた。これによって共産党は単独でのアフリカ人組織化を余儀なくされるものの、党勢は拡大した。一つには同じころ、アフリカーナー・ナショナリストと労働党の連立政権がジョブ・カラー・バーを強化し、アフリカ人の苦境が深まっていたためである。また、夜間学校などの新たな試みも軌道に乗り出していた。二七年には、指導部一三人のうち四人が非ヨーロッパ系（ICU出身のジミー・ラ・グーマら）になる。[21]

❖原住民共和国テーゼからバンティングの追放へ

ところがその後、共産党は混乱に向かう。当時、コミンテルンは植民地をめぐり、まず帝国主義を打倒し、次いで社会主義革命に至る二段階革命論を採用するようになっていた。南アフリカについてもラ・グーマをモスクワに召喚して意見を聴取、都市だけでなく農村のアフリカ人も包含した帝国主義打倒の民族解放闘争を当面の方針として命じる（原住民共和国テーゼ）。南アフリカ共産党では、ラ・グーマのほかイギリス人ジャーナリストのダグラス・ウォルトンがこれを支持する一方、バンティングは、白人労働者の排除につながるとして反対した。しかし、バンティングは妻レベッカ、当時ケンブリッジに留学中だったルーとともに出席した二八年のコミンテルン第六回大会で批判され、テーゼを受け容れる。[22]

このことは、二九年の総選挙の戦術に反映した。ケープでは非ヨーロッパ系の選挙権が認められていたが、共産党は、そうした有権者の多い二つの選挙区に候補者を擁立する。ケープタウンでは、当地での活動経験のあったウォルトンが、東ケープ・テンブランドではバンティングが出馬した。ケープタウンだけでなく、党の地盤がない農村の後者でも戦うとの決定は、原住民共和国テーゼを党（バンティング）なりに解釈してそれに従ったものである。テンブランドは、バンティングの曽祖父が布教した土地だったが、バンティング自身には馴染みがなく、アフリカ人保留地の荒野での選挙戦は困難を極めた。また警察の妨害にも遭い、ついには「原住民とヨーロッパ人の間の敵対感情を扇動」したとして告発までされた。だが、バンティングは落選したとはいえ供託金の没収を免れ、告発に関しても無罪を勝ち取った。他方で、ウォルトンは供託金を没収され、やがてイギリスに帰国する。[23]

バンティングは、他でもテーゼの実現に努力した。選挙の直後にはＩＣＵ、ＡＮＣとともに大衆運動組織のアフリカ人権利連盟を設立している。ルーが編集する機関紙『ウムセベンズィ』（労働者）も軌道に乗り始めていた。[24] しかし、ICUはすでに四分五裂の末期症状に陥っており消滅寸前で、ANCもまもなく保守派が指導部を奪回し、連盟からは手を引いた。国民党政権の内部でも、後年ナチスに接近するオスカー・ピロウが法相に就任し、共産党への弾圧と白色テロが激しさを増した。[25]

さらに、コミンテルンもアフリカ人権利連盟を改良主義と非難し始めた。コミンテルンは、イギリスに帰国していたウォルトンを南アフリカに送り込む。ウォルトンとラトビア出身のユダヤ人ラザ・バッハは執行部を掌握、三一年にバンティング夫妻と、当時名ばかりの平党員に過ぎなかったアンドリューズを右派、社会民主主義者と糾弾して追放した。アンドリューズについては、連邦議会議員でなくなった時点で整備工に戻っており、また労働運動に拠点を移してから年月も経っていたため、追放によって環境は大きく変化しなかった。[26] だが、バンティングには他の活動場所がなく、ほどなく生活にも窮した。母方の祖父が入植したナタールの農園から配当も得ていたが金額はわずかで、弁護士業務も貧しいアフリカ人への無償奉仕と化していた。ヴィットヴァータースランド大学の人類学者アグネス・ヘルンレはバンティングに同情し、夫で哲学者のアルフレッドが設立した南アフリカ人種関係研究所関連の研究助成への応募を薦めたが、落選した。バンティングはその後オーケストラのヴィオラ奏者、フラットの管理人などを経て三六年に死去する。[27]

❖大混乱と人民戦線

一九三〇年代、共産党の混乱には拍車が掛かった。除名と離党が相次ぎ、原住民共和国テーゼが採用された二八年に三〇〇〇人いた党員は、六〇人に激減した。この状況と度重なる逮捕に疲弊してウォルトンは党務を放棄、イギリスに帰国する。ウォルトン帰英の三三年、党夜間学校出身のアフリカ人モーゼス・コタネが、モスクワにあるコミンテルン幹部養成機関の国際レーニン学校を終え、南アフリカに戻ってきた。コタネは党の惨状に直面して反対派を形成、バッハをコミンテルンに告発する。コタネとバッハは三六年、大粛清ただなかのモスクワに召喚された。コミンテルンはコタネを正統と決定し、バッハはシベリアの収容所に送られる。こうした中でルーも孤立を深め、党を離れた(28)。

コタネがバッハを告発した三五年、コミンテルンは第七回大会で社会民主主義勢力の敵視を改め、反ファシズムの人民戦線に方針転換した。この方針転換は、組織がまだしも残っていたケープタウンの共産党員に影響を与える。彼らは党の再建を図っていたが、そこに立ちはだかったのは、二九年にソ連を追放されたトロツキーと連携するグループだった。トロツキストは、原住民共和国テーゼに従ってアフリカ人に特化した共産党と異なり、人種を横断する階級闘争を提唱した。人種の横断は南アフリカの現実の中では困難だったが、コミンテルンのテーゼによって疎外されていたカラード・エリートの強い支持を得た(29)。他国では考えられないことだが、弱体化した共産党はトロツキスト・グループとの人民戦線を模索する。そこで利用されたのがシシ・グールだった(30)。

二　シシ・グール

✣シシのコメモレイション

シシ（写真31）はAPO議長、ケープタウン市会議員のアブドゥラ・アブドゥラーマンの娘で、非ヨーロッパ系女性では初めて、後年のケープタウン大学に入学した。また、自身も南アフリカ民族解放連盟と非ヨーロッパ人統一戦線の議長、ケープタウン市会議員に選ばれ、同市の多人種地区ディストリクト・シックスの「宝石」「ジャンヌ・ダルク」と称された[31]。

アパルトヘイト後の南アフリカでは、官民による歴史の政治利用が目立っているが、こうした背景のもとでシシのコメモレイション（記念行為）も活発化した。二〇〇一年、ケープタウン大学はシシ・グール広場を設置、〇二年、パトリシア・ファン・デア・スピュイが同大学にシシの博士論文を提出した[32]。〇三年、政府はアパルトヘイト期のANC指導者アルバート・ルトゥーリに因んでルトゥーリ勲章を制定、シシが最初の受章者の一人に選ばれた。〇六年、クリス・ファン・ヴァイクはシシの子ども向け伝記を世に出した[33]。〇七年『(ケープ・)タイムズ』紙の遺産プロジェクトは、ルース・サックス作のシシ・グール・メモリアル（記念碑）をケープタウンのシティ・ホール近くに設置した。同プロジェクトは、シシの選挙公約などを素材にした授業プランも提案している。さらに〇八年、ナディア・デイヴィズ脚本・演出の「シシ」が上演され、一一年には、火刑に処せられた本物のジャンヌ・ダルクと対比して「この女性は焼かれない」と改題、改作された[34]。こうしたコメモレイションはいずれも、シシの「自由の闘士」としての目覚めを強調している。他方で、シシの偶像化は生前から進行していた。

❖「文明化」のモデル

その経緯をたどる前に、まずはシシの生家アブドゥラーマン家について見ておきたい。シシの曽祖父は、インドのベンガル地方に起源を持つ奴隷だったが解放され、祖父は青果商として成功を収めた。この経済力を背景に、父アブドゥラはスコットランドのグラスゴー大学に留学して医学を修め、事務弁護士の娘ネリー・ジェイムズと結婚、ケープタウンに戻って開業医になっている。[35] また一九〇五年にはAPO議長に就任したが、その前後にはネリーも女性運動に関与するようになる。ケープタウンでは一八八九年、イギリス系エリートの女性キリスト教禁酒同盟が結成され、その参政権部門が一九〇七年、女性参政権賦与連盟に発展した。オリーヴ・シュライナーが副議長を務めた同連盟は、連邦結成以降の全国組織でも中核を担う。[36] ネリーは〇二年、禁酒同盟に参加し、〇七年の参政権賦与連盟創設に際してはそのメンバーの一人になった。さらに、〇九年にはAPO女性ギルドの初代議長に就く。女性ギルドの目的は「女性を教

写真31　シシ・グール
Van der Ross, *Rise.*

育し」「男性の活動を手助けし」「カラードの人々の福祉に全般的関心を持つ」ことだった。活動内容は家事コンテスト、APOの資金調達のためのパーティー、コンサート、バザーなどで、ネリーの関心を反映して禁酒運動も重要な要素になった。他方で、APOは二〇年代半ばまで女性参政権に否定的だったため、ギルドも参政権運動には関わらなかった[37]。ギルドは、一一年には六〇～七〇支部を数えるようになっている[38]。

こうした父母の運動が、シシがデビューした場所だった。一九一一年三月、一三歳のシシは女性ギルドのバザーで姉ロージーとともにトルコ人の扮装をし、その写真は『APO』紙に掲載された[39]。「APOのAはアブドゥラーマンのA」としばしば揶揄されたが、一家の写真や動静はたしかに『APO』紙の特徴の一つになっていた[40]。アブドゥラが「王なきカラードの王」なら、ロージーとシシは王女だったと言えるだろう[41]。

一家の記事のクライマックスは、一二年クリスマス号の文学コンテストである。コンテストに入選したのはロージーとシシの作品で、記事は姉妹について「白人校への入学を拒絶され、カラードのトラファルガ校もしくは家庭で教育を受けてきた」と紹介している。ロージーの入選作は「より優れたほう」、黒人のシングル・マザーと、誰からも愛されない姉、逆に愛される弟の物語である。弟と妹の違いが存在するとはいえ、シシへの屈折した思いが投影されている。ロージーはその後政治の世界を離れ、父に倣ってグラスゴー大学に留学し医師になる。他方で、シシの入選作は二点あった。一点は「イングランドの海岸に戻って」、イングランド人の父、「原住民」とイングランド人の間に生まれた母、姉と弟の計四人の物語である。一家はトランスヴァールの農場で働くが、「ボーア人」農場主の偏見に苛まれ、やがて母が亡くなる。父と姉弟はヨハネスブルクに移るものの、苦難の日々がつづく。だが突如、祖父がイングランドの貴族であることが判明し、その祖父のもとに引き取られてハッピー・エンドとなる。APOの反ボーア性、親英性をよく反映した作品と言えるだろう。もう一点の入選作「母の息子」も、イングランドの荒野（ムーア）を背景に、息子を失った母の嘆きを描く詩である。[42] しかしAPOの意図は、こうした作品を創り出せるカラードの子弟の優秀さを喧伝することにこそあった。姉妹は、カラードの「文明化」のモデルだった。

❖「ジャンヌ・ダルク」への道

一九一七年、シシは南アフリカ・カレッジ（一八年ケープタウン大学に改組）に入学した。非ヨーロッパ系女性では初で、父アブドゥラとカレッジのリベラル派教員とのつながりによるところが大きかった。[43] だが、一九年に医師アブドゥル・グールと結婚、三人の子どもを出産してからは休学と復学を繰り返すことになる。心理学修士の学位を授与され、大学を最終的に離れたのは三二年である。ただし結婚と出産を優先したことにより、高学歴女性としてのシシに対するカラード社会の反発は幾分和らいだ。[44]

結婚は、シシに新たな世界を切り開いた。アブドゥラーマン家と同じくインドに起源を持つグール家は、一八九三〜一九一四年ナタールに滞在していたガーンディーと親交があった。アブドゥルとシシの夫妻も、インド国民会議派の女性指導者サロジニ・ナイドゥーが二三年ケープタウンを訪問した際にはホストを務めている。[45] しかしこの時期、シシはなお保守的だった。二二年には『APO』紙に女性コラムの連載を始めるが、ここでも基本的にはヴィクトリア朝的な、家事を中心に男性を補助する「家庭の天使」の唱道者にとどまっている。女性の社会、政治進出にもわずかながら関心を示すものの、参政権運動については戦闘性を忌避する記述が見られる（コラムの構成については表21参照）。

一九二〇年代、APOは岐路に立たされていた。二三年には『APO』紙の刊行が停止、女性コラムの連載は終了した。さらに、国民党のダニエル・フランソワ・マランが二五年、ケープ・マレー協会を創設してカラードの組織化を図ると、これに対抗してイギリス系も、またシシもマレーイズム（マレー・アイデンティティ）を強調するようになった。二六年、イギリス系の『南アフリカ女性雑誌』は「イスラームの信奉者――住民の美しい要素」と題する記事を掲載したが、この記事のグラビアではシシがモデルを務めた。[46] シシは二八年にも『ケープ・タイムズ年鑑』に「ケープ・マレー」を執筆し「外国の血とイスラームが白人の文明と接触したことは、今日のマレーの喜ばしい混合を生み出した」と記している。[47]「ケープ・マレー」は『ステイト』誌のケープ史の執筆者ドロシア・フェアブリッジの著作に依拠するところが大きかった（第二・三章参照）。

しかし、シシにとって転機になったのは結局、女性参政権をめぐる動きだった。一九一七年、ケープタウン市会は南アフリカで初めて女性選挙権を認め（市会にはもともと白人、非白人の別がなかった）、二三年には初の（白人）女性議員が実現した。APOも女性参政権の擁護に転じ、二八年にはシシの母ネリーが市会議員選挙に出馬したものの落選している。[48] さらに連邦議会も三〇年、女性選挙権を認めたが、これはケープタウン市会の場合と異なり白人のみが対象だった。国民党政権は、有権者に占める支持者のプア・ホワイトの割合を高めることを狙っていた。[49] こうした連邦議会の動きに対してAPOは抗議行動を展開、集会ではシシも「どの議員も信じるべきではなく、団結し、協力し、われわれの関心のために尽す

表 21　シシによる『APO』紙女性コラム（1922〜23 年）の構成

掲載年月日	コラム名
1922 年 1 月 14 日	民族の確立：母親の責任、科学 乳児への適切な授乳
28 日	民族の確立：子どもの幸福 若い花嫁の誤り 料理法と家事のヒント
2 月 11 日	民族の確立 人生の過ごし方 料理法と家事のヒント
25 日	民族の確立 （レシピ）
3 月 11 日	カラー・バーを変える 真の幸福 （レシピ）
25 日	法と婦人：女性判事と女性陪審員の判例 （レシピ）
4 月 8 日	わたしたちの微笑みの輝き 共感
22 日	服装についての一言 （レシピ）
5 月 6 日	頭角を現す原住民女性
6 月 3 日	参政権と女性：二重の戦い 食物の適切な選択
7 月 1 日	有害な弱々しい人
8 月 5 日	服装の危険性
9 月 2 日	市政と女性
10 月 7 日	女性、戦争、労働
11 月 4 日	結婚と男性
12 月 2 日	白鳥の死の歌：グラディス・ダニエルズ嬢、カラード歌手
23 日	ご多幸を祈って
1923 年 2 月 3 日	女性医師
3 月 3 日	女主人とメイド：共感的理解の欠如 音楽 （レシピ）
4 月 21 日	目覚めよ女性たち！
5 月 19 日	多くにとっての時と人
6 月 23 日	よい食事で幸福な顔に
7 月 21 日	市会議員選挙
8 月 25 日	自動車はなぜ女性に似ているのか？
9 月 22 日	女性政治の生育環境
10 月 20 日	愚かな愛
12 月 1 日	ケープタウンの美しい場所
22 日	城とクリスマス 赤ん坊の詩

べき」と演説した。シシはようやく、女性参政権の問題への関心を明確にした[50]。つづいて、父アブドゥラは次のように演説している。

娘だから言うわけではないが、お聞きのように、彼女はこの国の九九％の白人女性より演説が上手い。演説が上手いだけでなく、南アフリカの大多数の白人女性より〔優れた〕頭脳を持っている。……しかしこの法律によって、彼女はふつうの、教育を受けていない皿洗いのメイドより下に置かれる。

演説はその後、プア・ホワイトがいかに非文明的で政治的権利に相応しくないか、という内容に移る[51]。アブドゥラが娘シシに期待してきたものが集約された発言と言えるだろう。

❖カラード統合の役割

一九三〇年代、このシシに注目したのが、カラード・エリートのトロツキスト・グループとの人民戦線構築を図っていた共産党である。トロツキスト・グループの中心には、シシの義弟（夫アブドゥルの弟）グーラムや義妹（同じくアブドゥルの妹）ジェインなどがいた（写真32）。シシは、このようにトロツキストと人間関係的に近く、また、退潮著しいとはいえなお勢力を保っていたAPOの議長の娘でもあった。さらに、女性参政権をめぐる抗議行動は「美しく雄弁な」シシの利用価値発見につながっていた[52]。この時期、アフリカ人のジョニー・ゴマス、ユダヤ系のレイ・アレクサンダーやサム・カーンなど複数の共

写真32　グーラム・グール（右から3人目）とジェイン・グール（右端）
Edgar, *An African American*, 284.

産党活動家がシシに接近した。その成果が、一九三五年一二月一日（奴隷制廃止記念日）に結成された南アフリカ民族解放連盟である。連盟は保守系、共産党系、トロツキスト系からなるカラードの人民戦線だった。シシは議長兼、下部組織の非ヨーロッパ人女性参政権連盟議長に選出される。一方で、書記長兼労働運動担当には共産党系のジミー・ラ・グーマが、政治教育部門の新時代協会担当にはトロツキストのグーラムが就いた。女性局にはシシの姉ロージーの姿も見え『褐色の南アフリカ』の著者ジーアフォーヘルも参加し、成員は二〇〇〇人に達している。三八年には、さらなるウィングの拡大を期して非ヨーロッパ人統一戦線も結成された[53]。

同じ三八年、シシはケープタウン市会議員選挙に初めて出馬、当選した。「ジャンヌ・ダルク」の異称は、このとき付けられたものである。だが三〇年代末になると、トロツキスト系と共産党系の対立が再燃、前者は四三年、非ヨーロッパ人統一運動を結成した。こうした対立再燃の中でシシは共産党に傾倒、三九年には政治局員になる。また同党の活動家カーンとの同棲生活を始め、四二年にはアブドゥルと離婚した。しかし、シシはその後もトロツキスト、APOとの関係を継続する。議員でありつづけるためには両者の支持が必要かつ、そもそも思想的に「純粋」でもなかったからである。五〇年に共産党が非合法化されると、シシは党との関係を否定した。五〇年代、シシはANC／共産党系の南アフリカ・カラード人民機構に関与するものの、しだいに政治の世界を離れケープタウン大学に学生として復帰、六二年には法学士の学位を授与される。ところが翌年急逝、六五年の生涯を終えた(54)。

シシは死後、急速に忘れ去られていく。一九六〇年代は、アパルトヘイトが強化された冬の時代だった。また七〇、八〇年代には、ビコの黒人意識思想と統一民主戦線が保守系、トロツキスト系、ANC／共産党系の対立を棚上げし、三者を統合するシシの役割も不要になったかと思われた。ところがアパルトヘイト後は、ANCの多数派支配に対するカラードのマイノリティ・ナショナリズムが目立っており、本節の最初に述べたシシのコメモレイションの活発化は、この動きと時期的に符合する。シシは、さまざまな立場の人々にとって許容可能な女性として、ANCへの賛否に揺れるカラード社会の統合の役割を再び担い始めている。もっとも、それを全うすることは容易ではない(55)。しかし、シシが担うべき役割自体は終わっていないのである。次項では一九三〇年代末、トロツキストとの対立が再燃して以降の共産党について概観、内容を整理した上でマンデラの問題に架橋したい。

おわりに——ネルソン・マンデラの道

❖その後の共産党の人々

一九三九年、トロツキストと決裂した共産党は独自の再建を図る。アフリカ人のコタネが書記長に就任、「真の労働者階級出身の」経験豊かな指導者を求めるコミンテルンの声に推され、その執行委員だったアンドリューズも名誉職的な議長に選ばれた（写真33）。また、バンティングの遺族についても妻レベッカの復党が許され、遺児ブライアンが新たに入党する。同じ三九年にドイツがポーランドに侵攻して第二次大戦が始まると南アフリカはイギリス・連合国側に立って参戦したが、共産党は当初、独ソ不可侵条約もあって対英協力に反対する。しかし、四一年に独ソ戦が開始されると支持に転じ、同年にローズヴェルトとチャーチルが大西洋憲章で民族自決を掲げたこともこの流れを後押しした。四二年のメーデーにはアンドリューズがラジオ演説し、労働者にファシズムとの戦いを呼び掛ける。ブライアンも南アフリカ軍に志願した。こうした中で、共産党とマンデラらＡＮＣ青年連盟も連携を始める[1]。

さらにルーは復党せず、夜間学校で教えながら基本語彙だけのベイシック・イングリッシュの普及に尽力した。ルーは大戦中、バンティングの伝記を執筆する。だがコミンテルンの介入を強調する内容だったため、戦争のさなかに敵を利するものと遺族から非難された。しかしコタネによって「過去の過ちから学ぶのは必要なこと」と裁定され、出版に漕ぎ付ける[2]。ルーは四八年にも、一九世紀ケープのリベラリズム以来の南アフリカ史を『ロープより長い時間』としてまとめた[3]。また同年には、ヴィットヴァータースラ

写真33　1946年ごろの南アフリカ共産党ヨハネスブルク地区委員会

肖像画はコタネ（左）とアンドリューズ（右）。演壇右から2人目はジョー・スロヴォ（Drew, *South Africa's Radical Tradition.*）。

ンド大学の植物学講師に就任している[4]。

ところが、同じ四八年にアパルトヘイトが開始、五〇年には共産党が非合法化され、この年にアンドリューズは死去する。他方で、バンティングの遺児ブライアンはジャーナリストとして頭角を現し、五二年には原住民上院代表に選出される。ルーも、マクミランの政治活動の継承者マーガレット・バリンジャーの自由党に関与するようになった。しかし六〇年、ヨハネスブルク近郊のシャープヴィルで警察が群衆に発砲し、多数の死者が出る。このシャープヴィル虐殺はイギリスなど国際社会の非難を招き、南アフリカはコモンウェルスを脱退した。また弾圧も強まり、ルーは活動を制限される中で六六年に亡くなる。ブライアンは母レベッカとともにイギリスに亡命、共産党機関誌の編集長、ソ連のタス通信のロンドン支局員をしながらコタネの伝記などを執筆した[5]。

❖イギリスと共産主義の間

ここまで、南アフリカ共産党についてアンドリューズ、シドニー・バンティング、エディ・ルー、シシ・グールらを中心に見てきた。コミュニストになり、官憲の弾圧を受けた彼らが「異端者」だったことは疑いない。だが、どこまで異端だったのかは検討の余地があるだろう。アンドリューズの主な関心事は白人労働者でありつづけ、バンティングはコミンテルン以外からも、アフリカ人への「宣教師的態度」を批判された[6]。宣教師的態度ないし博愛主義に関連して言えば、南アフリカのブリティッシュ・アイデンティティの核であるリベラリズムは、こうした人々にも共通している。バンティングは、イギリス系のヨーロッパ人・アフリカ人協議会や人種関係研究所と接点を持とうとした。ルーは『ロープより長い時間』でケープ・リベラリズムの伝統を強調する一方、自由党にも関与した。グールも、リベラルなイギリス系への協力によって諸権利の擁護を目指すAPOとの関係を継続した。また、テンブランドから総選挙に出馬したバンティング、ケープタウン市会議員だったグールなど、議会主義も彼らの共通項である。武装闘争が脳裏をかすめたことは、おそらく一度もなかっただろう。いずれも「イギリス人」でありつづけたと言えるかもしれない。このことは一九六〇年代以降、他のアフリカ諸国を拠点に南アフリカ当局とテロの応酬をおこなったジョー・スロヴォ、クリス・ハニらが筋金入りのコミュニストだったのとは対照的である。

しかしイギリスと共産主義をめぐって、もっとも有名なマンデラは別の道を歩んだ。マンデラはイギリス系のミッション・スクールで学んだ後、第二次大戦中にANC青年連盟に参加して共産党との連携を始めた。自伝『自由への長い道』によれば一九五〇年代、マンデラ家の「壁には、ローズヴェルト、チャーチル、スターリン、ガーンディーの肖像と、一九一七年のペトログラード冬宮襲撃の写真が掛かっていた」[7]。ローズヴェルト、チャーチルとスターリンの組み合わせは、大西洋憲章の時代には不自然なものではなかったが、冷戦の激化とともに矛盾をはらむようになる。だがマンデラは「人と人の間にある偏見を拭い去る、そして、狂信的で暴力的な国家主義の息の根を止めるという目的を後押ししてくれるものなら……何でも役立てるつもりだった」[8]。マンデラにとっては、イギリスも共産主義も手段に過ぎなかった。本書の冒頭で記したとおり、マンデラはイギリスについて、大統領に就任すると南アフリカをコモンウェルスに復帰させ、この復帰を歓迎してロンドンのパーラメント・スクエアにはマンデラ像が建てられた。これもマンデラからすれば、ANC政権への国際的支持を高めるための実利的なものだっただろう。

マンデラと共産党の関係も、プラグマティックなものだったと言える。マンデラは「否定的な見方をする者たちは、共産党がわれわれを利用していると一貫して言いつづけた。しかし、われわれのほうが共産党を利用している面だってあったのではないだろうか」と述べている[9]。一九二八年に三〇〇〇人いた党員は三一年六〇人に激減し、非合法化直前の五〇年になっても二〇〇〇人にしか回復せず、共産党はついに大衆政党にはならなかった[10]。それでも党にはソ連とのつながりと前衛党の権威が存在したが、冷戦の終結とともにこうした利用価値も減退した。マンデラ政権ではスロヴォが住宅相に起用されたものの、これはとうてい重要閣僚とは言えなかった。さらに、親子二代にわたる共産主義者のターボ・ムベキも、マンデラの後を継いで大統領に就くと社会主義を放棄した。この宣言に対して最大の落胆を表明したのは、ムベキの父と親しかったブライアン・バンティングだった[11]。

結論

ベネディクト・アンダーソンは著書『想像の共同体』において、ナショナリズムを次の四つに分類している。①一八世紀後半〜一九世紀前半の南北アメリカで、植民地白人が（イギリスやスペインの）本国人との運命的差別を感じたところから結晶化されたクレオール（クリオーリョ）・ナショナリズム。②一九世紀のヨーロッパで、クレオール・ナショナリズムやフランス革命をモデルとして各地に生じた言語ナショナリズム。③言語ナショナリズムに対抗してロシア、ハプスブルクなどの王朝国家が創り出した公定ナショナリズム。④これら三つのナショナリズムをモデルとして、二〇世紀のアジア・アフリカに生じた植民地ナショナリズム。南アフリカは、以上すべてが展開してきた特異な国と言える。デュボウは、ケープの入植者ナショナリズムがクレオール・ナショナリズムに当たることを示唆しており[1]、アフリカーナー・ナショナリズムを言語ナショナリズムの一例としたのは他ならぬアンダーソン自身である[2]。また、キンダーガルテンはアフリカーナー・ナショナリズムに対抗するため、入植者ナショナリズムと融合して公定ナショナリズムを創り出そうとした。それはウォーカーやマクミランを介して変容し、カラードさらにはアフリカ人の植民地ナショナリズムまでも性格規定している。

このように本書では、南アフリカにおけるナショナリズムの展開の重要な局面を扱ってきた。他方、本書の副題である「南アフリカのブリティッシュ・アイデンティティ」について、そのすべてを検討しているわけではない。特に東ケープ、ナタールなどの農村的アイデンティティは、南ローデシアや他の白人定住植民地／自治領と比較していく上でも鍵になり、課題として残されている。(3)ただし著者の主な関心は、ブリティッシュ・アイデンティティとリベラリズムの結び付きを植民地の文脈で再考することにある。マグナ・カルタ以来の民主主義は、いまなおイギリス人の国民的矜持になっている。南アフリカでは、保守的なキンダーガルテンもアソシエイションを通じてのシティズンシップ教育を進め、イギリス系の共産党員も議会主義を信奉しつづけた。しかし、それらが多くの問題を孕んだものだったことは、本書で明らかにしてきたとおりである。

さらに、こうした問題は南アフリカにとどまらず、さまざまな回路を経てイギリスにも持ち込まれた。植民地が本国に与えた影響を重視する、ポストコロニアルなどの議論が不可欠なゆえんである。もっとも、このような議論に対しては植民地ナショナリズムの立場から、ヨーロッパが自分たちの歴史を「つまみ食い」している、との批判も存在する。(4)これは真摯に受け止められるべき批判だが、だからと言って植民地ナショナリスト史観に同化する必要もないだろう。「アフリカ史」を固定的に捉えず、多様なネットワークを見据えていくことが重要である。

あとがき

本書は、著者がこれまでに発表してきた論文などをまとめ直したものである（二七五頁の初出一覧を参照されたい）。二〇〇九年の博士論文とも重複するが、史料分析的な箇所は相当削除した。一方でその後の研究内容を加味しているが、割愛したものも多い。

なお『異郷のイギリス』のタイトルは、川村湊氏の『異郷の昭和文学――「満州」と近代日本』（岩波新書、一九九〇年）に想を得ている。四半世紀前の読書で大部分忘れてしまったが、表題と清岡卓行『アカシヤの大連』の話が印象に残っていた。しかし、敢えて南アフリカと「満州」の共通点を探るなら、両者はともに、イギリス帝国と日本帝国の「統治の実験場」だった。前者については例えば、キンダーガルテンのフィータムが実験の成果を上海租界で活用した（第一部おわりに）。その報告書を日本語に訳したのは満鉄（南満州鉄道）である。満州統治の経験が岸信介などによって日本に持ち込まれた点は、よく知られている通りだろう。

本書にいたる長い過程では、多くの先生方のお世話になった。谷川稔先生が主指導教員でなければ、研究を続けることはなかっただろう。先生が退職された後、小山哲先生には博論の主査などを務めていただき、多大なご迷惑をお掛けした。服部良久、南川高志の両先生にも、卒論以来副査などをしていただいた。

また、イギリス史では川北稔先生と井野瀬久美惠先生、南アフリカ史では北川勝彦先生のお世話になることが多かった。著者が京都大学を離れてから着任された、永原陽子先生と金澤周作さんのお名前も挙げておきたい。さらに、前任校の新潟大学では冨田健之先生、現在の勤務校の金沢大学では根津由喜夫先生と田中俊之先生にご迷惑をお掛けしてきた。

なお、本研究に際しては科研費〇七J〇五三八五、二三七二〇三六三、二六二八二一七九、一七H〇二二三九、一七K〇三一六八などに加え、金沢大学の人文社会系学術図書助成を得た。最後に、丸善出版の柳瀬ひなさん、藤村斉輝さんにはさまざまな無理を聞いていただき、お詫びの言葉も継げない。以上、記してお礼申し上げる。

二〇一八年八月

堀内隆行

索引（人名・事項）

〈人名索引〉

［あ］

［か］

［さ］

［た］

［な］

［は］

［ま］

［ら］

〈事項索引〉

［A～Z，数字］

［あ］

［か］

［さ］

［た］

［な］

［は］

［ま］

［や］

［ら］

初出一覧

第一部

はじめに

「イギリス帝国、ケープ、南アフリカ」『新しい歴史学のために』281号（2012年）。

第一章・おわりに

「ミルナー・キンダーガルテンの南アフリカ経験（1899—1910年）と「シティズンシップ」」『史林』86巻6号（2003年）。

第二章

「南アフリカ連邦結成と「和解」の創出」『史林』85巻3号（2002年）。

第二部

はじめに

「南アフリカと第一次世界大戦」『現代の起点 第一次世界大戦1　世界戦争』（岩波書店、2014年）。

第三章

「歴史家E・A・ウォーカーと南アフリカのブリティッシュ・リベラリズム」『史林』91巻6号（2008年）。

第四章

「歴史家W・M・マクミランの南アフリカ時代（1891—1933年）」『歴史研究』46号（2009年）。

おわりに

「アレントと南アフリカ」『人文知の新たな総合に向けて』（21世紀COEプログラム「グローバル化時代の多元的人文学の拠点形成」第3回報告書上巻、京都大学大学院文学研究科、2005年）。

第三部

はじめに・第五章

「192、30年代南アフリカのカラード」『史林』94巻1号（2011年）。

第六章

「初期南アフリカ共産党の人びと」志村真幸編『異端者たちのイギリス』(共和国、2016年)。

「シシ・グール像の形成——20世紀南アフリカの一カラード・エリート女性をめぐって」『女性史学』24号(2014年)。

文　　献

未刊行史料

Eric Anderson Walker Papers, University of Cape Town Library.

刊行史料

Brand, R. H. (ed.), *The Letters of John Dove* (London, 1938).

British Parliamentary Papers, 1897, [311.] vol. IX,: 'Second Report from the Select Committee Appointed to Inquire into the Origin and Circumstances of the Incursion into the South African Republic by an Armed Force, and into the Administration of the British South Africa Company, &c.; With the Proceedings, Evidence, Appendix, and Index'.

Cope, T. (ed.), *Izibongo: Zulu Praise-Poems, Collected by James Stuart, Translated by Daniel Malcolm* (Oxford, 1968).

Drew, A. (ed.), *South Africa's Radical Tradition: A Documentary History vol. 1: 1907-1950* (Cape Town, 1996).

Duminy, A. H. and W. R. Guest (eds.), *FitzPatrick: South African Politician Selected Papers, 1888-1906* (Johannesburg, 1976).

Edgar, R. R. (ed.), *An African American in South Africa: The Travel Notes of Ralph J. Bunche 28 September 1937 - 1 January 1938* (Athens, Ohio, 1992).

Fraser, M. and A. Jeeves (eds.), *All That Glittered: Selected Correspondence of Lionel Philips 1890-1924* (Cape Town, 1977).

Hancock, W. K. and J. van der Poel (eds.), *Selections from the Smuts Papers vol. 2: June 1902-May 1910* (Cambridge, 1966).

Headlam, C. (ed.), *The Milner Papers vol. 2: South Africa 1899-1905* (London, 1933).

Lewsen, P. (ed.), *Selections from the Correspondence of John X. Merriman 1890-1898* (Cape Town, 1963).

Id. (ed.), *Selections from the Correspondence of John X. Merriman 1898-1905* (Cape Town,

1966a).

Id. (ed.), *Selections from the Correspondence of John X. Merriman 1905–1924* (Cape Town, 1966b).

Lord Milner, *The Nation and the Empire: Being a Collection of Speeches and Addresses: With an Introduction by Lord Milner, G. C. B.* (London, 1913).

Van der Ross, R. E., *'Say It Out Loud': The APO Presidential Addresses and Other Major Political Speeches, 1906–1940, of Dr Abdullah Abdurahman* (Bellville, South Africa, 1990).

Vindex (ed.), *Cecil Rhodes: His Political Life and Speeches 1881–1900* (London, 1900).

Williams, B. (ed.), *The Selborne Memorandum, A Review of the Mutual Relations of the British South African Colonies in 1907* (London, 1925).

定期刊行物

South Africa

Cape Town

APO.

Cape Argus.

Cape Times.

Cape Times Annual.

The Critic.

South African Woman's Magazine.

The Sun.

Zuid Afrikaan.

Cape Town and Johannesburg

The State.

Grahamstown

African Monthly.

Pretoria

Land en Volk.

United Kingdom

Cambridge

Cambridge Historical Journal.

London

Edinburgh Review.

The Guardian.

National Review.

Quarterly Review.

Review of Reviews.

Round Table.

The Studio.

United States

Boston

Atlantic Monthly.

史料（その他出版物）

Amery, L. S. (ed.), *The Times History of the War in South Africa 1899–1902 vol. 4* (London, 1906).

Arendt, H., *The Origins of Totalitarianism Part 2: Imperialism* (New York, 1951)（大島通義・大島かおり訳『全体主義の起源２——帝国主義』みすず書房、1972 年）。

Baker, H., *Cecil Rhodes by His Architect* (Oxford, 1934).

Id., *Architecture & Personalities* (London, 1944).

Bent, J. T., *The Ruined Cities of Mashonaland: Being a Record of Excavation and Exploration in 1891* (London, 1892).

Biko, S. B., *I Write What I Like* (London, 1979)（峯陽一他訳『俺は書きたいことを書く——黒人意識運動の思想』現代企画室、1988 年）。

Brand, R. H., *The Union of South Africa* (Oxford, 1909).

Buchan, J., *The African Colony: Studies in the Reconstruction* (Edinburgh, 1903).

Id., *Memory Hold the Door* (London, 1940).

Bunting, B., *Moses Kotane: South African Revolutionary* (London, 1975).

Churchill, R. S., *Men, Mines and Animals in South Africa* (London, 1893).

Closer Union Society, *The Framework of Union: A Comparison of Some Union Constitutions* (Cape Town, 1908).

Cope, R. K., *Comrade Bill: The Life and Times of W. H. Andrews, Workers' Leader* (Cape Town, 1944).

Cory, G. E., *The Rise of South Africa*, 6 vols. (London, 1910-1930).

(Curtis, L.,) *The Government of South Africa*, 2 vols. (Cape Town, 1908).

Id., *The Problem of the Commonwealth* (Toronto, 1916).

Id., *Letters to the People of India on Responsible Government* (London, 1918).

Id., *Civitas Dei*, 3 vols. (London, 1934-1937).

Id., *With Milner in South Africa* (Oxford, 1951).

Id. (ed.), *The Commonwealth of Nations: An Inquiry into the Nature of Citizenship in the British Empire, and into the Mutual Relations of the Several Communities Thereof* (London, 1916).

Davis, H. W. C. and J. R. H. Weaver (eds.), *The Dictionary of National Biography, 1912-1921* (Oxford, 1927).

De Kiewiet, C. W., *A History of South Africa: Social & Economic* (Oxford, 1941). (野口建彦・野口知彦訳『南アフリカ社会経済史』、文眞堂、2010年)。

Desmore, A. J. B., *With the 2nd Cape Corps thro' Central Africa* (Cape Town, 1920).

De Waal, D. C., *With Rhodes in Mashonaland* (Cape Town, 1896).

Difford, I. D., *The Story of the 1st Battalion Cape Corps, 1915-1919: With an Introduction by John X. Merriman* (Cape Town, 1920).

Dilke, C. W., *Greater Britain: A Record of Travel in English-Speaking Countries during 1866 and 1867* (London, 1868).

Du Toit, S. J., *Rhodesia: Past and Present* (London, 1897).

Fairbridge, D. A., *A History of South Africa* (London, 1918).

Id., *Historic Houses of South Africa* (London, 1922).

Feetham, R., *Some Problems of South African Federation and Reasons for Facing Them* (Johannesburg, 1906).

Id., *Report of the Hon. Richard Feetham, C. M. G., Judge of the Supreme Court of the Union of South Africa, to the Shanghai Municipal Council*, 4 vols. (Shanghai, 1931-1932) (南満州鉄道株式会社調査課訳『フィータム報告——上海租界行政調査報告』全4巻、南満州鉄道、1932-1933年)。

FitzPatrick, J. P., *Through Mashonaland with Pick and Pen* (Johannesburg, 1892).

Id., *The Transvaal from Within* (London, 1899).

Id., *Jock of the Bushveld* (London, 1907).

Id., *The Origins, Causes and Object of the War* (London, 1915).

Froude, J. A., *Oceana: Or England and Her Colonies* (London, 1886).

Id., *Short Studies on Great Subjects* (London, 1891).

Garrett, E., *In Afrikanderland and the Land of Ophir: Being Notes and Sketches in Political, Social and Financial South Africa* (London, 1891).

Hailey, W. M., *An African Survey: A Study of Problems Arising in Africa South of the Sahara: Issued by the Committee of the African Research Survey under the Auspices of the Royal Institute of International Affairs* (Oxford, 1938).

Hendricks, D. W. and C. J. Viljoen, *Student Teachers' History Course: For Use in Coloured Training Colleges* (Paarl, 1936).

Hill, W. T., *Octavia Hill: Pioneer of the National Trust and Housing Reformer* (London, 1956).

Hobson, J. A., *Imperialism: A Study* (London, 1902)（矢内原忠雄訳『帝国主義論』2巻、岩波書店、1952年)。

Holden, W., *History of the Colony of Natal* (London, 1855).

Jebb, R., *Studies in Colonial Nationalism* (London, 1905).

Id., *The Britannic Question: A Survey of Alternatives* (London, 1913).

Kilpin, R. P., *The Romance of a Colonial Parliament: Being a Narrative of the Parliament and Councils of the Cape of Good Hope from the Foundings of the Colony by Jan van Riebeeck in 1652 to the Union of South Africa in 1910: To Which Is Added a List of Governors from 1652 to 1910 and a Complete List of Members from 1825 to 1910* (London, 1930).

Kunene, M., *Emperor Shaka the Great: A Zulu Epic* (London, 1979)（土屋哲訳『偉大なる帝王シャカ』2巻、岩波書店、1979年)。

Laski, H. J., H. Nicolson, H. Read, W. M. MacMillan, E. Wilkinson and G. D. H. Cole, *Programme for Victory: A Collection of Essays Prepared for the Fabian Society* (London, 1941).

Legg, L. G. W. and E. T. Williams (eds.), *The Dictionary of National Biography, 1941–1950* (Oxford, 1959).

Lerumo, A. (M. Harmel), *Fifty Fighting Years: The Communist Party of South Africa 1921–1971* (London, 1971).

MacDonald, J. R., *What I Saw in South Africa* (London, 1902).

(MacMillan, W. M.,) *Sanitary Reform for Grahamstown* (Grahamstown, 1915).

Id., *Economic Conditions in a Non-Industrial South African Town* (Grahamstown, 1915).
Id., *Poverty and Post-War Problems* (Grahamstown, 1916).
Id., *The Place of Local Government in the Union of South Africa: With an Introduction by Patrick Duncan, C. M. G., M. L. A.* (Johannesburg, 1918).
Id., *The South African Agrarian Problem and Its Historical Development* (Johannesburg, 1919).
Id., *The Land, the Native and Unemployment* (Johannesburg, 1924).
Id., *The Cape Colour Question: A Historical Survey* (London, 1927).
Id., *Bantu, Boer, and Briton: The Making of the South African Native Problem* (London, 1929); Revised and Enlarged ed. (Oxford, 1963).
Id., *Complex South Africa: An Economic Foot-Note to History* (London, 1930).
Id., *Warning from the West Indies: A Tract for Africa and the Empire* (London, 1936); Revised and Enlarged ed. (Harmondsworth, 1938).
Id., *Africa Emergent: A Survey of Social, Political, and Economic Trends in British Africa* (London, 1938); Revised and Enlarged ed. (Harmondsworth, 1949).
Id., *Democratise the Empire: A Policy of Colonial Reform* (London, 1941).
Id., *Africa beyond the Union* (Johannesburg, 1949).
Id., *The Road to Self-Rule: A Study in Colonial Evolution* (London, 1959).
Id., *My South African Years: An Autobiography* (Cape Town, 1975).
Id. (ed.), *A South African Student and Soldier: Harold Edward Howse: 1894-1917: B.A. Rhodes University College, Grahamstown: Captain, Royal Berkshire* (Cape Town, 1920).
Mandela, N., *Long Walk to Freedom* (London, 1994)（東江一紀訳『自由への長い道』2巻、NHK出版、1996年）。
Marais, J. S., *The Colonisation of New Zealand* (Oxford, 1927).
Id., *The Cape Coloured People, 1652-1937* (London, 1939).
Id., *Maynier and the First Boer Republic* (Cape Town, 1944).
Id., *The Fall of Kruger's Republic* (Oxford, 1961).
Meek, C. K., W. M. MacMillan and E. R. J. Hussey, *Europe and West Africa: Some Problems and Adjustments* (Oxford, 1940).
Millin, S. G., *God's Stepchildren* (Cape Town, 1924).
Id., *The South Africans* (London, 1926).

Molteno, J. T., *Further South African Recollections* (London, 1926).

Newton, A. P. and E. A. Benians (eds.), *The Cambridge History of the British Empire vol. 8: South Africa, Rhodesia and the Protectorates* (Cambridge, 1936).

Noble, J., *South Africa, Past and Present: A Short History of the European Settlements at the Cape* (London, 1877).

Oliver, F. S., *Alexander Hamilton: An Essay on American Union* (London, 1907).

Preller, G. S., *Piet Retief: Lewensgeskiedenis van die Grote Voortrekker* (Kaapstad, 1906).

Id., *Voortrekkermense*, 6 vols. (Kaapstad, 1918–1938).

Rose, J. H., A. P. Newton and E. A. Benians (eds.), *The Cambridge History of the British Empire vol. 2: The Growth of the New Empire 1783–1870* (Cambridge, 1940).

Roux, E., *S. P. Bunting: A Political Biography* (Cape Town, 1944).

Id., *Time Longer than Rope: A History of the Black Man's Struggle for Freedom in South Africa* (London, 1948).

Roux, E. and W. Roux, *Rebel Pity: The Life of Eddie Roux* (London, 1970).

Schapera, I. S., *The Khoisan Peoples of South Africa: Bushmen and Hottentots* (London, 1930).

Id., *The Early Cape Hottentots* (Cape Town, 1933).

Id. (ed.), *Western Civilization and the Natives of South Africa: Studies in Culture Contact* (London, 1934).

Schreiner, O., *The Story of an African Farm* (London, 1883) (大井真理子・都築忠七訳『アフリカ農場物語』 2巻、岩波文庫、2006年)。

Id., *The Political Situation* (London, 1896).

Id., *Closer Union: A Letter on the South African Union and the Principles of Government* (London, 1909).

Id., *Thoughts on South Africa* (London, 1923).

Seeley, J. R., *The Expansion of England* (London, 1883).

Selous, F. C., *Sunshine and Storm in Rhodesia: Being a Narrative of Events in Matabeleland: Both before and during the Recent Native Insurrection Up to the Date of the Disbandment of the Bulawayo Field Force* (London, 1896).

Simons, J. and R. Simons (Alexander), *Class and Colour in South Africa, 1850–1950* (Harmondsworth, 1969).

Solomon, W. E. G., *Saul Solomon: 'The Member for Cape Town'* (Cape Town, 1948).

Souvenir, 1834–1934: Historical Pageant Held at Green Point Track, on Thursday and Friday, 10th and 11th Jan., 1935 at 8 p.m. (Cape Town, 1935).

Synge, M. B., *The Story of the World*, 5 vols. (Edinburgh, 1913).

Tawney, R. H., *The Agrarian Problem in the Sixteenth Century* (London, 1912).

Theal, G. M., *History of South Africa*, 5 vols. (London, 1891–1900).

Id., *South Africa* (London, 1894).

Trollope, A., *South Africa* (London, 1878).

Trotter, A. F., *Old Colonial Houses of the Cape of Good Hope: Illustrated and Described: With a Chapter on the Origin of Old Cape Architecture by Herbert Baker, A.R.I.B.A.* (London, 1900).

Turner, F. J., *The Frontier in American History* (New York, 1920).

Van der Poel, J., *The Jameson Raid* (Oxford, 1951).

Van Wyk, C., *Cissie Gool* (Johannesburg, 2006).

Walker, E. A., *The Teaching of History: An Inaugural Address Delivered on 6th March 1912* (Cape Town, 1912).

Id., *The Place of History in University Education* (Cape Town, 1919).

Id., *Historical Atlas of South Africa* (Oxford, 1922).

Id., *Lord de Villiers and His Times: South Africa 1842–1914* (London, 1925).

Id., *A Modern History for South Africans* (Cape Town, 1926).

Id., *A History of South Africa* (London, 1928); With Extensive Additions (1935); 2nd ed. (1940).

Id., *The South African College and the University of Cape Town: Written for the University Centenary Celebrations (1829–1929)* (Cape Town, 1929).

Id., *The Frontier Tradition in South Africa: A Lecture Delivered before the University of Oxford at Rhodes House on 5th March 1930* (Oxford, 1930).

Id., *The Great Trek* (London, 1934); 2nd ed. (1938); 3rd ed. (1948); 4th ed. (1960); 5th ed. (1965).

Id., *The Cape Native Franchise: A Series of Articles Published in 'The Cape Argus' February, 1936* (Cape Town, 1936).

Id., *W. P. Schreiner: A South African* (London, 1937); Shortened Version (Johannesburg, 1960).

Id., *The Study of British Imperial History: An Inaugural Lecture Delivered on 26th April*

1937 (Cambridge, 1937).
Id., *South Africa* (Oxford, 1940).
Id., *Britain and South Africa* (London, 1941).
Id., *The British Empire: Its Structure and Spirit* (Oxford, 1943); 2nd ed. (Cambridge, 1953).
Id., *Lord Milner and South Africa* (London, 1943).
Id., *Colonies* (Cambridge, 1944).
Id., *The Policy of Apartheid in the Union of South Africa: The 26th Cust Foundation Lecture Delivered on 13th March 1953* (Nottingham, 1953).
Id., *A History of Southern Africa* (London, 1957).
Id. (ed.), *The Cambridge History of the British Empire vol. 8: South Africa, Rhodesia and the High Commission Territories* (Cambridge, 1963).
Walker, J., *Skin Deep: The Autobiography of a Woman Doctor* (Cape Town, 1977).
Webb, S. J. and B., *English Local Government* (London, 1906-1929).
Williams, A. J. and E. A. Walker, *History of England from the Earliest Times to the Death of King Edward VII* (London, 1911).
Wilmot, A., *History of the Cape Colony: For the Use of Schools* (Cape Town, 1880).
Id., *Monomotapa (Rhodesia): Its Monuments, and Its History from the Most Ancient Times to the Present Century* (London, 1896).
Id., *The History of South Africa: Intended as a Concise Manual of South African History for General Use, and as a Reading Book in Schools* (London, 1901).
Wilmot, A. and J. Chase, *History of the Colony of the Cape of Good Hope from Its Discovery to the Year 1819* (Cape Town, 1869).
Worsfold, W. B., *The Reconstruction of the New Colonies under Lord Milner*, 2 vols. (London, 1913).
Wrench, J. E., *Geoffrey Dawson and Our Times* (London, 1955).
Ziervogel, C., *The Coloured People and the Race Problem* (Ceres, South Africa, 1936).
Id., *Brown South Africa* (Cape Town, 1938).

二次文献

研究書

Adhikari, M., *'Let Us Live for Our Children': The Teachers' League of South Africa,*

1913–1940 (Cape Town, 1993).

Id., *'Against the Current': A Biography of Harold Cressy, 1889–1916* (Cape Town, 2000).

Id., *Not White Enough, Not Black Enough: Racial Identity in the South African Coloured Community* (Athens, Ohio, 2005).

Id. (ed.), *Jimmy La Guma: A Biography by Alex La Guma* (Cape Town, 1997).

Id. (ed.), *Burdened by Race: Coloured Identities in Southern Africa* (Cape Town, 2009).

Anderson, B., *Imagined Communities: Reflections on the Origin and Spread of Nationalism* (London, 1983)（白石隆・白石さや訳『想像の共同体――ナショナリズムの起源と流行』リブロポート、1987年）。

Armitage, D., *The Ideological Origins of the British Empire* (Cambridge, 2000)（平田雅博他訳『帝国の誕生――ブリテン帝国のイデオロギー的起源』日本経済評論社、2005年）。

Ashplant, T. G., G. Dawson and M. Roper (eds.), *The Politics of War Memory and Commemoration* (London, 2000).

Bayly, C. A., *Imperial Meridian: The British Empire and the World 1780–1830* (Harlow, 1989).

Id., *The Birth of the Modern World 1780–1914: Global Connections and Comparisons* (Oxford, 2004).

Beinart, W., *The Rise of Conservation in South Africa: Settlers, Livestock, and the Environment 1770–1950* (Oxford, 2003).

Berkman, J. A., *The Healing Imagination of Olive Schreiner: Beyond South African Colonialism* (Cambridge, Massachusetts, 1989)（丸山美知代訳『知られざるオリーヴ・シュライナー』晶文社、1992年）。

Beyers, C. J. (ed.), *Dictionary of South African Biography vol. 4* (Pretoria, 1981).

Id. (ed.), *Dictionary of South African Biography vol. 5* (Pretoria, 1987).

Bickers, R., *Britain in China: Community, Culture and Colonialism 1900–1949* (Manchester, 1999).

Bickford-Smith, V., *Ethnic Pride and Racial Prejudice in Victorian Cape Town: Group Identity and Social Practice, 1875–1902* (Cambridge, 1995).

Bosco, A. and A. May (eds.), *The Round Table: Empire/Commonwealth, and British Foreign Policy* (London, 1997).

Bozzoli, B. (ed.), *Town and Countryside in the Transvaal: Capitalist Penetration and*

Popular Response (Johannesburg, 1983).
Breckenridge, K., *Biometric State: The Global Politics of Identification and Surveillance in South Africa, 1850 to the Present* (Cambridge, 2014) (拙訳『生体認証国家——グローバルな監視政治と南アフリカの近現代』岩波書店、2017年)。
Bridge, C. and K. Fedorowich (eds.), *The British World: Diaspora, Culture and Identity* (London, 2003).
Brookes, E. H. and C. de B. Webb, *A History of Natal* (Pietermaritzburg, 1965).
Brown, J. M. and Wm. R. Louis (eds.), *The Oxford History of the British Empire vol. 4: The Twentieth Century* (Oxford, 1999).
Buckner, P. and R. D. Francis (eds.), *Rediscovering the British World* (Calgary, 2005).
Ids. (eds.), *Canada and the British World: Culture, Migration, and Identity* (Vancouver, 2006).
Bundy, C., *The Rise and Fall of a South African Peasantry* (London, 1979).
Burke, P., B. Harrison and P. Slack (eds.), *Civil Histories: Essays Presented to Sir Keith Thomas* (Oxford, 2000).
Butler, J. R. M., *Lord Lothian (Philip Kerr) 1882–1940* (London, 1960).
Butler, J., R. Elphick and D. Welsh (eds.), *Democratic Liberalism in South Africa: Its History and Prospect* (Cape Town, 1987).
Cain, P. J., *Hobson and Imperialism: Radicalism, New Liberalism, and Finance, 1887–1938* (Oxford, 2002).
Cain, P. J. and A. G. Hopkins, *British Imperialism*, 2 vols. (London, 1993) (『ジェントルマン資本主義の帝国』2巻、名古屋大学出版会、1997年)。
Cannadine, D., *G. M. Trevelyan: A Life in History* (London, 1992).
Id., *Ornamentalism: How the British Saw Their Empire?* (London, 2001) (平田雅博・細川道久訳『虚飾の帝国——オリエンタリズムからオーナメンタリズムへ』日本経済評論社、2004年)。
Carman, J., *Uplifting the Colonial Philistine: Florence Philips and the Making of the Johannesburg Art Gallery* (Johannesburg, 2006).
Cartwright, A. P., *The First South African: The Life and Times of Sir Percy FitzPatrick* (Cape Town, 1971).
Chanock, M., *Unconsummated Union: Britain, Rhodesia and South Africa 1900–45* (Manchester, 1977).

Clothier, N., *Black Valour: The South African Native Labour Contingent, 1916–1918 and the Sinking of the 'Mendi'* (Pietermaritzburg, 1987).

Colley, L., *Britons: Forging the Nation 1707–1837* (New Haven, 1992) (川北稔監訳『イギリス国民の誕生』名古屋大学出版会、1997 年)。

Id., *Captives: Britain, Empire, and the World, 1600–1850* (London, 2002) (中村裕子・土平紀子訳『虜囚―― 1600-1850 年のイギリス、帝国、そして世界』法政大学出版局、2016 年)。

Crais, C. C., *The Making of the Colonial Order: White Supremacy and Black Resistance in the Eastern Cape, 1770–1865* (Johannesburg, 1992).

Cuthbertson, G., A. Grundlingh and M. Suttie (eds.), *Writing a Wider War: Rethinking Gender, Race, and Identity in the South African War, 1899–1902* (Athens, Ohio, 2002).

Darian-Smith, K., P. Grimshaw and S. Macintyre (eds.), *Britishness Abroad: Transnational Movements and Imperial Cultures* (Melbourne, 2007).

Darwin, J., *After Tamerlane: The Global History of Empire since 1405* (London, 2007).

Daunton, M. and R. Halpern (eds.), *Empire and Others: British Encounters with Indigenous Peoples, 1600–1850* (London, 1999).

Davenport, T. R. H., *The Afrikaner Bond: The History of a South African Political Party, 1880–1911* (Oxford, 1966).

Davenport, T. R. H. and C. Saunders, *South Africa: A Modern History* (Basingstoke, 2000).

De Kock, W. J. (ed.), *The Dictionary of South African Biography vol. 1* (Pretoria, 1968).

De Kock, W. J. and D. W. Kruger (eds.), *Dictionary of South African Biography vol. 2* (Pretoria, 1972).

Denoon, D., *A Grand Illusion: The Failure of Imperial Policy in the Transvaal Colony during the Period of Reconstruction 1900–1905* (London, 1973).

De Villiers, A. (ed.), *English-Speaking South Africa Today* (Cape Town, 1976).

Dooling, W., *Slavery, Emancipation and Colonial Rule in South Africa* (Athens, Ohio, 2008).

Drew, A., *Discordant Comrades: Identities and Loyalties on the South African Left* (Aldershot, 2000).

Id., *Between Empire and Revolution: A Life of Sidney Bunting, 1873–1936* (London, 2007).

Dubow, S., *Racial Segregation and the Origins of Apartheid in South Africa, 1919–36* (Basingstoke, 1989).

Id., *Scientific Racism in Modern South Africa* (Cambridge, 1995).

Id., *The African National Congress* (Stroud, 2000).

Id., *A Commonwealth of Knowledge: Science, Sensibility, and White South Africa 1820–2000* (Oxford, 2006).

Id. (ed.), *Science and Society in Southern Africa* (Manchester, 2000).

Duminy, A. and B. Guest, *Interfering in Politics: A Biography of Sir Percy FitzPatrick* (Johannesburg, 1987).

Ids. (eds.), *Natal and Zululand from Earliest Times to 1910: A New History* (Pietermaritzburg, 1989).

Du Pre, R. H., *Separate but Unequal: The 'Coloured' People of South Africa – A Political History* (Johannesburg, 1994).

Eddy, J. and D. Schreuder (eds.), *The Rise of Colonial Nationalism: Australia, New Zealand, Canada and South Africa First Assert Their Nationalities, 1880–1914* (Sydney, 1988).

Elphick, R. and H. Giliomee (eds.), *The Shaping of South African Society, 1652–1840* (Cape Town, 1989).

Etherington, N., *The Great Treks: The Transformation of Southern Africa, 1815–1854* (Harlow, 2001).

February, V., *Mind Your Colour: The 'Coloured' Stereotype in South African Literature* (London, 1981).

Foster, L., *High Hopes: The Men and Motives of the Australian Round Table* (Melbourne, 1986).

Galbraith, J. S., *Crown and Charter: The Early Years of the British South Africa Company* (Berkeley, 1974).

Giliomee, H., *The Afrikaners: Biography of a People* (Cape Town, 2003).

Golan, D., *Inventing Shaka: Using History in the Construction of Zulu Nationalism* (London, 1994).

Goldin, I., *Making Race: The Politics and Economics of Coloured Identity in South Africa* (London, 1987).

Goodfellow, C. F., *Great Britain and South African Confederation 1870–1881* (Oxford, 1966).

Greig, D. E., *Herbert Baker in South Africa* (Cape Town, 1970).

Grundlingh, A., *Fighting Their Own War: South African Blacks and the First World War* (Johannesburg, 1987).

Id., *The Dynamics of Treason: Boer Collaboration in the South African War of 1899–1902* (Pretoria, 2006).

Gutsche, T., *No Ordinary Woman: The Life and Times of Florence Phillips* (Cape Town, 1966).

Hall, C., *Civilizing Subjects: Metropole and Colony in the English Imagination, 1830–1867* (Cambridge, 2002).

Hamilton, C., *Terrific Majesty: The Powers of Shaka Zulu and the Limits of Historical Invention* (Cambridge, Massachusetts, 1998).

Id. (ed.), *The Mfecane Aftermath: Reconstructive Debates in Southern African History* (Johannesburg and Pietermaritzburg, 1995).

Hancock, W. K., *Survey of British Commonwealth Affairs*, 2 vols. (London, 1937 and 1942).

Id., *Smuts*, 2 vols. (Cambridge, 1962 and 1968).

Harlow, V. T., *The Founding of the Second British Empire, 1763–1793*, 2 vols. (London, 1952 and 1964).

Harris, J., *Private Lives, Public Spirit: Britain 1870–1914* (Oxford, 1993).

Hattersley, A. F., *The Convict Crisis and the Growth of Unity: Resistance to Transportation in South Africa and Australia* (Pietermaritzburg, 1965).

Hexham, I., *The Irony of Apartheid: The Struggle for National Independence of Afrikaner Calvinism against British Imperialism* (Lewiston, 1981).

Hobsbawm, E. and T. Ranger (eds.), *The Invention of Tradition* (Cambridge, 1983) (前川啓治・梶原景昭他訳『創られた伝統』紀伊國屋書店、1992 年)。

Hommel, M. W., *Capricorn Blues: The Struggle for Human Rights in South Africa* (Toronto, 1981).

Hyam, R., *The Failure of South African Expansion 1908–1948* (London, 1972).

James, W. G. and M. Simons (eds.), *The Angry Divide: Social and Economic History of the Western Cape* (Cape Town, 1989).

Keath, M., *Herbert Baker: Architecture and Idealism 1892–1913: The South African Years* (Johannesburg, 1993).

Keegan, T., *Colonial South Africa and the Origins of the Racial Order* (London, 1996).

Kendle, J. E., *The Round Table Movement and Imperial Union* (Toronto, 1975).

Kennedy, D., *Islands of White: Settler Society and Culture in Kenya and Southern Rhodesia, 1890–1939* (Durham, 1987).

Kruger, D. W. and C. J. Beyers (eds.), *Dictionary of South African Biography vol. 3* (Pretoria, 1977).

Lake, M. and H. Reynolds, *Drawing the Global Colour Line: White Men's Countries and the International Challenge of Racial Equality* (Cambridge, 2008).

Lavin, D., *From Empire to International Commonwealth: A Biography of Lionel Curtis* (Oxford, 1995).

Le Cordeur, B. A., *The Politics of Eastern Cape Separatism* (Cape Town, 1981).

Lehmann, E. and E. Reckwitz (eds.), *Mfecane to Boer War: Versions of South African History: Papers Presented at a Symposium at the University of Essen, 25–27 April 1990* (Essen, 1992).

Le May, G. H. L., *British Supremacy in South Africa 1899–1907* (Oxford, 1965).

Lester, A., *Imperial Networks: Creating Identities in Nineteenth-Century South Africa and Britain* (London, 2001).

Lewis, G., *Between the Wire and the Wall: A History of South African 'Coloured' Politics* (Cape Town, 1987).

Lewsen, P., *John X. Merriman: Paradoxical South African Statesman* (New Haven, 1982).

Lighton, C. and C. B. Harris, *Details Regarding the Diamond Fields Advertiser, 1878–1968* (Kimberley, 1968).

MacKenzie, J. M., *The Empire of Nature: Hunting, Conservation and British Imperialism* (Manchester, 1988).

MacMillan, H. (ed.), *Mona's Story: An Admiral's Daughter in England, Scotland and Africa, 1908–51* (Oxford, 2008).

MacMillan, H. and S. Marks (eds.), *Africa and Empire: W. M. MacMillan, Historian and Social Critic* (Aldershot, 1989).

Madden, F. and D. K. Fieldhouse (eds.), *Oxford and the Idea of Commonwealth: Essays Presented to Sir Edgar Williams* (London, 1982).

Magubane, B. M., *The Round Table Movement: Its Influence on the Historiography of Imperialism* (Harare, 1994).

Id., *The Making of a Racist State: British Imperialism and the Union of South Africa, 1875–1910* (Trenton, 1996).

Magubane, Z., *Bringing the Empire Home: Race, Class and Gender in Britain and Colonial South Africa* (Chicago, 2004).

Mansergh, N., *The Commonwealth Experience* (London, 1969).

Marks, S., *Reluctant Rebellion: The 1906–8 Disturbances in Natal* (Oxford, 1970).

Marks, S. and A. Atmore (eds.), *Economy and Society in Pre-Industrial South Africa* (London, 1980).

Marks, S. and S. Trapido (eds.), *The Politics of Race, Class and Nationalism in Twentieth Century South Africa* (New York, 1987).

Marshall, P. J. (ed.), *The Oxford History of the British Empire vol. 2: The Eighteenth Century* (Oxford, 1998).

Martel, G. (ed.), *Studies in British Imperial History: Essays in Honour of A. P. Thornton* (London, 1986).

Matthew, H. C. G. and B. Harrison (eds.), *Oxford Dictionary of National Biography*, Online ed. (Oxford, 2004–).

Maylam, P., *The Cult of Rhodes: Remembering an Imperialist in Africa* (Johannesburg, 2005).

McCracken, J. L., *The Cape Parliament* (Oxford, 1967).

McKeown, A. M., *Melancholy Order: Asian Migration and the Globalization of Borders* (New York, 2008).

McNeill, W. H., *Arnold J. Toynbee: A Life* (Oxford, 1989).

Miller, J. D. B., *Richard Jebb and the Problem of Empire* (London, 1956).

Moodie, T. D., *The Rise of Afrikanerdom: Power, Apartheid, and the Afrikaner Civil Religion* (Berkeley, 1975).

Morrell, R., *From Boys to Gentlemen: Settler Masculinity in Colonial Natal 1880–1920* (Pretoria, 2001).

Id.. (ed.), *White but Poor: Essays on the History of Poor Whites in Southern Africa, 1880–1940* (Pretoria, 1992).

Mouton, F. A., *Voices in the Desert: Margaret and William Ballinger: A Biography* (Pretoria, 1997).

Id., *Prophet without Honour: F. S. Malan, Afrikaner, South African and Cape Liberal* (Pretoria, 2012).

Nasson, B., *Abraham Esau's War: A Black South African War in the Cape, 1899–1902*

(Cambridge, 1991).
Id., *The South African War 1899–1902* (London, 1999).
Id., *Britannia's Empire: Making a British World* (Stroud, 2004).
Id., *Springboks on the Somme: South Africa in the Great War 1914–1918* (Johannesburg, 2007).
Nimocks, W., *Milner's Young Men: The Kindergarten in Edwardian Imperial Affairs* (London, 1970).
Nuttall, S. and C. Coetzee (eds.), *Negotiating the Past: The Making of Memory in South Africa* (Oxford, 1998).
Odendaal, A., *Black Protest Politics in South Africa to 1912* (Totowa, 1984).
Omer-Cooper, J. D., *The Zulu Aftermath: A Nineteenth-Century Revolution in Bantu Africa* (London, 1966).
Omissi, D. and A. S. Thompson (eds.), *The Impact of the South African War* (Basingstoke, 2002).
Owen, R. and B. Sutcliffe (eds.), *Studies in the Theory of Imperialism* (London, 1972).
Phimister, I., *An Economic and Social History of Zimbabwe 1890–1948: Capital Accumulation and Class Struggle* (London, 1988).
Porter, A. N., *The Origins of the South African War: Joseph Chamberlain and the Diplomacy of Imperialism, 1895–99* (Manchester, 1980).
Porter, B., *Critics of Empire: British Radical Attitudes to Colonialism in Africa, 1895–1914* (London, 1968).
Potter, S. J., *News and the British World: The Emergence of an Imperial Press System, 1876–1922* (Oxford, 2003).
Pyrah, G. B., *Imperial Policy and South Africa 1902–1910* (Oxford, 1955).
Quigley, C., *The Anglo-American Establishment: From Rhodes to Cliveden* (New York, 1981).
Rich, P. B., *White Power and the Liberal Conscious: Racial Segregation and South African Liberalism 1921–60* (Johannesburg, 1984).
Id., *Hope and Despair: English-Speaking Intellectuals and South African Politics 1896–1976* (London, 1993).
Richardson, P., *Chinese Mine Labour in the Transvaal* (London, 1982).
Robinson, R. and J. Gallagher, *Africa and the Victorians: The Official Mind of Imperialism*

(London, 1961).
Ross, R., *Status and Respectability in the Cape Colony, 1750–1870: A Tragedy of Manners* (Cambridge, 1999).
Id., *A Concise History of South Africa* (Cambridge, 2005)（石鎚優訳『ケンブリッジ版世界各国史　南アフリカの歴史』創土社、2009 年）。
Rotberg, R. I., *The Founder: Cecil Rhodes and the Pursuit of Power* (Oxford, 1988).
Roth, M., *The Communist Party in South Africa: Racism, Eurocentricity and Moscow, 1921–1950* (Partridge, 2016).
Saker, H., *The South African Flag Controversy, 1925–1928* (Oxford, 1980).
Saunders, C., *The Making of the South African Past: Major Historians on Race and Class* (Cape Town, 1988).
Scanlon, H., *Representation & Reality: Portraits of Women's Lives in the Western Cape 1948–1976* (Cape Town, 2007).
Schreuder, D. M., *The Scramble for Southern Africa, 1877–1895* (Cambridge, 1980).
Shaw, G. E., *Some Beginnings: The Cape Times (1876–1910)* (Oxford, 1975).
Id., *The Cape Times: An Informal History* (Cape Town, 2000).
Smith, B. G. (ed.), *The Oxford Encyclopedia of Women in World History vol. 4* (Oxford, 2008).
Strachan, H., *The First World War in Africa* (Oxford, 2004).
Symonds, R., *Oxford and the Empire: The Last Lost Cause?* (Basingstoke, 1986).
Tamarkin, M., *Cecil Rhodes and the Cape Afrikaners: The Imperial Colossus and the Colonial Parish Pump* (London, 1996).
Temkin, B., *Buthelezi: A Biography* (London, 2003).
Thompson, L. M., *The Cape Coloured Franchise* (Johannesburg, 1949).
Id., *The Unification of South Africa 1902–1910* (Oxford, 1960).
Id., *Survival in Two Worlds: Moshoeshoe of Lesotho, 1786–1870* (Oxford, 1975).
Id., *The Political Mythology of Apartheid* (New Haven, 1985).
Id., *A History of South Africa* (New Haven, 2000)（宮本正興・吉國恒雄・峯陽一訳『南アフリカの歴史』明石書店、2009 年）。
Id. (ed.), *African Societies in Southern Africa: Historical Studies* (London, 1969).
Thompson, P. S., *Natalians First: Separatism in South Africa 1909–1961* (Johannesburg, 1990).

Today's News Today: The Story of the Argus Company (Johannesburg, 1956).
Torrance, D. E., *The Strange Death of the Liberal Empire: Lord Selborne in South Africa* (London, 1996).
Twaddle, M. (ed.), *Imperialism, the State and the Third World* (London, 1992).
Vail, L. (ed.), *The Creation of Tribalism in Southern Africa* (Berkeley, 1989).
Van der Ross, R. E., *The Rise and Decline of Apartheid: A Study of Political Movements among the Coloured People of South Africa, 1880–1985* (Cape Town, 1986).
Van Jaarsveld, F. A., *The Awakening of Afrikaner Nationalism 1868–1881* (Cape Town, 1961).
Id., *The Afrikaner's Interpretation of South African History* (Cape Town, 1964).
Van Onselen, C., *Studies in the Social and Economic History of the Witwatersrand 1886–1914*, 2 vols. (Johannesburg, 1982).
Walker, C., *The Women's Suffrage Movement in South Africa* (Cape Town, 1979).
Warwick, P., *Black People and the South African War* (Cambridge, 1983).
Id. (ed.), *The South African War: The Anglo-Boer War 1899–1902* (London, 1980).
Wilson, M. and L. Thompson (eds.), *The Oxford History of South Africa vol. 2* (Oxford, 1971).
Winks, R. W. (ed.), *The Oxford History of the British Empire vol. 5: Historiography* (Oxford, 1999).
Witz, L., *Apartheid's Festival: Contesting South Africa's National Pasts* (Bloomington, Indiana, 2003).
Worden, N., *Slavery in Dutch South Africa* (Cambridge, 1985).
Id., *The Making of Modern South Africa: Conquest, Segregation and Apartheid* (Oxford, 1994).
阿部利洋『紛争後社会と向き合う——南アフリカ真実和解委員会』(京都大学学術出版会、2007 年)。
同『真実委員会という選択——紛争後社会の再生のために』(岩波書店、2008 年)。
網中昭世『植民地支配と開発——モザンビークと南アフリカ金鉱業』(山川出版社、2014 年)。
市川承八郎『イギリス帝国主義と南アフリカ』(晃洋書房、1982 年)。
井野瀬久美惠『黒人王、白人王に謁見す——ある絵画のなかの大英帝国』(山川出版社、2002 年)。

同『植民地経験のゆくえ――アリス・グリーンのサロンと世紀転換期の大英帝国』(人文書院、2004年)。

同『興亡の世界史16　大英帝国という経験』(講談社、2007年)。

同編『イギリス文化史入門』(昭和堂、1994年)。

『岩波講座世界歴史19　移動と移民』(岩波書店、1999年)。

岡倉登志『ボーア戦争』(山川出版社、2003年)。

尾形勇・樺山紘一・木畑洋一編『20世紀の歴史家たち3　世界編上』(刀水書房、1999年)。

越智武臣『近代英国の発見――戦後史学の彼方』(ミネルヴァ書房、1990年)。

川北稔編『ウォーラーステイン』(講談社、2001年)。

川北稔・木畑洋一編『イギリスの歴史――帝国=コモンウェルスのあゆみ』(有斐閣アルマ、2000年)。

川北稔・指昭博編『周縁からのまなざし――もうひとつのイギリス近代』(山川出版社、2000年)。

北川勝彦『南部アフリカ社会経済史研究』(関西大学出版部、2001年)。

木畑洋一『支配の代償――英帝国の崩壊と「帝国意識」』(東京大学出版会、1987年)。

同編『大英帝国と帝国意識――支配の深層を探る』(ミネルヴァ書房、1998年)。

同編『イギリス帝国と20世紀5　現代世界とイギリス帝国』(ミネルヴァ書房、2007年)。

木村和男『イギリス帝国連邦運動と自治植民地』(創文社、2000年)。

同編『イギリス帝国と20世紀2　世紀転換期のイギリス帝国』(ミネルヴァ書房、2004年)。

栗本英世・井野瀬久美惠編『植民地経験――人類学と歴史学からのアプローチ』(人文書院、1999年)。

桑原莞爾『イギリス関税改革運動の史的分析』(九州大学出版会、1999年)。

小関隆『プリムローズ・リーグの時代――世紀転換期イギリスの保守主義』(岩波書店、2006年)。

同『近代都市とアソシエイション』(山川出版社、2008年)。

同編『世紀転換期イギリスの人びと――アソシエイションとシティズンシップ』(人文書院、2000年)。

近藤和彦編『歴史的ヨーロッパの政治社会』(山川出版社、2008年)。

佐伯尤『南アフリカ金鉱業史――ラント金鉱発見から第二次世界大戦勃発まで』(新評

論、2003 年)。

下村由一・南塚信吾編『マイノリティと近代史』(彩流社、1996 年)。

『シリーズ世界史への問い 9　世界の構造化』(岩波書店、1991 年)。

津田博司『戦争の記憶とイギリス帝国——オーストラリア、カナダにおける植民地ナショナリズム』(刀水書房、2012 年)。

竹内幸雄『イギリス人の帝国——商業、金融そして博愛』(ミネルヴァ書房、2000 年)。

富永智津子・永原陽子編『新しいアフリカ史像を求めて——女性・ジェンダー・フェミニズム』(御茶の水書房、2006 年)。

永原陽子編『「植民地責任」論——脱植民地化の比較史』(青木書店、2009 年)。

福士純『カナダの商工業者とイギリス帝国経済——1846〜1906』(刀水書房、2014 年)。

細川道久『カナダ・ナショナリズムとイギリス帝国』(刀水書房、2007 年)。

本田毅彦『インド植民地官僚——大英帝国の超エリートたち』(講談社選書メチエ、2001 年)。

前川一郎『イギリス帝国と南アフリカ——南アフリカ連邦の形成　1899-1912』(ミネルヴァ書房、2006 年)。

南川高志『海のかなたのローマ帝国——古代ローマとブリテン島』(岩波書店、2003 年)。

峯陽一『南アフリカ——「虹の国」への歩み』(岩波新書、1996 年)。

山内昌之・増田一夫・村田雄二郎編『帝国とは何か』(岩波書店、1997 年)。

山本正・細川道久編『コモンウェルスとは何か——ポスト帝国時代のソフトパワー』(ミネルヴァ書房、2014 年)。

油井大三郎他『世紀転換期の世界——帝国主義支配の重層構造』(未来社、1989 年)。

吉國恒雄『グレート・ジンバブウェ——東南アフリカの歴史世界』(講談社現代新書、1999 年)。

歴史学研究会編『講座世界史 5　強者の論理』(東京大学出版会、1995 年)。

同編『講座世界史 11　岐路に立つ現代世界——混沌を恐れるな』(東京大学出版会、1996 年)。

論文

Anonymous (J. B. Peires), 'Ethnicity and Pseudo-Ethnicity in the Ciskei', in Vail, *Creation*.
Bank, A., 'Losing Faith in the Civilizing Mission: The Premature Decline of Humanitarian Liberalism at the Cape, 1840-60', in Daunton and Halpern, *Empire*.

Beinart, W., 'W. M. MacMillan's Analysis of Agrarian Change and African Rural Communities', in H. MacMillan and Marks, *Africa*.

Besten, M., "We Are the Original Inhabitants of This Land': Khoe-San Identity in Post-Apartheid South Africa', in Adhikari, *Burdened*.

Beyers, C., 'Identity and Forced Displacement: Community and Colouredness in District Six', in Adhikari, *Burdened*.

Bottomley, J., 'The Orange Free State and the Rebellion of 1914: The Influence of Industrialization, Poverty and Poor Whiteism', in Morrell, *White*.

Boucher, M., 'Walker, Eric Anderson', in Beyers, *South African Biography vol. 5*.

Bozzoli, B., 'Marxism, Feminism and South African Studies', *Journal of Southern African Studies* 9-2 (1983).

Bradlow, E., 'The Culture of a Colonial Elite: The Cape of Good Hope in the 1850s', *Victorian Studies* 29-3 (1986).

Bridge, C. and K. Fedorowich, 'Mapping the British World', in Bridge and Fedorowich, *British World*.

Butler, J., 'W. M. MacMillan: Poverty, Small Towns and the Karoo', in H. MacMillan and Marks, *Africa*.

Clark, P., "Better Libraries for Everyone!': The Development of Library Services in the Western Cape in the 1940s', *Innovation* 28 (2004).

Cobbing, J., 'The Mfecane as Alibi: Thoughts on Dithakong and Mbolompo', *Journal of African History* 29 (1988).

Cope, N., 'The Zulu Petit Bourgeoisie and Zulu Nationalism in the 1920s: Origins of Inkatha', *Journal of Southern African Studies* 16-3 (1990).

Cotton, J., 'Chatham House and Africa c1920-1960: The Limitation of the Curtis Vision', *South African Historical Journal* 68-2 (2016).

Crowder, M., 'Professor MacMillan Goes on Safari: The British Government Observer Team and the Crisis over the Seretse Khama Marriage, 1951', in H. MacMillan and Marks, *Africa*.

Darwin, J., 'A Third British Empire?: The Dominion Idea in Imperial Politics', in Brown and Louis, *Oxford History vol. 4*.

Id., 'Civility and Empire', in Burke, Harrison and Slack, *Civil Histories*.

Davenport, T. R. H., 'The South African Rebellion, 1914', *English Historical Review* 78-306

(1963).

Id., 'The Cape Liberal Tradition to 1910', in Butler, Elphick and Welsh, *Democratic Liberalism.*

Davids, N., "This Woman Is Not for Burning': Performing the Biography and Memory of Cissie Gool', *Social Dynamics* 38-2 (2012).

Davies, J. H., 'Leibbrandt, Hendrik Carel Vos', in de Kock and Kruger, *South African Biography vol. 2.*

Dominy, G. and L. Callinicos, "Is There Anything to Celebrate?' Paradoxes of Policy: An Examination of the State's Approach to Commemorating South Africa's Most Ambiguous Struggle', *South African Historical Journal* 41 (1999).

Dubow, S., 'Colonial Nationalism, the Milner Kindergarten and the Rise of 'South Africanism', 1902-10', *History Workshop Journal* 43 (1997).

Id., 'A Commonwealth of Science: The British Association in South Africa, 1905 and 1929', in id., *Science.*

Id., 'Scientism, Social Research and the Limits of 'South Africanism': The Case of Ernst Gideon Malherbe', *South African Historical Journal* 44 (2001).

Du Toit, A., 'The Cape Afrikaners' Failed Liberal Moment 1850-1870', in Butler, Elphick and Welsh, *Democratic Liberalism.*

Eldredge, E. A., 'Sources of Conflict in Southern Africa, c. 1800-1830: The Mfecane Reconsidered', *Journal of African History* 33 (1992).

Fair, J. D., 'F. S. Oliver, *Alexander Hamilton*, and the 'American Plan' for Resolving Britain's Constitutional Crises, 1903-1921', *Twentieth Century British History* 10-1 (1999).

Flint, J. E., 'MacMillan as a Critic of Empire: The Impact of an Historian on Colonial Policy', in H. MacMillan and Marks, *Africa.*

Gallagher, J. and R. Robinson, 'The Imperialism of Free Trade', *Economic History Review* 6-1 (1953).

Garson, N. G., 'The Boer Rebellion of 1914', *History Today* 12 (1962).

Id., 'English-Speaking South Africans and the British Connection: 1820-1961', in de Villiers, *English-Speaking South Africa Today.*

Id., 'South Africa and World War I', *Journal of Imperial and Commonwealth History* 8-1 (1979).

Id., 'Smuts and the Idea of Race', *South African Historical Journal* 57 (2007).

Id., 'J. S. Marais, A Great South African Historian: A Personal Reassessment', *African Historical Review* 48-1 (2016).

Giliomee, H., 'The Beginnings of Afrikaner Ethnic Consciousness, 1850-1915', in Vail, *Creation*.

Id., 'The Non-Racial Franchise and Afrikaner and Coloured Identities, 1910-1994', *African Affairs* 94-375 (1995).

Goldin, I., 'Coloured Identity and Coloured Politics in the Western Cape Region of South Africa', in Vail, *Creation*.

Grundlingh, A., 'Black Men in a White Man's War: The Impact of the First World War on South African Blacks', *War & Society* 3-1 (1985).

Id., 'The National Women's Monument: The Making and Mutation of Meaning in Afrikaner Memory of the South African War', in Cuthbertson, Grundlingh and Suttie, *Writing*.

Id., 'The War in Twentieth-Century Afrikaner Consciousness', in Omissi and Thompson, *Impact*.

Id., 'Reframing Remembrance: The Politics of the Centenary Commemoration of the South African War of 1899-1902', *Journal of Southern African Studies* 30-2 (2004).

Id., 'Mutating Memories and the Making of a Myth: Remembering The SS *Mendi* Disaster, 1917-2007', *South African Historical Journal* 63-1 (2011).

Gutsche, T., 'Pim, James Howard', in de Kock, *South African Biography vol. 1*.

Hexham, I., 'Afrikaner Nationalism 1902-14', in Warwick, *South African War*.

Hofmeyr, I., 'Building a Nation from Words: Afrikaans Language, Literature and Ethnic Identity, 1902-1924', in Marks and Trapido, *Politics*.

Holdridge, C., 'Circulating the *African Journal*: The Colonial Press and Trans-Imperial Britishness in the Mid-Nineteenth Century Cape', *South African Historical Journal* 62-3 (2010).

Horiuchi, T., 'British Identity in the Late Nineteenth Century Cape Colony: Racism, Imperialism, and the Eastern Cape', *Zinbun* 41 (2008).

Hoskyn, M., 'Walker, Thomas', in Kruger and Beyers, *South African Biography vol. 3*.

Huynh, T. T., ''We Are Not a Docile People': Chinese Resistance and Exclusion in the Re-Imaging of Whiteness in South Africa, 1903-1910', *Journal of Chinese Overseas* 8

(2012).
Hyslop, J., 'Cape Town Highlanders, Transvaal Scottish: Military Scottishness and Social Power in Nineteenth and Twentieth Century South Africa', *South African Historical Journal* 47 (2002).
Id., 'A Scottish Socialist Reads Carlyle in Johannesburg Prison, June 1900: Reflections on the Literary Culture of the Imperial Working Class', *Journal of Southern African Studies* 29-3 (2003).
Kempff, K., 'Smithard, George Salsbury', in Beyers, *South African Biography vol. 4.*
Kissack, M. and M. Titlestad, 'The Antinomies of a Liberal Identity: Reason, Emotion and Volition in the Work of R. F. E. Hoernlé and W. M. MacMillan', *South African Historical Journal* 60-1 (2008).
Krikler, J., 'William MacMillan and the Working Class', in H. MacMillan and Marks, *Africa.*
Kuper, A., 'The 'House' and Zulu Political Structure in the Nineteenth Century', *Journal of African History* 34 (1993).
Lambert, J., 'South African British? Or Dominion South Africans?: The Evolution of an Identity in the 1910s and 1920s', *South African Historical Journal* 43 (2000).
Id., "Munition Factories...Turning Out a Constant Supply of Living Material': White South African Elite Boys' Schools and the First World War', *South African Historical Journal* 51 (2004).
Id., 'An Identity Threatened: White English-Speaking South Africans, Britishness and Dominion South Africanism, 1934-1939', *Kleio* 37-1 (2005).
Id., "An Unknown People': Reconstructing British South African Identity', *Journal of Imperial and Commonwealth History* 37-4 (2009).
Lavin, D., 'MacMillan, William Miller', in Matthew and Harrison, *National Biography* (2004).
Lee, C. J., "Causes' versus 'Conditions': Imperial Sovereignty, Postcolonial Violence and the Recent Re-Emergence of Arendtian Political Thought in African Studies', *South African Historical Journal* 60-1 (2008).
Liebenberg, B. J., 'Eric Walker's Interpretation of Recent South African History', *Historia* 11 (1966).
Louis, Wm. R., 'Sir Keith Hancock and the British Empire: The Pax Britannica and the Pax

Americana', *English Historical Review* 120-488 (2005).

Mabin, A., 'The Underdevelopment of the Western Cape, 1850-1900', in James and Simons, *Angry Divide.*

MacMillan, H., "Paralyzed Conservatives': W. M. MacMillan, the Social Scientists, and 'the Common Society', 1923-48', in H. MacMillan and Marks, *Africa.*

MacMillan, M., 'The Making of *Warning from the West Indies*: Extract from a Projected Memoir of W. M. MacMillan', *Journal of Commonwealth and Comparative Politics* 18-2 (1980).

Id., 'MacMillan, Indirect Rule and *Africa Emergent*', in H. MacMillan and Marks, *Africa.*

Marincowitz, J., 'From 'Colour Question' to 'Agrarian Problem' at the Cape: Reflections on the Interim', in H. MacMillan and Marks, *Africa.*

Marks, S., 'Patriotism, Patriarchy and Purity: Natal and the Politics of Zulu Ethnic Consciousness', in Vail, *Creation.*

Marks, S. and S. Trapido, 'Lord Milner and the South African State', *History Workshop* 8 (1979).

Ids., 'Lord Milner and the South African State Reconsidered', in Twaddle, *Imperialism.*

Marshall, P. J., 'Britain without America: A Second Empire?', in id., *Oxford History vol. 2.*

Maxwell-Mahon, W. D., 'Scully, William Charles', in de Kock, *South African Biography vol. 1.*

Maylam, P., "Oxford in the Bush': The Founding (and Diminishing) Ethos of Rhodes University', *African Historical Review* 48-1 (2016).

Mcintyre, W. D., 'Commonwealth Legacy', in Brown and Louis, *Oxford History vol. 4.*

Mcmahon, D., 'Ireland and the Empire-Commonwealth, 1900-1948', in Brown and Louis, *Oxford History vol. 4.*

Merrington, P., 'Pageantry and Primitivism: Dorothea Fairbridge and the Aesthetics of Union', *Journal of Southern African Studies* 21-4 (1995).

Id., 'Masques, Monuments, and Masons: The 1910 Pageant of the Union of South Africa', *Theatre Journal* 49 (1997).

Id., '*The State* and the Invention of Heritage in Edwardian South Africa', in Bosco and May, *Round Table.*

Monet, J., 'Canada', in Eddy and Schreuder, *Rise.*

Mouton, F. A., "The Burdens of Empathy': John X. Merriman, F. S. Malan and Phyllis

Lewsen's Quest for Biographical Authenticity', *South African Historical Journal* 55 (2006).

Id., "A Free, United South Africa under the Union Jack': F. S. Malan, South Africanism and the British Empire, 1895–1924', *Historia* 51–1 (2006).

Murray, B., 'W. M. MacMillan: The Wits Years and Resignation, 1917–1933', *South African Historical Journal* 65–2 (2013).

Nasson, B., 'The Unity Movement: Its Legacy in Historical Consciousness', *Radical History Review* 46–47 (1990).

Id., 'A Great Divide: Popular Responses to the Great War in South Africa', *War & Society* 7–1 (1994).

Id., 'War Opinion in South Africa, 1914', *Journal of Imperial and Commonwealth History* 23–2 (1995).

Id., 'The South African War/Anglo-Boer War 1899–1902 and Political Memory in South Africa', in Ashplant, Dawson and Roper, *Politics.*

Id., 'The War One Hundred Years On', in Cuthbertson, Grundlingh and Suttie, *Writing.*

Id., 'Why They Fought: Black Cape Colonists and Imperial Wars, 1899–1918', *International Journal of African Historical Studies* 37–1 (2004).

Id., 'Delville Wood and South African Great War Commemoration', *English Historical Review* 119–480 (2004).

Newbury, C., 'Cecil Rhodes and the South African Connection: 'A Great Imperial University'?', in Madden and Fieldhouse, *Oxford.*

Ovendale, R., 'Profit or Patriotism: Natal, The Transvaal, and the Coming of the Second Anglo-Boer War', *Journal of Imperial and Commonwealth History* 8–3 (1980).

Id., 'The Politics of Dependence, 1893–9', in Duminy and Guest, *Natal.*

Peires, J. B., 'The British and the Cape, 1814–1834', in Elphick and Giliomee, *Shaping.*

Phimister, I. R., 'Rhodes, Rhodesia and the Rand', *Journal of Southern African Studies* 1–1 (1974).

Pocock, J. G. A., 'British History: A Plea for a New Subject', *New Zealand Journal of History* 8–1 (1974).

Potter, S. J., 'Richard Jebb, John S. Ewart, and the Round Table, 1898–1926', *English Historical Review* 72–495 (2007).

Quinton, J. C., 'Kilpin, Ralph Pilkington', in Beyers, *South African Biography vol. 4.*

Ranger, T., 'Missionaries, Migrants and the Manyikas: The Invention of Ethnicity in Zimbabwe', in Vail, *Creation*.

Rassool, C. and L. Witz, 'The 1952 Jan van Riebeeck Tercentenary Festival: Constructing and Contesting Public National History in South Africa', *Journal of African History* 34 (1993).

Rich, P., 'Milnerism and a Ripping Yarn: Transvaal Land Settlement and John Buchan's Novel *Prester John* 1901-1910', in Bozzoli, *Town*.

Id., 'W. M. MacMillan, South African Segregation and Commonwealth Race Relations, 1919-1938', in H. MacMillan and Marks, *Africa*.

Robinson, R., 'Non-European Foundations of European Imperialism: Sketch for a Theory of Collaboration', in Owen and Sutcliffe, *Studies*.

Ross, A. C., 'John Philip: Towards a Reassessment', in H. MacMillan and Marks, *Africa*.

Ross, R., 'James Cropper, John Philip and the *Researches in South Africa*', in H. MacMillan and Marks, *Africa*.

Ruiters, M., 'Collaboration, Assimilation and Contestation: Emerging Constructions of Coloured Identity in Post-Apartheid South Africa', in Adhikari, *Burdened*.

Saunders, C., 'MacMillan, William Miller', in Beyers, *South African Biography vol. 5*.

Id., 'Eric Walker: Historian of South Africa', in Lehmann and Reckwitz, *Mfecane*.

Id., 'Pre-Cobbing Mfecane Historiography', in Hamilton, *Mfecane Aftermath*.

Id., 'Walker, Eric Anderson', in Matthew and Harrison, *National Biography* (2006).

Saunders, C. and B. le Cordeur, 'The South African Historical Society and Its Antecedents', *South African Historical Journal* 18 (1986).

Schreuder, D., 'The Imperial Historian as Colonial Nationalist: George McCall Theal and the Making of South African History', in Martel, *Studies*.

Id., 'The Making of the Idea of Colonial Nationalism', in Eddy and Schreuder, *Rise*.

Id., 'Colonial Nationalism and Tribal Nationalism: Making the White South African State, 1899-1910', in Eddy and Schreuder, *Rise*.

Schwarz, B., 'The Romance of the Veld', in Bosco and May, *Round Table*.

Shutt, A. K. and T. King, 'Imperial Rhodesians: The 1953 Rhodes Centenary Exhibition in Southern Rhodesia', *Journal of Southern African Studies* 31-2 (2005).

Spies, S. B., 'The Outbreak of the First World War and the Botha Government', *South African Historical Journal* 1 (1969).

Stiebel, L., 'A Map to Treasure: The Literary Significance of Thomas Baines's Map of the Gold Fields of South Eastern Africa (1873)', *South African Historical Journal* 39 (1998).

Sturgis, J., 'Anglicisation at the Cape of Good Hope in the Early Nineteenth Century', *Journal of Imperial and Commonwealth History* 11-1 (1982).

Swart, S., "A Boer and His Gun and His Wife Are Three Things Always Together': Republican Masculinity and the 1914 Rebellion', *Journal of Southern African Studies* 24-4 (1998).

Id., "Desperate Men': The 1914 Rebellion and the Politics of Poverty', *South African Historical Journal* 42 (2000).

Id., "Bushveld Magic' and 'Miracle Doctors': An Exploration of Eugene Marais and C. Louis Leipoldt's Experiences in the Waterberg, South Africa, c. 1906-1917', *Journal of African History* 45 (2004).

Id., 'The Construction of Eugene Marais as an Afrikaner Hero', *Journal of Southern African Studies* 30-4 (2004).

Id., 'The 'Five Shilling Rebellion': Rural White Male Anxiety and the 1914 Boer Rebellion', *South African Historical Journal* 56 (2006).

Tamarkin, M., 'Nationalism or Tribalism: The Evolution of Cape Afrikaner Ethnic Consciousness in the Late Nineteenth Century', *Nations and Nationalism* 1-2 (1995).

Id., 'Milner, the Cape Afrikaners, and the Outbreak of the South African War: From a Point of Return to a Dead End', *Journal of Imperial and Commonwealth History* 25-3 (1997).

Tangri, D., 'Popular Fiction and the Zimbabwe Controversy', *History in Africa* 17 (1990).

Taylor, M., 'The 1848 Revolutions and the British Empire', *Past and Present* 166 (2000).

Thompson, A. S., 'The Languages of Loyalism in Southern Africa, c. 1870-1939', *English Historical Review* 118-477 (2003).

Thompson, L., 'The Compromise of Union', in Wilson and Thompson, *Oxford History vol. 2.*

Ticktin, D., 'The War Issue and the Collapse of the South African Labour Party 1914-15', *South African Historical Journal* 1 (1969).

Tietze, A., 'Classical Casts and Colonial Galleries: The Life and Afterlife of the 1908 Beit Gift to the National Gallery of Cape Town', *South African Historical Journal* 39 (1998).

Trapido, S., 'The Friends of the Natives: Merchants, Peasants and the Political and Ideological Structure of Liberalism in the Cape, 1854-1910', in Marks and Atmore,

Economy.

Id., 'Reflections on Land, Office and Wealth in the South African Republic, 1850–1900', in Marks and Atmore, *Economy.*

Trotter, H., 'Trauma and Memory: The Impact of Apartheid-Era Forced Removals on Coloured Identity in Cape Town', in Adhikari, *Burdened.*

Vahed, G., 'Race, Empire, and Citizenship: Sarojini Naidu's 1924 Visit to South Africa', *South African Historical Journal* 64–2 (2012).

Van der Spuy, P., 'Gool, Cissie', in Smith, *Oxford Encyclopedia vol. 4.*

Van der Spuy, P. and L. Clowes, "A Living Testimony of the Heights to Which a Woman Can Rise': Sarojini Naidu, Cissie Gool and the Politics of Women's Leadership in South Africa in the 1920s', *South African Historical Journal* 64–2 (2012).

Van der Waag, I., 'Hugh Wyndham, Transvaal Politics and the Attempt to Create an English County Seat in South Africa, 1901–14', in Bridge and Fedorowich, *British World.*

Van Sittert, L., "The Ornithorhynchus of the Western World': Environmental Determinism in Eric Anderson Walker's South African History, 1911–1936', *South African Historical Journal* 60–1 (2008).

Ward, K. and N. Worden, 'Commemorating, Suppressing, and Invoking Cape Slavery', in Nuttall and Coetzee, *Negotiating.*

Warhurst, P. R., 'Smuts and Africa: A Study in Sub-Imperialism', *South African Historical Journal* 16 (1984).

Webb, C. de B., 'A Tribute to Eric Anderson Walker', *Janus* (1976).

Wendland, W., 'Masey, Francis Edward', in Kruger and Beyers, *South African Biography vol. 3.*

Willan, B. P., 'The South African Native Labour Contingent, 1916–1918', *Journal of African History* 19–1 (1978).

Witz, L., G. Minkley and C. Rassool, 'No End of a [History] Lesson: Preparations for the Anglo-Boer War Centenary Commemoration', *South African Historical Journal* 41 (1999).

Witz, L. and C. Rassool, 'Family Stories or a Group Portrait? South Africa on Display at the KIT Tropenmuseum, 2002–2003: The Making of an Exhibition', *Journal of Southern African Studies* 32–4 (2006).

Wolpe, H., 'Capitalism and Cheap Labour Power in South Africa: From Segregation to Apartheid', *Economy and Society* 1-4 (1972).

Worden, N., 'Adjusting to Emancipation: Freed Slaves and Farmers in the Mid-Nineteenth-Century South-Western Cape', in James and Simons, *Angry Divide*.

Worger, W. H., 'Southern and Central Africa', in Winks, *Oxford History vol. 5*.

秋田茂「帝国主義批判の思想——ホブソンの『帝国主義論』を中心として」歴史学研究会『講座世界史５』。

稲垣春樹「専制と法の支配——1820年代ボンベイにおける政府と裁判所の対立」『史学雑誌』127編1号（2018年）。

井上治「イングランド国教会における教会観の変化1889—1924年——キリスト教社会連合とウィリアム・テンプル」『史林』87巻5号（2004年）。

井野瀬久美惠「アングロ・ボーア戦争勃発100周年記念国際会議に参加して」『歴史学研究』741（2000年）。

越智武臣「トーニー（リチャード・ヘンリー）」尾形・樺山・木畑『20世紀の歴史家たち３　世界編上』。

金澤周作「旧き腐敗の諷刺と暴露——19世紀初頭における英国国制の想像／創造」近藤『歴史的ヨーロッパ』。

木畑洋一「『中国人奴隷』とイギリス政治——南アフリカへの中国人労働者導入をめぐって」油井『世紀転換期』。

同「帝国の残像——コモンウェルスにかけた夢」山内・増田・村田『帝国』。

芝井敬司「トインビー（アーノルド）」尾形・樺山・木畑『20世紀の歴史家たち３　世界編上』。

旦祐介「文明・経済性・統治——今世紀初頭の英領南アフリカ政策をめぐって」『東海大学教養学部紀要』19（1988年）。

同「20世紀初頭イギリス帝国政策の変容——南アフリカの中国人労働者問題を中心に」『東海大学教養学部紀要』23（1992年）。

同「自治領化とコモンウェルス——帝国・意識・主権」木畑『大英帝国』。

同「20世紀後半のコモンウェルス——新しい統合の展望」木畑『イギリス帝国５』。

永原陽子「南アフリカ戦争とその時代」歴史学研究会『講座世界史５』。

同「南アフリカにおけるユダヤ人問題——覚え書き」下村・南塚『マイノリティ』。

同「もうひとつの『過去の克服』——南アフリカにおける真実と和解」『歴史学研究』707（1998年）。

同「南アフリカのアフリカーナー（ブール人）」『史学雑誌』110 編 8 号（2001 年）。

同「「戦後日本」の「戦後責任」論を考える――植民地ジェノサイドをめぐる論争を手がかりに」『歴史学研究』921 号（2014 年）。

並河葉子「19 世紀イギリスにおける福音主義キリスト教と商業」『待兼山論叢　史学篇』28 号（1994 年）。

藤川隆男「オーストラリアにおけるアイルランド系移民」『岩波講座世界歴史 19』。

同「オーストラリア連邦の成立」木村『イギリス帝国 2』。

松浦京子「社会の規範――リスペクタブルであるために」井野瀬『イギリス文化史入門』。

松野妙子「南アフリカ人種差別土地立法の起源――1913 年の『土地法』についての一考察」油井『世紀転換期』。

同「アパルトヘイトの成立」『シリーズ世界史への問い 9』。

同「南部アフリカ――アパルトヘイトの生成と解体」歴史学研究会『講座世界史 11』。

松本佐保「「ラウンド・テーブル」運動とコモンウェルス――インド要因と人種問題を中心に」山本・細川『コモンウェルス』。

安原義仁「大英帝国を結ぶ留学生――ローズ・スカラー誕生」川北・指『周縁』。

雪村加世子・正木慶介編「帝国史はどこへ行くのか？――新たなイギリス帝国史研究の視座の提示」『西洋史学』264 号（2017 年）。

拙稿「アパルトヘイトとウォーラーステイン」川北『ウォーラーステイン』。

未刊行論文

Legassick, M., 'The Frontier Tradition in South African Historiography', Seminar Paper, Institute of Commonwealth Studies, University of London (London, 1970-1971).
Id., 'British Hegemony and the Origins of Segregation in South Africa, 1901-1914', Seminar Paper, Institute of Commonwealth Studies, University of London (London, 1972-1973).
Marks, S. and S. Trapido, 'A White Man's Country? : The Construction of the South African State and the Making of White South African Nationalisms, 1902-1914', Seminar Paper, Institute of Commonwealth Studies, University of London (London, 1996).
May, A., 'The Round Table, 1910-66', Ph.D. Thesis, University of Oxford (Oxford, 1995).
Owen, N., 'British Progressives and Civil Society in India 1905-1914', Seminar Paper, Kobe

Institute, (Kobe, 2003).
Van den Bergh, R., 'The Remarkable Survival of Roman-Dutch Law in Nineteenth-Century South Africa', Paper for the Society of the Nineteenth Century Scholarship, Niigata University (Niigata, 2012).
Van der Spuy, P., 'Not Only 'The Younger Daughter of Dr. Abdurahman': A Feminist Exploration of Early Influences on the Political Development of Cissie Gool', Ph.D. Thesis, University of Cape Town (Cape Town, 2002).

注

序

（1）「南アフリカ」は1910年まで政治単位として存在しなかったが、同年に南アフリカ連邦が成立し、61年にコモンウェルス（英連邦）脱退の結果、南アフリカ共和国となった。したがって、本書で南アフリカの語を1910年までについて用いる場合は、今日の南アフリカに相当する地域の名称となる。また「南部アフリカ」は、周辺諸国を含む広域的意味で使用する。

（2） ドイツの台頭は、当時の世界全体では顕著だった。そのためイギリス（人）は、ともに「ゲルマン人」であるボーア人とドイツ人の同盟を、南部アフリカでの実態以上に恐れた。

（3）「アフリカーナー」の語は、元は先住民を指したが、やがて植民地生まれの白人を、さらに20世紀にはオランダ系のみを意味するようになった（用法の変化に伴い、先住民はNativeとされた）。

（4） C. W. Dilke, *Greater Britain: A Record of Travel in English-Speaking Countries during 1866 and 1867* (London, 1868); J. R. Seeley, *The Expansion of England* (London, 1883). 20世紀前半については、W. K. Hancock, *Survey of British Commonwealth Affairs*, 2 vols. (London, 1937 and 1942); N. Mansergh, *The Commonwealth Experience* (London, 1969).

（5） J. Gallagher and R. Robinson, 'The Imperialism of Free Trade', *Economic History Review* 6-1 (1953).

（6） R. Robinson and J. Gallagher, *Africa and the Victorians: The Official Mind of Imperialism* (London, 1961); R. Robinson, 'Non-European Foundations of European Imperialism: Sketch for a Theory of Collaboration', in R. Owen and B. Sutcliffe (eds.), *Studies in the Theory of Imperialism* (London, 1972).

（7） P. J. Cain and A. G. Hopkins, *British Imperialism*, 2 vols. (London, 1993)（『ジェントルマン資本主義の帝国』2巻、名古屋大学出版会、1997年）。

（8） D. Armitage, *The Ideological Origins of the British Empire* (Cambridge, 2000)（平

田雅博他訳『帝国の誕生——ブリテン帝国のイデオロギー的起源』日本経済評論社、2005年）。D. Cannadine, *Ornamentalism: How the British Saw Their Empire?*（London, 2001）（平田雅博・細川道久訳『虚飾の帝国——オリエンタリズムからオーナメンタリズムへ』日本経済評論社、2004年）。L. Colley, *Captives: Britain, Empire, and the World, 1600–1850*（London, 2002）（中村裕子・土平紀子訳『虜囚——1600〜1850年のイギリス、帝国、そして世界』法政大学出版局、2016年）。C. Hall, *Civilizing Subjects: Metropole and Colony in the English Imagination, 1830–1867*（Cambridge, 2002）. こうした研究は、ウェールズ、スコットランド、アイルランドなどを視野に入れた以下の「ブリティッシュ・ヒストリー」の拡大でもある。J. G. A. Pocock, 'British History: A Plea for a New Subject', *New Zealand Journal of History* 8–1（1974）; L. Colley, *Britons: Forging the Nation 1707–1837*（New Haven, 1992）（川北稔監訳『イギリス国民の誕生』名古屋大学出版会、1997年）。以下も参照。雪村加世子・正木慶介編「帝国史はどこへ行くのか？——新たなイギリス帝国史研究の視座の提示」『西洋史学』264号（2017年）。

（9） C. Bridge and K. Fedorowich (eds.), *The British World: Diaspora, Culture and Identity*（London, 2003）; P. Buckner and R. D. Francis（eds.）, *Rediscovering the British World*（Calgary, 2005）; ids.（eds.）, *Canada and the British World: Culture, Migration, and Identity*（Vancouver, 2006）; K. Darian-Smith, P. Grimshaw and S. Macintyre（eds.）, *Britishness Abroad: Transnational Movements and Imperial Cultures*（Melbourne, 2007）. 以下も参照。S. J. Potter, *News and the British World: The Emergence of an Imperial Press System, 1876–1922*（Oxford, 2003）; J. Darwin, *After Tamerlane: The Global History of Empire since 1405*（London, 2007）. ただし日本では、ブリティッシュ・ワールドの研究が登場するより前から、白人定住植民地／自治領のアイデンティティの問題が注目されてきた。藤川隆男「オーストラリアにおけるアイルランド系移民」『岩波講座世界歴史19　移動と移民』（岩波書店、1999年）。細川道久『カナダ・ナショナリズムとイギリス帝国』（刀水書房、2007年）。1980年代に世に出た「帝国意識」研究も90年代以降、対象を本国だけでなく植民地に拡大している。木畑洋一『支配の代償——英帝国の崩壊と「帝国意識」』（東京大学出版会、1987年）。同編『大英帝国と帝国意識——支配の深層を探る』（ミネルヴァ書房、1998年）。以下も参照。藤川隆男「オーストラリア連邦の成立」木村和男編『イギリス帝国と20世紀2　世紀転換期のイギリス帝国』（ミネルヴァ書房、2004年）。津田博司『戦争の記憶とイギリス帝国——オーストラリア、カナダにおける植民地ナショナリズム』（刀水書房、2012年）。

福士純『カナダの商工業者とイギリス帝国経済―― 1846～1906』（刀水書房、2014年）。

(10) J. Lambert, 'South African British? Or Dominion South Africans?: The Evolution of an Identity in the 1910s and 1920s', *South African Historical Journal* 43 (2000); A. S. Thompson, 'The Languages of Loyalism in Southern Africa, c. 1870-1939', *English Historical Review* 118-477 (2003); J. Lambert, "An Unknown People': Reconstructing British South African Identity', *Journal of Imperial and Commonwealth History* 37-4 (2009).

(11) S. Dubow, 'Colonial Nationalism, the Milner Kindergarten and the Rise of 'South Africanism', 1902-10', *History Workshop Journal* 43 (1997); id., *A Commonwealth of Knowledge: Science, Sensibility, and White South Africa 1820-2000* (Oxford, 2006).

(12) M. Tamarkin, *Cecil Rhodes and the Cape Afrikaners: The Imperial Colossus and the Colonial Parish Pump* (London, 1996).

(13) F. A. Mouton, "A Free, United South Africa under the Union Jack': F. S. Malan, South Africanism and the British Empire, 1895-1924', *Historia* 51-1 (2006); id., *Prophet without Honour: F. S. Malan, Afrikaner, South African and Cape Liberal* (Pretoria, 2012).

(14) イギリス人の「植民地経験のゆくえ」については、栗本英世・井野瀬久美惠編『植民地経験――人類学と歴史学からのアプローチ』（人文書院、1999年）。井野瀬久美惠『植民地経験のゆくえ――アリス・グリーンのサロンと世紀転換期の大英帝国』（人文書院、2004年）。南部アフリカについても、ポストコロニアルの立場に立つ研究者は、帝国支配が「イギリス」の構築に資したことに関心を高めてきた。A. Lester, *Imperial Networks: Creating Identities in Nineteenth-Century South Africa and Britain* (London, 2001); Z. Magubane, *Bringing the Empire Home: Race, Class and Gender in Britain and Colonial South Africa* (Chicago, 2004).

第一部

はじめに

(1) 南アフリカ史の通史としては、L. Thompson, *A History of South Africa* (New Haven, 1990)（宮本正興・吉國恒雄・峯陽一訳『南アフリカの歴史』明石書店、1995年）。N. Worden, *The Making of Modern South Africa: Conquest, Segregation and*

Apartheid (Oxford, 1994); T. R. H. Davenport and C. Saunders, *South Africa: A Modern History* (Basingstoke, 2000). R. Ross, *A Concise History of South Africa* (Cambridge, 2005) (石鎚優訳『ケンブリッジ版世界各国史　南アフリカの歴史』創土社、2009年)。以下も参照。峯陽一『南アフリカ——「虹の国」への歩み』(岩波新書、1996年)。

(2) サン、コエコエをまとめてコエサンと呼ぶこともあるが、サンの多くは現在、この呼称がコエコエへの従属を示すとして拒否している。M. Besten, '"We Are the Original Inhabitants of This Land': Khoe-San Identity in Post-Apartheid South Africa', in M. Adhikari. (ed.), *Burdened by Race: Coloured Identities in Southern Africa* (Cape Town, 2009), 135.

(3) 1793年の調査によると、植民地には14747人の奴隷と13830人の自由市民がおり、奴隷のうち1万人はケープタウンに、自由市民のうち10720人はケープタウン近郊にいた。Thompson, *History of South Africa* (宮本・吉國・峯訳『南アフリカの歴史』、94、111、118頁)。

(4) オランダ領ケープ植民地については、N. Worden, *Slavery in Dutch South Africa* (Cambridge, 1985); R. Elphick and H. Giliomee (eds.), *The Shaping of South African Society, 1652-1840* (Cape Town, 1989).

(5) 嚆矢となったのは、V. T. Harlow, *The Founding of the Second British Empire, 1763-1793*, 2 vols. (London, 1952 and 1964). 以下は第二次帝国に疑問を呈している。P. J. Marshall, 'Britain without America: A Second Empire?', in id. (ed.), *The Oxford History of the British Empire vol. 2: The Eighteenth Century* (Oxford, 1998).

(6) C. A. Bayly, *Imperial Meridian: The British Empire and the World 1780-1830* (Harlow, 1989); id., *The Birth of the Modern World 1780-1914: Global Connections and Comparisons* (Oxford, 2004). 稲垣春樹「専制と法の支配—— 1820年代ボンベイにおける政府と裁判所の対立」『史学雑誌』127編1号 (2018年)。

(7) J. Sturgis, 'Anglicisation at the Cape of Good Hope in the Early Nineteenth Century', *Journal of Imperial and Commonwealth History* 11-1 (1982); J. B. Peires, 'The British and the Cape, 1814-1834', in Elphick and Giliomee, *Shaping*. 以下も参照。N. G. Garson, 'English-Speaking South Africans and the British Connection: 1820-1961', in A. de Villiers (ed.), *English-Speaking South Africa Today* (Cape Town, 1976), 18.

(8) 井野瀬久美恵『興亡の世界史16　大英帝国という経験』(講談社、2007年)。

(9) W. Dooling, *Slavery, Emancipation and Colonial Rule in South Africa* (Athens,

Ohio, 2008).

(10) 19世紀初頭のイギリスにおける政治改革の対象は、国制の「旧き腐敗」とイメージされた。金澤周作「旧き腐敗の諷刺と暴露——19世紀初頭における英国国制の想像／創造」近藤和彦編『歴史的ヨーロッパの政治社会』(山川出版社、2008年)。

(11) R. van den Bergh, 'The Remarkable Survival of Roman-Dutch Law in Nineteenth-Century South Africa', Paper for the Society of the Nineteenth Century Scholarship, Niigata University (Niigata, 2012), 3-6.

(12) 並河葉子「19世紀イギリスにおける福音主義キリスト教と商業」『待兼山論叢 史学篇』28号 (1994年)。

(13) E. Bradlow, 'The Culture of a Colonial Elite: The Cape of Good Hope in the 1850s', *Victorian Studies* 29-3 (1986); N. Worden, 'Adjusting to Emancipation: Freed Slaves and Farmers in the Mid-Nineteenth-Century South-Western Cape', in W. G. James and M. Simons (eds.), *The Angry Divide: Social and Economic History of the Western Cape* (Cape Town, 1989).

(14) A. F. Hattersley, *The Convict Crisis and the Growth of Unity: Resistance to Transportation in South Africa and Australia* (Pietermaritzburg, 1965); M. Taylor, 'The 1848 Revolutions and the British Empire', *Past and Present* 166 (2000).

(15) ヴィクトリア朝イギリスの社会規範としてのリスペクタビリティについては、松浦京子「社会の規範——リスペクタブルであるために」井野瀬久美惠編『イギリス文化史入門』(昭和堂、1994年)。

(16) A. du Toit, 'The Cape Afrikaners' Failed Liberal Moment 1850-1870', in J. Butler, R. Elphick and D. Welsh (eds.), *Democratic Liberalism in South Africa: Its History and Prospect* (Cape Town, 1987); R. Ross, *Status and Respectability in the Cape Colony, 1750-1870: A Tragedy of Manners* (Cambridge, 1999); Dubow, *Commonwealth*, 60-4.

(17) J. L. McCracken, *The Cape Parliament* (Oxford, 1967); A. Bank, 'Losing Faith in the Civilizing Mission: The Premature Decline of Humanitarian Liberalism at the Cape, 1840-60', in M. Daunton and R. Halpern (eds.), *Empire and Others: British Encounters with Indigenous Peoples, 1600-1850* (London, 1999).

(18) 1980年代末、ジュリアン・コビングは、東南アフリカの大混乱の原因をシャカの征服活動に帰すのは、奴隷交易の影響を覆い隠すための「アリバイ」に過ぎないと論じた。J. Cobbing, 'The Mfecane as Alibi: Thoughts on Dithakong and Mbolompo', *Journal of African History* 29 (1988). だがコビングの論は、90年代に入ると実証的批

判にさらされた。E. A. Eldredge, 'Sources of Conflict in Southern Africa, c. 1800–1830: The Mfecane Reconsidered', *Journal of African History* 33 (1992); A. Kuper, 'The 'House' and Zulu Political Structure in the Nineteenth Century', *Journal of African History* 34 (1993); C. Hamilton (ed.), *The Mfecane Aftermath: Reconstructive Debates in Southern African History* (Johannesburg and Pietermaritzburg, 1995).

(19) ノーマン・エサリントンは、ムフェカネとグレート・トレックを特別視しない立場にもとづき、両者を合わせて「グレート・トレックス」と複数形で呼んでいる。N. Etherington, *The Great Treks: The Transformation of Southern Africa, 1815–1854* (Harlow, 2001).

(20) T. Keegan, *Colonial South Africa and the Origins of the Racial Order* (London, 1996).

(21) A. Trollope, *South Africa* (London, 1878).

(22) J. A. Froude, *Oceana: Or England and Her Colonies* (London, 1886). 以下も参照。J. Darwin, 'Civility and Empire', in P. Burke, B. Harrison and P. Slack (eds.), *Civil Histories: Essays Presented to Sir Keith Thomas* (Oxford, 2000).

(23) J. A. Froude, *Short Studies on Great Subjects* (London, 1891).

(24) W. E. G. Solomon, *Saul Solomon: 'The Member for Cape Town'* (Cape Town, 1948); P. Lewsen, *John X. Merriman: Paradoxical South African Statesman* (Cape Town, 1982); Dubow, *Commonwealth*, 125–34. メリマンの伝記については、F. A. Mouton, "The Burdens of Empathy': John X. Merriman, F. S. Malan and Phyllis Lewsen's Quest for Biographical Authenticity', *South African Historical Journal* 55 (2006).

(25) C. F. Goodfellow, *Great Britain and South African Confederation 1870–1881* (Oxford, 1966). アフリカーナー・ナショナリストの歴史家によるものとしては、F. A. van Jaarsveld, *The Awakening of Afrikaner Nationalism 1868–1881* (Cape Town, 1961).

(26) T. R. H. Davenport, *The Afrikaner Bond: The History of a South African Political Party, 1880–1911* (Oxford, 1966); H. Giliomee, 'The Beginnings of Afrikaner Ethnic Consciousness, 1850–1915', in L. Vail (ed.), *The Creation of Tribalism in Southern Africa* (Berkeley, 1989), 22–7; id., *The Afrikaners: Biography of a People* (Cape Town, 2003).

(27) 北川勝彦『南部アフリカ社会経済史研究』(関西大学出版部、2001 年)、185–208 頁。以下も参照。Robinson and Gallagher, *Africa*, 210–53; I. R. Phimister, 'Rhodes, Rhodesia and the Rand', *Journal of Southern African Studies* 1-1 (1974); J. S. Galbraith,

Crown and Charter: The Early Years of the British South Africa Company (Berkeley, 1974); D. M. Schreuder, *The Scramble for Southern Africa, 1877-1895* (Cambridge, 1980); I. Phimister, *An Economic and Social History of Zimbabwe 1890-1948: Capital Accumulation and Class Struggle* (London, 1988), 4-44; R. I. Rotberg, *The Founder: Cecil Rhodes and the Pursuit of Power* (Oxford, 1988).

(28) ローズは91年、アフリカーナー同盟の年次大会で「この国の若者の考え方を形づくり、訓練し、強化する場所、そうした目的に適う場所は、ケープタウン近郊のほかにありません。ケープ植民地人として、わたしはケープタウンを南アフリカの中心にしたいと思います」と演説している。Rhodes' Speech at the Annual Congress of the Afrikander Bond, 30 March, 1891, in Vindex (ed.), *Cecil Rhodes: His Political Life and Speeches 1881-1900* (London, 1900), 276.

(29) オリーヴ・シュライナーはケープの宣教師の娘として生まれ、家庭教師を経て小説『アフリカ農場物語』を執筆、労働を通じての女性解放を訴えた『女性と労働』は日本の『青鞜』にも影響を与えた。J. A. Berkman, *The Healing Imagination of Olive Schreiner: Beyond South African Colonialism* (Cambridge, Massachusetts, 1989)(丸山美知代訳『知られざるオリーヴ・シュライナー』晶文社、1992年)。

(30) このようにテュートン人・アイデンティティが強まるケープの状況は、ドイツとの対立がゲルマン系の出自神話を変えつつあったイギリス本国とは対照的だった。だが「テュートン人」は、イギリス系とオランダ系を統合する一方でドイツ(人)を排除した概念と言えるかもしれない。本国の状況については、南川高志『海のかなたのローマ帝国——古代ローマとブリテン島』(岩波書店、2003年)、33-36頁。

(31) 当時の人種再編については、永原陽子「南アフリカのアフリカーナー(ブール人)」『史学雑誌』110編8号(2001年)。以下も参照。V. Bickford-Smith, *Ethnic Pride and Racial Prejudice in Victorian Cape Town: Group Identity and Social Practice, 1875-1902* (Cambridge, 1995).

(32) A. N. Porter, *The Origins of the South African War: Joseph Chamberlain and the Diplomacy of Imperialism, 1895-99* (Manchester, 1980); M. Tamarkin, 'Milner, the Cape Afrikaners, and the Outbreak of the South African War: From a Point of Return to a Dead End', *Journal of Imperial and Commonwealth History* 25-3 (1997).

(33) 永原陽子「南アフリカ戦争とその時代」歴史学研究会編『講座世界史5　強者の論理』(東京大学出版会、1995年)。岡倉登志『ボーア戦争』(山川出版社、2003年)。以下も参照。P. Warwick (ed.), *The South African War: The Anglo-Boer War*

1899–1902 (London, 1980); B. Nasson, *The South African War 1899–1902* (London, 1999); G. Cuthbertson, A. Grundlingh and M. Suttie (eds.), *Writing a Wider War: Rethinking Gender, Race, and Identity in the South African War, 1899–1902* (Athens, Ohio, 2002); D. Omissi and A. S. Thompson (eds.), *The Impact of the South African War* (Basingstoke, 2002).

(34) I. Hexham, 'Afrikaner Nationalism 1902–14', in Warwick, *South African War.*

(35) J. T. Molteno, *Further South African Recollections* (London, 1926).

(36) 例えば、Smuts to Merriman, 5 May, 1906, in W. K. Hancock and J. van der Poel (eds.), *Selections from the Smuts Papers vol. 2: June 1902–May 1910* (Cambridge, 1966).

(37) 桑原莞爾『イギリス関税改革運動の史的分析』(九州大学出版会、1999年)。

第一章

(1) 1926年のバルフォア報告書ないし31年のウェストミンスター憲章の時点における名称。49年、独立インドを構成国としてとどめておくため「ブリティッシュ」が外され「コモンウェルス」になった。

(2) J. Darwin, 'A Third British Empire?: The Dominion Idea in Imperial Politics', in J. M. Brown and Wm. R. Louis (eds.), *The Oxford History of the British Empire vol. 4: The Twentieth Century* (Oxford, 1999).

(3) トインビーについては、芝井敬司「トインビー(アーノルド)」尾形勇・樺山紘一・木畑洋一編『20世紀の歴史家たち3　世界編上』(刀水書房、1999年)。以下も参照。W. H. McNeill, *Arnold J. Toynbee: A Life* (Oxford, 1989).

(4) L. M. Thompson, *The Unification of South Africa 1902–1910* (Oxford, 1960). 以下も参照。G. B. Pyrah, *Imperial Policy and South Africa 1902–1910* (Oxford, 1955); G. H. L. le May, *British Supremacy in South Africa 1899–1907* (Oxford, 1965); D. Denoon, *A Grand Illusion: The Failure of Imperial Policy in the Transvaal Colony during the Period of Reconstruction 1900–1905* (London, 1973).

(5) M. Legassick, 'British Hegemony and the Origins of Segregation in South Africa, 1901–1914', Seminar Paper, Institute of Commonwealth Studies, University of London (London, 1972–1973); S. Marks and S. Trapido, 'Lord Milner and the South African State', *History Workshop* 8 (1979); ids., 'Lord Milner and the South African State Reconsidered', in M. Twaddle (ed.), *Imperialism, the State and the Third World* (London, 1992); ids., 'A White Man's Country?: The Construction of the South African

State and the Making of White South African Nationalisms, 1902–1914', Seminar Paper, Institute of Commonwealth Studies, University of London (London, 1996); Dubow, 'Colonial Nationalism'. 以下も参照。B. M. Magubane, *The Making of a Racist State: British Imperialism and the Union of South Africa, 1875–1910* (Trenton, 1996), 251–331. 連邦結成期について邦語では、市川承八郎『イギリス帝国主義と南アフリカ』(晃洋書房、1982年)、104–139頁。旦祐介「文明・経済性・統治――今世紀初頭の英領南アフリカ政策をめぐって」『東海大学教養学部紀要』19 (1988年)。松野妙子「南アフリカ人種差別土地立法の起源――1913年の『土地法』についての一考察」油井大三郎他『世紀転換期の世界――帝国主義支配の重層構造』(未来社、1989年)。北川『南部アフリカ社会経済史研究』、97–169頁。佐伯尤『南アフリカ金鉱業史――ラント金鉱発見から第二次世界大戦勃発まで』(新評論、2003年)。前川一郎『イギリス帝国と南アフリカ――南アフリカ連邦の形成　1899–1912』(ミネルヴァ書房、2006年)。網中昭世『植民地支配と開発――モザンビークと南アフリカ金鉱業』(山川出版社、2014年)。

(6) W. Nimocks, *Milner's Young Men: The Kindergarten in Edwardian Imperial Affairs* (London, 1970); J. E. Kendle, *The Round Table Movement and Imperial Union* (Toronto, 1975). 邦語では、木村和男『イギリス帝国連邦運動と自治植民地』(創文社、2000年)、14頁。以下も参照。C. Quigley, *The Anglo-American Establishment: From Rhodes to Cliveden* (New York, 1981); B. M. Magubane, *The Round Table Movement: Its Influence on the Historiography of Imperialism* (Harare, 1994).

(7) A. May, 'The Round Table, 1910–66', Ph.D. Thesis, University of Oxford (Oxford, 1995), 4. 邦語では、以下が思想的影響力に言及している。木畑洋一「帝国の残像――コモンウェルスにかけた夢」山内昌之・増田一夫・村田雄二郎編『帝国とは何か』(岩波書店、1997年)、209–211頁。以下も参照。松本佐保「「ラウンド・テーブル」運動とコモンウェルス――インド要因と人種問題を中心に」山本正・細川道久編『コモンウェルスとは何か――ポスト帝国時代のソフトパワー』(ミネルヴァ書房、2014年)。

(8) Dove to Brand, 23 June, 1933, in May, 'Round Table', 6.

(9) W. Marris, 'Memorandum of Conversations Which Took Place between a Few English and South African Friends at Intervals during the Summer of 1909', in Ibid., 40–1.

(10) メンバーの著書としてはL. Curtis (ed.), *The Commonwealth of Nations: An Inquiry*

into the Nature of Citizenship in the British Empire, and into the Mutual Relations of the Several Communities Thereof (London, 1916).

(11) 例外の一つは、N. Owen, 'British Progressives and Civil Society in India 1905-1914', Seminar Paper, Kobe Institute, (Kobe, 2003). 以下も参照。S. Dubow, 'A Commonwealth of Science: The British Association in South Africa, 1905 and 1929', in id. (ed.), *Science and Society in Southern Africa* (Manchester, 2000). 民間公共団体への依存度を高めつつあるコモンウェルスの現況については、W. D. Mcintyre, 'Commonwealth Legacy', in Brown and Louis, *Oxford History vol. 4*, 700-2. 邦語では、旦祐介「自治領化とコモンウェルス——帝国・意識・主権」木畑『大英帝国』。同「20世紀後半のコモンウェルス——新しい統合の展望」木畑洋一編『イギリス帝国と20世紀5　現代世界とイギリス帝国』(ミネルヴァ書房、2007年)。

(12) 小関隆編『世紀転換期イギリスの人びと——アソシエイションとシティズンシップ』(人文書院、2000年)。同『プリムローズ・リーグの時代——世紀転換期イギリスの保守主義』(岩波書店、2006年)。同『近代都市とアソシエイション』(山川出版社、2008年)。以下も参照。J. Harris, *Private Lives, Public Spirit: Britain 1870-1914* (Oxford, 1993).

(13) 本田毅彦『インド植民地官僚——大英帝国の超エリートたち』(講談社選書メチエ、2001年)、86-100頁。

(14) Milner to FitzPatrick, 28 November, 1899, in C. Headlam (ed.), *The Milner Papers vol. 2: South Africa 1899-1905* (London, 1933), 35.

(15) Curtis' Diary, 24 November, 1900, in L. Curtis, *With Milner in South Africa* (Oxford, 1951), 168.

(16) J. Buchan, *Memory Hold the Door* (London, 1940), 99.

(17) (L. Hichens,) 'At New College', *National Review* 107 (1936), 608.

(18) H. Baker, *Architecture & Personalities* (London, 1944), 49-50. ベイカーについては、D. E. Greig, *Herbert Baker in South Africa* (Cape Town, 1970); M. Keath, *Herbert Baker: Architecture and Idealism 1892-1913: The South African Years* (Johannesburg, 1993).

(19) Curtis, *With Milner*, 344; Nimocks' Interview with Wyndham, 8 March, 1960, in Nimocks, *Milner's Young Men*, 44.

(20) W. B. Worsfold, *The Reconstruction of the New Colonies under Lord Milner vol. 2* (London, 1913), 219.

(21) Nimocks' Interview with Wyndham, 8 March, 1960, in Nimocks, *Milner's Young Men*, 44.

(22) オクスフォード大学と帝国の関係については、R. Symonds, *Oxford and the Empire: The Last Lost Cause?* (Basingstoke, 1986). キリスト教社会連合に関しては、井上治「イングランド国教会における教会観の変化 1889-1924 年――キリスト教社会連合とウィリアム・テンプル」『史林』87 巻 5 号（2004 年）。

(23) Curtis' Foreword, in W. T. Hill, *Octavia Hill: Pioneer of the National Trust and Housing Reformer* (London, 1956), 14.

(24) フェルトのロマンスについては、B. Schwarz, 'The Romance of the Veld', in A. Bosco and A. May (eds.), *The Round Table: Empire/Commonwealth, and British Foreign Policy* (London, 1997). 以下も参照。J. Buchan, *The African Colony: Studies in the Reconstruction* (Edinburgh, 1903), 79-186.

(25) Curtis to His Friends, 22 February, 1900, in Curtis, *With Milner*, 7.

(26) Kerr to His Family, 1905, in J. R. M. Butler, *Lord Lothian (Philip Kerr) 1882-1940* (London, 1960), 12.

(27) こうしたカルー高原の、キリスト教的怒り、恐怖のシンボリズムは、元は女性解放運動家オリーヴ・シュライナーの小説『アフリカ農場物語』の所産である。O. Schreiner, *The Story of an African Farm* (London, 1883)（大井真理子・都築忠七訳『アフリカ農場物語』2 巻、岩波文庫、2006 年）。

(28) Curtis to His Mother, 1 March, 1900, in Curtis, *With Milner*, 10.

(29) Curtis' Diary, 14 December, 1900, in *Ibid.*, 180.

(30) Curtis to Milner, 29 September, 1906, in D. Lavin, *From Empire to International Commonwealth: A Biography of Lionel Curtis* (Oxford, 1995), 77.

(31) C. van Onselen, *Studies in the Social and Economic History of the Witwatersrand 1886-1914 vol. 1: New Babylon* (Johannesburg, 1982), 165-72.

(32) FitzPatrick to Wernher, 25 July, 1900, in A. H. Duminy and W. R. Guest (eds.), *FitzPatrick: South African Politician Selected Papers, 1888-1906* (Johannesburg, 1976), 274.

(33) Van Onselen, *Studies vol. 2: New Nineveh*, 113-25.

(34) L. S. Amery (ed.), *The Times History of the War in South Africa 1899-1902 vol. 4* (London, 1906), 149-50; FitzPatrick to Wernher, 5 July, 1902, in Duminy and Guest, *FitzPatrick*, 333. 以下も参照。J. Hyslop, 'A Scottish Socialist Reads Carlyle in

Johannesburg Prison, June 1900: Reflections on the Literary Culture of the Imperial Working Class', *Journal of Southern African Studies* 29-3 (2003).

(35) J. R. MacDonald, *What I Saw in South Africa* (London, 1902), 103.

(36) Curtis, 'Memorandum on the Present and Future Boundaries of Johannesburg', 23 September, 1901, in Curtis, *With Milner*, 258-73.

(37) *Ibid.*, 273.

(38) Transvaal Chamber of Mines' Reply, 1 October, 1901, in *Ibid.*, 273-83.

(39) Curtis, 'Report of the General Purposes Committee of the Town Council', 5 October, 1901, in *Ibid.*, 283-97.

(40) R. Currie, 'Memorandum', 1 October, 1901, in *Ibid.*, 298-300; G. A. Turner, 'Remarks on the Memorandum Regarding the Present and Future Boundaries of Johannesburg', in *Ibid.*, 300-3.

(41) Milner to Cecil, 16 May, 1903, in Headlam, *Milner Papers vol. 2*, 448.

(42) 木畑洋一「『中国人奴隷』とイギリス政治――南アフリカへの中国人労働者導入をめぐって」油井『世紀転換期』、83-89 頁。旦祐介「20 世紀初頭イギリス帝国政策の変容――南アフリカの中国人労働者問題を中心に」『東海大学教養学部紀要』23 (1992 年)、186-188 頁。以下も参照。P. Richardson, *Chinese Mine Labour in the Transvaal* (London, 1982), 8-46.

(43) Milner to Farrar, 21 April, 1903, in Headlam, *Milner Papers vol. 2*, 461.

(44) Smuts to Merriman, 5 May, 1906, in Hancock and Van der Poel, *Smuts Papers vol. 2*, 270. スマッツについては、W. K. Hancock, *Smuts*, 2 vols. (Cambridge, 1962 and 1968). スマッツと人種差別の関係に関しては、N. Garson, 'Smuts and the Idea of Race', *South African Historical Journal* 57 (2007).

(45) 木畑「『中国人奴隷』」、90-102 頁。旦「20 世紀初頭イギリス帝国政策」、195-198 頁。

(46) Milner's Speech in Johannesburg, 31 March, 1905, in Lord Milner, *The Nation and the Empire: Being a Collection of Speeches and Addresses: With an Introduction by Lord Milner, G. C. B.* (London, 1913), 91.

(47) Curtis' Speech in Johannesburg, 30 October, 1906, in Curtis, *With Milner*, 348.

(48) K. Breckenridge, *Biometric State: The Global Politics of Identification and Surveillance in South Africa, 1850 to the Present* (Cambridge, 2014) (拙訳『生体認証国家――グローバルな監視政治と南アフリカの近現代』岩波書店、2017 年、99-105

頁)。以下は中国人労働者導入問題というより、導入された中国人の抵抗とその排除が白人性の再想像につながったとしている。T. T. Huynh, "We Are Not a Docile People': Chinese Resistance and Exclusion in the Re-Imaging of Whiteness in South Africa, 1903-1910', *Journal of Chinese Overseas* 8 (2012). 以下は南アフリカの問題を、アメリカ合衆国やオーストラリアなどの類例と比較しつつ論じている。M. Lake and H. Reynolds, *Drawing the Global Colour Line: White Men's Countries and the International Challenge of Racial Equality* (Cambridge, 2008); A. M. McKeown, *Melancholy Order: Asian Migration and the Globalization of Borders* (New York, 2008).

(49) 松野妙子「南アフリカ人種差別土地立法」。以下も参照。Legassick, 'British Hegemony'; Breckenridge, *Biometric State* (拙訳『生体認証国家』、61-63頁)。

(50) Van Onselen, *Studies vol. 2*, 134-5; Dubow, 'Colonial Nationalism', 65.

(51) 初期の交流としては、Curtis to Smuts, 25 April, 1906, in Hancock and Van der Poel, *Smuts Papers vol. 2*, 260-3. 以下も参照。L. Thompson, 'The Compromise of Union', in M. Wilson and L. Thompson (eds.), *The Oxford History of South Africa vol. 2: South Africa 1870-1966* (Oxford, 1971), 341.

(52) Curtis' Speech in Johannesburg, 30 October, 1906, in Curtis, *With Milner*, 350-1.

(53) *Ibid.*, 352-4.

(54) イギリス系農業移民は、もとはミルナーが導入を推進した。なお、キンダーガルテンと親しかったバハンも、この移民を入植初期に現地指導している。P. Rich, 'Milnerism and a Ripping Yarn: Transvaal Land Settlement and John Buchan's Novel *Prester John* 1901-1910', in B. Bozzoli (ed.), *Town and Countryside in the Transvaal: Capitalist Penetration and Popular Response* (Johannesburg, 1983), 415-9. 以下も参照。Buchan, *African Colony*, 255-83.

(55) Dove to His Sisters, 16 June, 1907, in R. H. Brand (ed.), *The Letters of John Dove* (London, 1938), 3.

(56) Dove to Hunt, 10 November, 1907, in *Ibid.*, 13, 15.

(57) Dove to Pinching, 20 December, 1908, in *Ibid.*, 21.

(58) Davenport, *Afrikaner Bond*, 233.

(59) Dove to Pinching, 18 September, 1907, in Brand, *Letters*, 10.

(60) Dove to His Sisters, August, 1909, in *Ibid.*, 36-37.

(61) Curtis, *With Milner*, 345.

(62) R. Feetham, *Some Problems of South African Federation and Reasons for Facing*

Them (Johannesburg, 1906).

(63) F. S. Oliver, *Alexander Hamilton: An Essay on American Union* (London, 1907). オリヴァーについては、J. D. Fair, 'F. S. Oliver, *Alexander Hamilton*, and the 'American Plan' for Resolving Britain's Constitutional Crises, 1903–1921', *Twentieth Century British History* 10–1 (1999).

(64) Robinson's Diary, 1 September, 1906, in May, 'Round Table', 32.

(65) O. Schreiner, *The Political Situation* (London, 1896), 100–7, 123–41.

(66) Molteno, *Further South African Recollections*, 19.

(67) Merriman to Smuts, 4 June, 1904, in Hancock and Van der Poel, *Smuts Papers vol. 2*, 173.

(68) J. D. B. Miller, *Richard Jebb and the Problem of Empire* (London, 1956); D. Schreuder, 'The Making of the Idea of Colonial Nationalism', in J. Eddy and D. Schreuder (eds.), *The Rise of Colonial Nationalism: Australia, New Zealand, Canada and South Africa First Assert Their Nationalities, 1880–1914* (Sydney, 1988); J. Monet, 'Canada', in *Ibid.*; S. J. Potter, 'Richard Jebb, John S. Ewart, and the Round Table, 1898–1926', *English Historical Review* 72–495 (2007).

(69) R. Jebb, *Studies in Colonial Nationalism* (London, 1905), 1–2.

(70) *Ibid.*, 272–9.

(71) ジェブは、帝国連邦の最終段階では従属植民地も自由国家に発展し、中央政府と南アフリカ政府で有色人種が大きな位置を占める、とした。Id., *The Britannic Question: A Survey of Alternatives* (London, 1913). こうした理想をキンダーガルテンは完全に否定したわけではなかったが、そこには、白人国家の認識ゆえに大きな制約があった。

(72) B. Williams (ed.), *The Selborne Memorandum, A Review of the Mutual Relations of the British South African Colonies in 1907* (London, 1925), 90–2. 以下も参照。Selborne to Nathan, 13 May, 1908, in D. E. Torrance, *The Strange Death of the Liberal Empire: Lord Selborne in South Africa* (London, 1996), 194; Jebb's Travel Diary in South Africa, April, 1906, in D. Schreuder, 'Colonial Nationalism and Tribal Nationalism: Making the White South African State, 1899–1910', in Eddy and Schreuder, *Rise*, 198.

(73) 『ヨハネスブルク・スター』紙の編集長は当時、メンバーのロビンソンが務めていた。『ケープ・タイムズ』紙については、G. E. Shaw, *The Cape Times: An Informal History* (Cape Town, 2000).

(74) Williams, *Selborne Memorandum*, 1-25.

(75) *Ibid.*, 63.

(76) *Ibid.*, 94.

(77) アフリカ人新聞の評は、「原住民政策」に関するものが主体だった。A. Odendaal, *Black Protest Politics in South Africa to 1912* (Totowa, 1984), 94-6.

(78) Steyn to Merriman, 11 September, 1907, in P. Lewsen (ed.), *Selections from the Correspondence of John X. Merriman 1905-1924* (Cape Town, 1966), 49.

(79) *Cape Times*, 15 July, 1907.

(80) 例えば、Merriman to Smith, 1 January, 1907, in Lewsen, *Selections 1905-1924*, 30.

(81) 蜂起の指導者だったズールー人首長の名に因む。人頭税への反発から起こり、南アフリカでは、伝統的支配層による最後の武力抵抗となった。S. Marks, *Reluctant Rebellion: The 1906-8 Disturbances in Natal* (Oxford, 1970); J. Lambert, 'From Independence to Rebellion: African Society in Crisis, c. 1880-1910', in A. Duminy and B. Guest (eds.), *Natal and Zululand from Earliest Times to 1910: A New History* (Pietermaritzburg, 1989), 389-97.

(82) 例えば、Merriman to Smith, 26 October, 1907, in *Ibid.*, 53. ランドのプア・ホワイト問題とバンバタ蜂起について、同時に言及する箇所もある。Merriman to His Wife, 15 November, 1907, in *Ibid.*.

(83) (L. Curtis,) *The Government of South Africa vol. 1* (Cape Town, 1908), 123-4.

(84) *Ibid.*, viii.

(85) *Ibid.*, 195-229.

(86) Williams' Diary, 29 September, 1908, in Lavin, *Lionel Curtis*, 90. 以下も参照。'South African Union', *Edinburgh Review* 210-429 (1909).

(87) Closer Union Society, *The Framework of Union: A Comparison of Some Union Constitutions* (Cape Town, 1908); R. H. Brand, *The Union of South Africa* (Oxford, 1909).

第二章

(1) 地域間対立については、E. H. Brookes and C. de B. Webb, *A History of Natal* (Pietermaritzburg, 1965), 234, 237, 282; R. Ovendale, 'Profit or Patriotism: Natal, The Transvaal, and the Coming of the Second Anglo-Boer War', *Journal of Imperial and Commonwealth History* 8-3 (1980), 212-3; id., 'The Politics of Dependence, 1893-9', in

Duminy and Guest, *Natal*, 324; M. Tamarkin, 'Nationalism or Tribalism: The Evolution of Cape Afrikaner Ethnic Consciousness in the Late Nineteenth Century', *Nations and Nationalism* 1-2 (1995), 212-3. 階級的分断に関しては、Denoon, *Grand Illusion*, 5-6; S. Trapido, 'Reflections on Land, Office and Wealth in the South African Republic, 1850-1900', in S. Marks and A. Atmore (eds.), *Economy and Society in Pre-Industrial South Africa* (London, 1980); A. Mabin, 'The Underdevelopment of the Western Cape, 1850-1900', in James and Simons, *Angry Divide*.

(2) A. Grundlingh, *The Dynamics of Treason: Boer Collaboration in the South African War of 1899-1902* (Pretoria, 2006).

(3) *Land en Volk*, 17 October, 1902. マレイについては、S. Swart, "Bushveld Magic' and 'Miracle Doctors': An Exploration of Eugene Marais and C. Louis Leipoldt's Experiences in the Waterberg, South Africa, c. 1906-1917', *Journal of African History* 45 (2004); id., 'The Construction of Eugene Marais as an Afrikaner Hero', *Journal of Southern African Studies* 30-4 (2004).

(4) Thompson, *Unification*, 14-5.

(5) Milner to Williams, 27 December, 1900, in Headlam, *Milner Papers vol. 2*, 243.

(6) M. B. Synge, *The Story of the World*, 5 vols. (Edinburgh, 1913).

(7) *Ibid. vol. 4*, 146-50.

(8) Hexham, 'Afrikaner Nationalism', 392-8. 以下も参照。Id., *The Irony of Apartheid: The Struggle for National Independence of Afrikaner Calvinism against British Imperialism* (Lewiston, 1981).

(9) G. S. Preller, *Piet Retief: Lewensgeskiedenis van die Grote Voortrekker* (Kaapstad, 1906), 274. 以下も参照。I. Hofmeyr, 'Building a Nation from Words: Afrikaans Language, Literature and Ethnic Identity, 1902-1924', in S. Marks and S. Trapido (eds.), *The Politics of Race, Class and Nationalism in Twentieth Century South Africa* (New York, 1987).

(10) Hexham, 'Afrikaner Nationalism', 398-9.

(11) 例えば、J. Noble, *South Africa, Past and Present: A Short History of the European Settlements at the Cape* (London, 1877), 169, 173. 同書の著者ジョン・ノーブルはケープ植民地議会の官吏だった。以下も参照。W. Holden, *History of the Colony of Natal* (London, 1855), 350.

(12) *Zuid Afrikaan*, 13 January, 1881.

(13) Vindex, *Cecil Rhodes*, 277.

(14) D. Schreuder, 'The Imperial Historian as Colonial Nationalist: George McCall Theal and the Making of South African History', in G. Martel (ed.), *Studies in British Imperial History: Essays in Honour of A.P. Thornton* (London, 1986); C. Saunders, *The Making of the South African Past: Major Historians on Race and Class* (Cape Town, 1988), 9-44.

(15) G. M. Theal, *History of South Africa vol. 2: 1724-1795* (London, 1897), 238-9.

(16) *Ibid. vol. 5: 1854-1872* (1900), 205.

(17) Id., *South Africa* (London, 1894), 112.

(18) O. Schreiner, *Thoughts on South Africa* (London, 1923), 61.

(19) Theal, *South Africa*, 24.

(20) C. Rassool and L. Witz, 'The 1952 Jan van Riebeeck Tercentenary Festival: Constructing and Contesting Public National History in South Africa', *Journal of African History* 34 (1993), 451. 植民地政府もシールの類書を学校の歴史の読本に採用している。A. Wilmot, *History of the Cape Colony: For the Use of Schools* (Cape Town, 1880); id., *The History of South Africa: Intended as a Concise Manual of South African History for General Use, and as a Reading Book in Schools* (London, 1901).

(21) 'With Mr. Rhodes Through Mashonaland: The Truth about the Land of Ophir', *Review of Reviews* (February, 1892).

(22) 以下も参照。'Dr. Theal on South African History', *Quarterly Review* 192-383 (1900).

(23) Schreuder, 'Imperial Historian', 147.

(24) Merriman to Bryce, 21 July, 1902, in Lewsen, *Correspondence 1899-1905*, 354.

(25) O. Schreiner, *Closer Union: A Letter on the South African Union and the Principles of Government* (London, 1909), 42. この発言について『ステイト』誌は好意的に評価している。'The Month', *The State* 1-2 (February, 1909), 127-8. シールも、イギリス系とオランダ系をまとめて「テュートン人」と呼んだ。例えば、Theal, *South Africa*, 52.

(26) Kerr to His Family, Mid-September, 1907, in Butler, *Lord Lothian*, 28.

(27) 'The Association of Closer Union Societies', *The State* 1-1 (January, 1909), 113. キンダーガルテンの運動立案については、例えば、(Curtis,) *Government vol. 1*, x.

(28) 'The Closer Union Societies and Their Work to Date', *The State* 1-1 (January, 1909), 104.

(29) 'The Closer Union Societies', *The State* 1-3 (March, 1909).

(30) 'The Association', 113.

(31) *Ibid.*, 113-5.

(32) 'The Closer Union Movement', *The State* 1-1 (January, 1909), 27.

(33) 'The Closer Union Societies and Their Work', 105.

(34) 以下も参照。'The Closer Union Movement', 27.

(35) 'By Way of Introduction', *The State* 1-1 (January, 1909), 2.

(36) P. Merrington, '*The State* and the Invention of Heritage in Edwardian South Africa', in Bosco and May, *Round Table*, 135.

(37) G. E. Shaw, *Some Beginnings: The Cape Times* (*1876-1910*) (Oxford, 1975), 65.

(38) Merrington, '*The State*', 135.

(39) Thompson, *Unification*, 269-79; M. Chanock, *Unconsummated Union: Britain, Rhodesia and South Africa 1900-45* (Manchester, 1977).

(40) Merrington, '*The State*', 129.

(41) 'By Way', 1.

(42) 'The Closer Union Movement', 25.

(43) Merrington, '*The State*', 128.

(44) 'By Way', 3-6.

(45) H. G. Wells, 'The History of Mr. Polly', *The State* 2-4〜6 (1909).

(46) G. S. Preller, 'Union and the Boer', *The State* 1-6 (June, 1909).

(47) '*The State* Flag Competition', *The State* 2-6 (December, 1909).

(48) '*The State* Quarterly Competition'.

(49) '*The State* Photographic Competition'.

(50) '*The State*', *The State* 5-6 (June, 1911), 810.

(51) Merrington, '*The State*', 129.

(52) T. Gutsche, *No Ordinary Woman: The Life and Times of Florence Phillips* (Cape Town, 1966), 269-72.

(53) H. W. Smyth, 'Reflections of a Yachtsman', *The State* 1-3 (March, 1909), 324.

(54) ピムはアイルランド出身で、青年期にケープへ渡り、まず、ローデシア開発のため設立されたイギリス南アフリカ会社に勤務した。次いで、トランスヴァールへ移り会計士、ヨハネスブルク市議会議員として活躍、フローレンス・フィリップスの経済的支援を得て図書館、美術館などの運営にも従事している。T. Gutsche, 'Pim, James

Howard', in W. J. de Kock (ed.), *The Dictionary of South African Biography vol. 1* (Pretoria, 1968), 621-2.

(55) H. Pim, 'Tales of Old Travel', *The State* 1-4 (April, 1909), 438.

(56) J. Purves, 'Camoens and the Epic of Africa', *The State* 2-5〜6 (1909). 同趣旨の記事としては、K. G. Jayne, 'The First Poet of South Africa', *The State* 7-4 (April, 1912).

(57) H. Baker, 'The Architectural Needs of South Africa', *The State* 1-5 (May, 1909), 522.

(58) A. F. Trotter, *Old Colonial Houses of the Cape of Good Hope: Illustrated and Described: With a Chapter on the Origin of Old Cape Architecture by Herbert Baker, A.R.I.B.A.* (London, 1900).

(59) フルーテ・スヒュールへの好意的評価としては、例えば、*Cape Times*, 27 March, 1895 がある。ベイカーは連邦結成に際しても、左右シンメトリがイギリス系とアフリカーナーの和解を表す連邦庁舎を設計した。Baker, *Architecture*, 57-62.

(60) マセイについては、W. Wendland, 'Masey, Francis Edward', in D. W. Kruger and C. J. Beyers (eds.), *Dictionary of South African Biography vol. 3* (Pretoria, 1977), 586-7.

(61) 子ども移民を推進したキングズリ・フェアブリッジの従姉に当たるドロシアについては、P. Merrington, 'Pageantry and Primitivism: Dorothea Fairbridge and the Aesthetics of Union', *Journal of Southern African Studies* 21-4 (1995).

(62) F. Masey, 'The Beginnings of Our Nation', *The State* 1-1〜6, 2-1, 2-3〜4 (1909); D. Fairbridge, 'Old South African Homesteads', *The State* 6-2〜3, 6-5, 7-2, 7-4〜6, 8-1〜6 (1911-1912).

(63) Davenport, *Afrikaner Bond*, 233.

(64) Masey, 'Beginnings', 1-4, 216.

(65) P. Maylam, *The Cult of Rhodes: Remembering an Imperialist in Africa* (Johannesburg, 2005).

(66) (L. Curtis,) 'Sir Abe Bailey', *Round Table* 120 (1940), 743.

(67) 「ケープからカイロへ」については、文化的側面に関しても多様なテーマが注目を集めてきた。J. M. MacKenzie, *The Empire of Nature: Hunting, Conservation and British Imperialism* (Manchester, 1988), 120-46; D. Tangri, 'Popular Fiction and the Zimbabwe Controversy', *History in Africa* 17 (1990); L. Stiebel, 'A Map to Treasure: The Literary Significance of Thomas Baines's Map of the Gold Fields of South Eastern Africa (1873)', *South African Historical Journal* 39 (1998). 邦語では、吉國恒雄『グレート・

ジンバブウェ——東南アフリカの歴史世界』(講談社現代新書、1999年)、92-100頁。以下も参照。J. T. Bent, *The Ruined Cities of Mashonaland: Being a Record of Excavation and Exploration in 1891* (London, 1892); F. C. Selous, *Sunshine and Storm in Rhodesia: Being a Narrative of Events in Matabeleland: Both before and during the Recent Native Insurrection Up to the Date of the Disbandment of the Bulawayo Field Force* (London, 1896); A. Wilmot, *Monomotapa (Rhodesia): Its Monuments, and Its History from the Most Ancient Times to the Present Century* (London, 1896). だが、世紀末ケープのブリティッシュ・アイデンティティにとっての「ケープからカイロへ」の意味は未解明のままである。

(68) Rhodes's Speech at the Cape House, 18 July, 1883, in Vindex, *Cecil Rhodes*, 51.

(69) Theal, *South Africa*, 387. 以下も参照。A. Wilmot and J. Chase, *History of the Colony of the Cape of Good Hope from Its Discovery to the Year 1819* (Cape Town, 1869), 530; E. Garrett, *In Afrikanderland and the Land of Ophir: Being Notes and Sketches in Political, Social and Financial South Africa* (London, 1891); W. H. Worger, 'Southern and Central Africa', in R. W. Winks (ed.), *The Oxford History of the British Empire vol. 5: Historiography* (Oxford, 1999).

(70) 'Cecil Rhodes', *The State* 5-2 (February, 1911).

(71) M., 'Northern Rhodesia', *The State* 6-6 (December, 1911).

(72) H. Baker, *Cecil Rhodes by His Architect* (Oxford, 1934), 127-31.

(73) P. FitzPatrick, 'Jock of the Bushveld and Those Who Knew Him', *The State* 1-1 (January, 1909), 35.

(74) A. Duminy and B. Guest, *Interfering in Politics: A Biography of Sir Percy FitzPatrick* (Johannesburg, 1987).

(75) R. S. Churchill, *Men, Mines and Animals in South Africa* (London, 1893). チャーチルは、本国の『デイリー・グラフィック』紙と旅行記の執筆契約を取り結んだ。この旅行記は、1881年からローズの傘下にあった現地の『ケープ・アーガス』紙にも連載された。同紙については、*Today's News Today: The Story of the Argus Company* (Johannesburg, 1956). 以下も参照。C. Lighton and C. B. Harris, *Details Regarding the Diamond Fields Advertiser, 1878-1968* (Kimberley, 1968).

(76) *Cape Argus*, 18 December, 1891; 11 January, 1892; 18 January, 1892; 22 January, 1892; Churchill, *Men*, 198-9, 248, 269-70, 276.

(77) J. P. FitzPatrick, *Through Mashonaland with Pick and Pen* (Johannesburg, 1892).

この旅行記も、チャーチルと同じ『アーガス』紙に連載された。

(78) *Ibid.*, 126. チャーチルへの反発は、*Cape Argus*, 1 March, 1892; *Cape Times*, 1 September, 1891. フィッツパトリックへの好意的書評は、*Cape Argus*, 24 February, 1892. フィッツパトリックのマショナランド礼賛は、ダーウィンの言う白人定住植民地の農業ポピュリズムにも近い。Darwin, 'Civility and Empire', 326–34.

(79) 例えば、1897年、アフリカーナー同盟の植民地議会下院議員M・M・フェンターは、ジェイムソン事件に関するイギリス庶民院調査委員会で、マショナランドを「田園と農業の国」と称えている。*British Parliamentary Papers*, 1897, [311.] vol. IX, : 'Second Report from the Select Committee Appointed to Inquire into the Origin and Circumstances of the Incursion into the South African Republic by an Armed Force, and into the Administration of the British South Africa Company, &c.; With the Proceedings, Evidence, Appendix, and Index', 129. 以下も参照。D. C. de Waal, *With Rhodes in Mashonaland* (Cape Town, 1896); S. J. du Toit, *Rhodesia: Past and Present* (London, 1897).

(80) J. P. FitzPatrick, *The Transvaal from Within* (London, 1899).

(81) Id., *Jock of the Bushveld* (London, 1907).

(82) 'Reviews', *African Monthly* 3-15 (February, 1908), 332.

(83) A. P. Cartwright, *The First South African: The Life and Times of Sir Percy FitzPatrick* (Cape Town, 1971), 156–7.

(84) FitzPatrick, 'Those', 30.

(85) Theal, *South Africa*, 163–4.

(86) W. C. Scully, 'Fragments of Native History', *The State* 1-6, 2-1〜5 (1909). 執筆者ウィリアム・チャールズ・スカリーはアイルランド出身で、12歳のときにケープへ渡りキングウィリアムズタウンの文法学校でシールに師事し、官吏の仕事の合間を縫って著作活動に従事した。W. D. Maxwell-Mahon, 'Scully, William Charles', in De Kock, *South African Biography vol. 1*, 704–5.

(87) FitzPatrick, 'Those', 1–2, 152.

(88) Preller, *Piet Retief*, 280.

(89) S. Metelerkamp, 'Triegard's Trek', *The State* 5-4 (April, 1911), 546.

(90) *Ibid.*, 547.

(91) *Ibid.*, 5-5, 733.

(92) H. Bazeley, 'The Magic of the Trek', *The State* 8-3 (September, 1912).

(93) 'Before Belfast', *The State* 2-1 (July, 1909).

(94) G. P. Ferguson, 'The Romance of the World's Highway', *The State* 5-5 (May, 1911), 722.

(95) M., 'Northern Rhodesia', 628.

(96) A. Tietze, 'Classical Casts and Colonial Galleries: The Life and Afterlife of the 1908 Beit Gift to the National Gallery of Cape Town', *South African Historical Journal* 39 (1998); J. Carman, *Uplifting the Colonial Philistine: Florence Philips and the Making of the Johannesburg Art Gallery* (Johannesburg, 2006).

(97) M. Thomson, 'Art in South Africa', *The State* 2-2 (August, 1909), 182.

(98) G. S. Smithard, 'Johannesburg Art Gallery', *The State* 6-1 (July, 1911), 1.

(99) T. M. Wood, 'The Michaelis Gallery, Cape Town', *The Studio* 76-313 (1919), 92.

(100) Smithard, 'Johannesburg Art Gallery'. この記事の執筆者ジョージ・スミサードはイングランド出身で、青年期にケープへ渡り『ケープ・タイムズ』紙の専属イラストレーター、次いでトランスヴァールへ移り画家として活躍した。K. Kempff, 'Smithard, George Salsbury', in C. J. Beyers (ed.), *Dictionary of South African Biography vol. 4* (Pretoria, 1981), 584-5.

(101) Phillips to Wernher, 30 May, 1910, in M. Fraser and A. Jeeves (eds.), *All That Glittered: Selected Correspondence of Lionel Philips 1890-1924* (Cape Town, 1977), 224.

(102) A Unionist, 'The Nationalists', *The State* 6-1 (July, 1911); 'Unity or? ', *The State* 6-2 (August, 1911).

(103) P. FitzPatrick, 'Compulsory Bilingualism', *The State* 8-4 (October, 1912), 152.

おわりに

(1) May, 'Round Table', 4, 40-1. 運動の南アフリカ支部について、先行研究は存在しない。オーストラリア支部に関しては、L. Foster, *High Hopes: The Men and Motives of the Australian Round Table* (Melbourne, 1986).

(2) Curtis, *The Commonwealth of Nations: An Inquiry into the Nature of Citizenship in the British Empire, and into the Mutual Relations of the Several Communities Thereof.*

(3) May, 'Round Table', 98.

(4) L. Curtis, *The Problem of the Commonwealth* (Toronto, 1916), 3-12.

(5) *Ibid.*, 132, 140, 148.

(6) 例えば、Id., *Civitas Dei*, 3 vols. (London, 1934-1937).

（7） D. Mcmahon, 'Ireland and the Empire-Commonwealth, 1900-1948', in Brown and Louis, *Oxford History vol. 4*, 148.

（8） R. Bickers, *Britain in China: Community, Culture and Colonialism 1900-1949* (Manchester, 1999), 28, 136, 148.

（9） L. Curtis, 'Cutting Ireland in Two', *Atlantic Monthly* 134 (1924), 823-4.

（10） R. Feetham, *Report of the Hon. Richard Feetham, C.M.G., Judge of the Supreme Court of the Union of South Africa, to the Shanghai Municipal Council*, 4 vols. (Shanghai, 1931-1932)（南満州鉄道株式会社調査課訳『フィータム報告——上海租界行政調査報告』全4巻、南満州鉄道、1932-1933年）。

（11） May, 'Round Table', 269.

（12） L. Curtis, *Letters to the People of India on Responsible Government* (London, 1918), 97.

（13） Curtis to Selborne, 18 October, 1907, in May, 'Round Table', 2.

（14） Darwin, 'Civility', 334.

（15） C. Bridge and K. Fedorowich, 'Mapping the British World', in Bridge and Fedorowich, *British World*, 8.

（16） 1930年まで南アフリカに残るウィンダムについては、I. van der Waag, 'Hugh Wyndham, Transvaal Politics and the Attempt to Create an English County Seat in South Africa, 1901-14', in *Ibid.*.

第二部

はじめに

（1） N. G. Garson, 'The Boer Rebellion of 1914', *History Today* 12 (1962); T. R. H. Davenport, 'The South African Rebellion, 1914', *English Historical Review* 78-306 (1963); J. Bottomley, 'The Orange Free State and the Rebellion of 1914: The Influence of Industrialization, Poverty and Poor Whiteism', in R. Morrell (ed.), *White but Poor: Essays on the History of Poor Whites in Southern Africa, 1880-1940* (Pretoria, 1992), 33-7; S. Swart, "A Boer and His Gun and His Wife Are Three Things Always Together': Republican Masculinity and the 1914 Rebellion', *Journal of Southern African Studies* 24-4 (1998); id., "Desperate Men': The 1914 Rebellion and the Politics of Poverty', *South African Historical Journal* 42 (2000); id., 'The 'Five Shilling Rebellion': Rural White Male

Anxiety and the 1914 Boer Rebellion', *South African Historical Journal* 56 (2006).

(2) R. Hyam, *The Failure of South African Expansion 1908–1948* (London, 1972); P.R. Warhurst, 'Smuts and Africa: A Study in Sub-Imperialism', *South African Historical Journal* 16 (1984).

(3) S. B. Spies, 'The Outbreak of the First World War and the Botha Government', *South African Historical Journal* 1 (1969); N. G. Garson, 'South Africa and World War I', *Journal of Imperial and Commonwealth History* 8–1 (1979); B. Nasson, 'A Great Divide: Popular Responses to the Great War in South Africa', *War & Society* 7–1 (1994); id., 'War Opinion in South Africa, 1914', *Journal of Imperial and Commonwealth History* 23–2 (1995); J. Lambert, "Munition Factories...Turning Out a Constant Supply of Living Material': White South African Elite Boys' Schools and the First World War', *South African Historical Journal* 51 (2004); H. Strachan, *The First World War in Africa* (Oxford, 2004); B. Nasson, *Springboks on the Somme: South Africa in the Great War 1914–1918* (Johannesburg, 2007).

(4) Baker, *Architecture*, 88. 以下も参照。J. P. FitzPatrick, *The Origins, Causes and Object of the War* (London, 1915).

(5) B. Nasson, 'Delville Wood and South African Great War Commemoration', *English Historical Review* 119–480 (2004).

(6) Hancock, *Smuts*.

(7) T. D. Moodie, *The Rise of Afrikanerdom: Power, Apartheid, and the Afrikaner Civil Religion* (Berkeley, 1975).

(8) 被選挙権も認められたが非ヨーロッパ系議員は実現しなかった。

(9) Mccracken, *Cape Parliament*.

(10) ただし、ケープ以外の選挙権ならびにすべての被選挙権は認められなかった。

(11) C. Walker, *The Women's Suffrage Movement in South Africa* (Cape Town, 1979), 17–30. 以下も参照。J. Lambert, 'An Identity Threatened: White English-Speaking South Africans, Britishness and Dominion South Africanism, 1934–1939', *Kleio* 37–1 (2005).

(12) 松野妙子「アパルトヘイトの成立」『シリーズ世界史への問い 9　世界の構造化』(岩波書店、1991 年)。同「南部アフリカ――アパルトヘイトの生成と解体」歴史学研究会『講座世界史 11　岐路に立つ現代世界――混沌を恐れるな』(1996 年)。

第三章

（1） ヨハネスブルク近郊のシャープヴィルで警察が、バスに抗議する群衆に発砲して多数の死者が出た事件。

（2） 真実和解委員会については、永原陽子「もうひとつの『過去の克服』——南アフリカにおける真実と和解」『歴史学研究』707（1998年）。阿部利洋『紛争後社会と向き合う——南アフリカ真実和解委員会』（京都大学学術出版会、2007年）。同『真実委員会という選択——紛争後社会の再生のために』（岩波書店、2008年）。

（3） P. Warwick, *Black People and the South African War* (Cambridge, 1983); B. Nasson, *Abraham Esau's War: A Black South African War in the Cape, 1899-1902* (Cambridge, 1991).

（4） 第二次南アフリカ戦争100周年については、L. Witz, G. Minkley and C. Rassool, 'No End of a [History] Lesson: Preparations for the Anglo-Boer War Centenary Commemoration', *South African Historical Journal* 41 (1999); G. Dominy and L. Callinicos, "Is There Anything to Celebrate?' Paradoxes of Policy: An Examination of the State's Approach to Commemorating South Africa's Most Ambiguous Struggle', *South African Historical Journal* 41 (1999); A. Grundlingh, 'Reframing Remembrance: The Politics of the Centenary Commemoration of the South African War of 1899-1902', *Journal of Southern African Studies* 30-2 (2004). 邦語では、井野瀬久美惠「アングロ・ボーア戦争勃発100周年記念国際会議に参加して」『歴史学研究』741（2000年）。

（5） L. Thompson, *The Political Mythology of Apartheid* (New Haven, 1985).

（6） B. Nasson, 'The South African War/Anglo-Boer War 1899-1902 and Political Memory in South Africa', in T. G. Ashplant, G. Dawson and M. Roper (eds.), *The Politics of War Memory and Commemoration* (London, 2000); id., 'The War One Hundred Years On', in Cuthbertson, Grundlingh and Suttie, *Writing*; A. Grundlingh, 'The National Women's Monument: The Making and Mutation of Meaning in Afrikaner Memory of the South African War', in *Ibid.*; A. Grundlingh, 'The War in Twentieth-Century Afrikaner Consciousness', in Omissi and Thompson, *Impact*; L. Witz, *Apartheid's Festival: Contesting South Africa's National Pasts* (Bloomington, Indiana, 2003).

（7） 本章注（4）の各文献に加えて以下も参照。L. Witz and C. Rassool, 'Family Stories or a Group Portrait? South Africa on Display at the KIT Tropenmuseum, 2002-2003: The Making of an Exhibition', *Journal of Southern African Studies* 32-4 (2006).

(8) C. Saunders, 'Walker, Eric Anderson', in H. C. G. Matthew and B. Harrison (eds.), *Oxford Dictionary of National Biography*, Online ed. (Oxford, 2006).

(9) Saunders, *Making*, 112-5; id., 'Eric Walker: Historian of South Africa', in E. Lehmann and E. Reckwitz (eds.), *Mfecane to Boer War: Versions of South African History: Papers Presented at a Symposium at the University of Essen, 25-27 April 1990* (Essen, 1992).

(10) M. Boucher, 'Walker, Eric Anderson', in C. J. Beyers (ed.), *Dictionary of South African Biography vol. 5* (Pretoria, 1987).

(11) J. Walker, *Skin Deep: The Autobiography of a Woman Doctor* (Cape Town, 1977).

(12) 以下も参照。L. van Sittert, "The Ornithorhynchus of the Western World': Environmental Determinism in Eric Anderson Walker's South African History, 1911-1936', *South African Historical Journal* 60-1 (2008).

(13) A. J. Williams and E. A. Walker, *History of England from the Earliest Times to the Death of King Edward VII* (London, 1911).

(14) E. A. Walker, *The Teaching of History: An Inaugural Address Delivered on 6th March 1912* (Cape Town, 1912).

(15) M. Hoskyn, 'Walker, Thomas', in Kruger and Beyers, *South African Biography vol. 3*. 以上の経歴については、J. Walker, *Skin Deep*, 7-9; Boucher, 'Walker, Eric Anderson', 859-60; Saunders, 'Walker, Eric Anderson'.

(16) J. Walker, *Skin Deep*, 143.

(17) C. Saunders and B. le Cordeur, 'The South African Historical Society and Its Antecedents', *South African Historical Journal* 18 (1986).

(18) J. Walker, *Skin Deep*, 1; Boucher, 'Walker', 860; Saunders, *Making*, 112; id., 'Walker'.

(19) Boucher, 'Walker', 860; Saunders, 'Walker'. 同誌は匿名を原則としており、ウォーカーがどの記事を書いたかの確定は難しいが、いくつかの記事について執筆者を推測することは可能である。

(20) 'British Commonwealth Relations', *Round Table* 24-93 (1933); 'Canada III: The British Commonwealth Relations Conference', *Round Table* 24-93 (1933).

(21) Smuts to Walker, 1922-1948, Eric Anderson Walker Papers, University of Cape Town Library.

(22) E. A. Walker, *Historical Atlas of South Africa* (Oxford, 1922).

(23) Churchill to Walker, 18 July, 1922, Walker Papers.

(24) H. Saker, *The South African Flag Controversy, 1925–1928* (Oxford, 1980).

(25) (E. A. Walker,) 'South Africa I: 'What Is Known as the Flag Issue'', *Round Table* 16–64 (1926); (id.,) 'South Africa II: The Flag Question', *Round Table* 18–70 (1928).

(26) Lord Lothian to Walker, 1927–1930, Walker Papers.

(27) G. S. Preller, *Voortrekkermense*, 6 vols. (Kaapstad, 1918–1938).

(28) セシル・ローズの遺志によって創設されたローズ奨学金の本部兼研究拠点で、建物はベイカーが設計した。C. Newbury, 'Cecil Rhodes and the South African Connection: 'A Great Imperial University'?, in F. Madden and D.K. Fieldhouse (eds.), *Oxford and the Idea of Commonwealth: Essays Presented to Sir Edgar Williams* (London, 1982).

(29) E. A. Walker, *The Frontier Tradition in South Africa: A Lecture Delivered before the University of Oxford at Rhodes House on 5th March 1930* (Oxford, 1930). 引用箇所は、*Ibid.*, 3.

(30) F. J. Turner, *The Frontier in American History* (New York, 1920).

(31) E. A. Walker, *The Great Trek* (London, 1934); 2nd ed. (1938); 3rd ed. (1948); 4th ed. (1960); 5th ed. (1965). 引用箇所は、*Ibid.*, ix.

(32) Id., *A Modern History for South Africans* (Cape Town, 1926).

(33) Id., *A History of South Africa* (London, 1928); With Extensive Additions (1935); 2nd ed. (1940).

(34) F. A. van Jaarsveld, *The Afrikaner's Interpretation of South African History* (Cape Town, 1964), 143.

(35) E. A. Walker, *History*, vi.

(36) *Ibid.*, 182.

(37) Id., *Great Trek*, 164–5.

(38) Id., 'A Zulu Account of the Retief Massacre', *The Critic* 3 (1935).

(39) D. A. Fairbridge, *A History of South Africa* (London, 1918).

(40) Id., *Historic Houses of South Africa* (London, 1922).

(41) J. Walker, *Skin Deep*, 11–21.

(42) J. H. Davies, 'Leibbrandt, Hendrik Carel Vos', in W. J. de Kock and D. W. Kruger (eds.), *Dictionary of South African Biography vol. 2* (Pretoria, 1972).

(43) Boucher, 'Walker', 860.

(44) Merriman to Walker, 17 June, 1920, Walker Papers.

(45) E. A. Walker, *Lord de Villiers and His Times: South Africa 1842–1914* (London, 1925). 引用箇所は、*Ibid.*, v.

(46) 'South Africa: 'Lord de Villiers and His Times", *Round Table* 15–58 (1925).

(47) E. A. Walker, 'De Villiers, John Henry', in H. W. C. Davis and J. R. H. Weaver (eds.), *The Dictionary of National Biography, 1912–1921* (Oxford, 1927).

(48) Id., *The South African College and the University of Cape Town: Written for the University Centenary Celebrations (1829–1929)* (Cape Town, 1929). 引用箇所は、*Ibid.*, 2.

(49) (Id.,) 'South Africa II: The University Situation', *Round Table* 19–76 (1929).

(50) R. P. Kilpin, *The Romance of a Colonial Parliament: Being a Narrative of the Parliament and Councils of the Cape of Good Hope from the Foundings of the Colony by Jan van Riebeeck in 1652 to the Union of South Africa in 1910: To Which Is Added a List of Governors from 1652 to 1910 and a Complete List of Members from 1825 to 1910* (London, 1930). キルピンについては、J. C. Quinton, 'Kilpin, Ralph Pilkington', in Beyers, *South African Biography vol. 4.*

(51) Malan to Walker, 1934–1936, Walker Papers.

(52) E. A. Walker, 'Of Franchises', *The Critic* 4 (1936).

(53) J. Walker, *Skin Deep*, 65.

(54) E. A. Walker, *The Cape Native Franchise: A Series of Articles Published in 'The Cape Argus' February, 1936* (Cape Town, 1936). 引用箇所は、*Ibid.*, 3–4, 6.

(55) (Id.,) 'Native Policy in South Africa', *Round Table* 26–103 (1936).

(56) Id., 'Schreiner, William Philip', in Davis and Weaver, *National Biography.*

(57) Id., *W. P. Schreiner: A South African* (London, 1937); Shortened Version (Johannesburg, 1960). 引用箇所は、*Ibid.*, xi, 93.

(58) Rose-Innes to Walker, 2 July, 1937, Walker Papers.

(59) E. A. Walker, *The Study of British Imperial History: An Inaugural Lecture Delivered on 26th April 1937* (Cambridge, 1937).

(60) Id., 'The Formation of New States, 1835–1854', in A. P. Newton and E. A. Benians (eds.), *The Cambridge History of the British Empire vol. 8: South Africa, Rhodesia and the Protectorates* (Cambridge, 1936).

(61) Id., 'The Struggle for Supremacy, 1896–1902', in *Ibid.*.

(62) Id., 'South Africa and the Empire', in *Ibid.*.

(63) H. A. Wyndham, 'The Formation of the Union, 1901–1910', in *Ibid.*.

(64) (J. S. Marais,) 'South Africa I: The Cape Coloured People', *Round Table* 28–111 (1938). マレイについては、N. G. Garson, 'J. S. Marais, A Great South African Historian: A Personal Reassessment', *African Historical Review* 48–1 (2016). 本書第5章も参照。

(65) Trevelyan to Walker, 1936–1940, Walker Papers. 以下も参照。J. Walker, *Skin Deep*, 93, 98. トレヴェリアンについては、D. Cannadine, *G. M. Trevelyan: A Life in History* (London, 1992).

(66) E. A. Walker, 'The Jameson Raid', *Cambridge Historical Journal* 6–3 (1940).

(67) Id., *Lord Milner and South Africa* (London, 1943).

(68) J. van der Poel, *The Jameson Raid* (Oxford, 1951); Thompson, *Unification*; J. S. Marais, *The Fall of Kruger's Republic* (Oxford, 1961).

(69) E. A. Walker, *South Africa* (Oxford, 1940); id., *Britain and South Africa* (London, 1941).

(70) Id., 'The Route to the East, 1815–1870', in J. H. Rose, A. P. Newton and E. A. Benians (eds.), *The Cambridge History of the British Empire vol. 2: The Growth of the New Empire 1783–1870* (Cambridge, 1940).

(71) Id., *The British Empire: Its Structure and Spirit* (Oxford, 1943); 2nd ed. (Cambridge, 1953). 引用箇所は、*Ibid.*, 1.

(72) Id., *Colonies* (Cambridge, 1944).

(73) J. Walker, *Skin Deep*, 95.

(74) ハンコックについては、Wm. R. Louis, 'Sir Keith Hancock and the British Empire: The Pax Britannica and the Pax Americana', *English Historical Review* 120–488 (2005).

(75) J. Walker, *Skin Deep*, 106.

(76) E. A. Walker, *The Policy of Apartheid in the Union of South Africa: The 26th Cust Foundation Lecture Delivered on 13th March 1953* (Nottingham, 1953). 引用箇所は、*Ibid.*, 26.

(77) Id., 'The Franchise in Southern Africa', *Cambridge Historical Journal* 11–1 (1953).

(78) Id., *A History of Southern Africa* (London, 1957).

(79) Id., 'Hertzog, James Barry Munnik', in L. G. W. Legg and E. T. Williams (eds.), *The Dictionary of National Biography, 1941–1950* (Oxford, 1959).

(80) Id., 'The Problem of Cooperation, 1886-1895', in id. (ed.), *The Cambridge History of the British Empire vol. 8: South Africa, Rhodesia and the High Commission Territories* (Cambridge, 1963).

(81) Id., 'Cultural Development', in *Ibid.*.

(82) B. J. Liebenberg, 'Eric Walker's Interpretation of Recent South African History', *Historia* 11 (1966).

(83) L. Thompson (ed.), *African Societies in Southern Africa: Historical Studies* (London, 1969); Wilson and Thompson, *Oxford History*. 以下も参照。L. Thompson, *Survival in Two Worlds: Moshoeshoe of Lesotho, 1786-1870* (Oxford, 1975).

(84) M. Legassick, 'The Frontier Tradition in South African Historiography', Seminar Paper, Institute of Commonwealth Studies, University of London (London, 1970-1971); id., 'British Hegemony'. 以下も参照。H. Wolpe, 'Capitalism and Cheap Labour Power in South Africa: From Segregation to Apartheid', *Economy and Society* 1-4 (1972); C. Bundy, *The Rise and Fall of a South African Peasantry* (London, 1979); 拙稿「アパルトヘイトとウォーラーステイン」川北稔編『ウォーラーステイン』(講談社、2001 年)。

(85) S. Trapido, 'The Friends of the Natives: Merchants, Peasants and the Political and Ideological Structure of Liberalism in the Cape, 1854-1910', in Marks and Atmore, *Economy and Society*. 以下も参照。R. Davenport, 'The Cape Liberal Tradition to 1910', in J. Butler, R. Elphick and D. Welsh (eds.), *Democratic Liberalism in South Africa: Its History and Prospect* (Cape Town, 1987).

(86) J. Walker, *Skin Deep*, 98, 128, 159, 162. マレルブについては、S. Dubow, 'Scientism, Social Research and the Limits of 'South Africanism': The Case of Ernst Gideon Malherbe', *South African Historical Journal* 44 (2001).

(87) C. de B. Webb, 'A Tribute to Eric Anderson Walker', *Janus* (1976).

(88) E. A. Walker, *The Place of History in University Education* (Cape Town, 1919).

(89) J. Walker, *Skin Deep*, 33.

第四章

(1) W. M. MacMillan, *My South African Years: An Autobiography* (Cape Town, 1975), 1.

(2) Saunders, *Making*, 47.

(3) Webb, 'Tribute'.

（4） 以下も参照。H. MacMillan and S. Marks (eds.), *Africa and Empire: W. M. MacMillan, Historian and Social Critic* (Aldershot, 1989); H. MacMillan (ed.), *Mona's Story: An Admiral's Daughter in England, Scotland and Africa, 1908–51* (Oxford, 2008); M. Kissack and M. Titlestad, 'The Antinomies of a Liberal Identity: Reason, Emotion and Volition in the Work of R. F. E. Hoernlé and W. M. MacMillan', *South African Historical Journal* 60-1 (2008).

（5） C. Saunders, 'MacMillan, William Miller', in Beyers, *South African Biography vol. 5*, 484; id., *Making*, 47–48; J. Krikler, 'William MacMillan and the Working Class', in H. MacMillan and Marks, *Africa*, 36–38; D. Lavin, 'MacMillan, William Miller', in Matthew and Harrison, *National Biography* (2004).

（6） W. M. MacMillan, *My South African Years*, 26. 以下も参照。J. Hyslop, 'Cape Town Highlanders, Transvaal Scottish: Military Scottishness and Social Power in Nineteenth and Twentieth Century South Africa', *South African Historical Journal* 47 (2002).

（7） W. M. MacMillan, *My South African Years*, 22, 37.

（8） *Ibid.*, 36. ローズ奨学生については、安原義仁「大英帝国を結ぶ留学生——ローズ・スカラー誕生」川北稔・指昭博編『周縁からのまなざし——もうひとつのイギリス近代』（山川出版社、2000年）。

（9） W. M. MacMillan, *My South African Years*, 66–106; Saunders, 'MacMillan', 484; id., *Making*, 48–50; Krikler, 'William MacMillan', 38–47; Lavin, 'MacMillan'.

（10） P. Maylam, "Oxford in the Bush': The Founding (and Diminishing) Ethos of Rhodes University', *African Historical Review* 48-1 (2016).

（11） G. E. Cory, *The Rise of South Africa*, 6 vols. (London, 1910–1930).

（12） W. M. MacMillan, *My South African Years*, 114–5.

（13） (Id.,) *Sanitary Reform for Grahamstown* (Grahamstown, 1915).

（14） Id., *Economic Conditions in a Non-Industrial South African Town* (Grahamstown, 1915).

（15） Id., *My South African Years*, 122.

（16） *Ibid.*, 124–5.

（17） *Ibid.*, 125–6.

（18） Id., *Poverty and Post-War Problems* (Grahamstown, 1916).

（19） Id., *My South African Years*, 126.

（20） Id. (ed.), *A South African Student and Soldier: Harold Edward Howse: 1894–1917:*

B. A. Rhodes University College, Grahamstown: Captain, Royal Berkshire (Cape Town, 1920), 1. 以上の経歴については、Saunders, 'MacMillan', 484; id., *Making*, 50-2; Krikler, 'William MacMillan', 47-51; J. Butler, 'W. M. MacMillan: Poverty, Small Towns and the Karoo', in H. MacMillan and Marks, *Africa*; Lavin, 'MacMillan'.

(21) S. J. and B. Webb, *English Local Government*, 9 vols. (London, 1906-1929).

(22) W. M. MacMillan, *The Place of Local Government in the Union of South Africa: With an Introduction by Patrick Duncan, C.M.G., M.L.A.* (Johannesburg, 1918).

(23) R. H. Tawney, *The Agrarian Problem in the Sixteenth Century* (London, 1912). トーニーについては、越智武臣『近代英国の発見——戦後史学の彼方』(ミネルヴァ書房、1990年)、292-354頁。同「トーニー(リチャード・ヘンリー)」尾形・樺山・木畑『20世紀の歴史家たち3　世界編上』。

(24) W. M. MacMillan, *The South African Agrarian Problem and Its Historical Development* (Johannesburg, 1919). 以下も参照。Krikler, 'William MacMillan', 51-68.

(25) アフリカ人が兵士になることは認められなかったものの、原住民労働派遣隊21000人が1916年9月からフランスで船荷の積み下ろしなどに従事した。だがコンパウンド(飯場)で過酷な事態を強いられ、17年2月21日には英仏海峡で輸送船メンディ号が沈没して死者615人が出る悲劇も起こった。B. P. Willan, 'The South African Native Labour Contingent, 1916-1918', *Journal of African History* 19-1 (1978); A. Grundlingh, 'Black Men in a White Man's War: The Impact of the First World War on South African Blacks', *War & Society* 3-1 (1985); N. Clothier, *Black Valour: The South African Native Labour Contingent, 1916-1918 and the Sinking of the 'Mendi'* (Pietermaritzburg, 1987); A. Grundlingh, *Fighting Their Own War: South African Blacks and the First World War* (Johannesburg, 1987); id., 'Mutating Memories and the Making of a Myth: Remembering The SS *Mendi* Disaster, 1917-2007', *South African Historical Journal* 63-1 (2011).

(26) S. Dubow, *The African National Congress* (Stroud, 2000).

(27) W. M. MacMillan, *My South African Years*, 147-203; Saunders, 'MacMillan', 484; id., *Making*, 53-5; P. Rich, 'W. M. MacMillan, South African Segregation and Commonwealth Race Relations, 1919-1938', in H. MacMillan and Marks, *Africa*; Lavin, 'MacMillan'.

(28) マクミラン自身の先行研究批判は、W. M. MacMillan, *The Cape Colour Question: A Historical Survey* (London, 1927), 6, 9.

(29) *Ibid.*, ix–x. 以下も参照。A. C. Ross, 'John Philip: Towards a Reassessment', in H. MacMillan and Marks, *Africa*; R. Ross, 'James Cropper, John Philip and the *Researches in South Africa*', in *Ibid.*.

(30) W. M. MacMillan, *Bantu, Boer, and Briton: The Making of the South African Native Problem* (London, 1929); Revised and Enlarged ed. (Oxford, 1963).

(31) *Ibid.*, 18–9. この主張は、1980年代末のコビングの議論にも通じるところがある。第1部はじめに注（18）参照。

(32) *Ibid.*, 16.

(33) Id., *The Land, the Native and Unemployment* (Johannesburg, 1924).

(34) Id., *My South African Years*, 184.

(35) *Ibid.*, 186–7.

(36) P. B. Rich, *White Power and the Liberal Conscious: Racial Segregation and South African Liberalism 1921–60* (Johannesburg, 1984), 54–8; S. Dubow, *Racial Segregation and the Origins of Apartheid in South Africa, 1919–36* (Basingstoke, 1989). 以下も参照。P. B. Rich, *Hope and Despair: English-Speaking Intellectuals and South African Politics 1896–1976* (London, 1993); S. Dubow, *Scientific Racism in Modern South Africa* (Cambridge, 1995).

(37) W. M. MacMillan, *Complex South Africa: An Economic Foot-Note to History* (London, 1930), 8. 以下も参照。H. MacMillan, "Paralyzed Conservatives': W. M. MacMillan, the Social Scientists, and 'the Common Society', 1923–48', in H. MacMillan and Marks, *Africa*; J. Marincowitz, 'From 'Colour Question' to 'Agrarian Problem' at the Cape: Reflections on the Interim', in *Ibid.*; W. Beinart, 'W. M. MacMillan's Analysis of Agrarian Change and African Rural Communities', in *Ibid.*.

(38) アルフレッド・ヘルンレについては、Rich, *White Power*, 66–9.

(39) *Ibid.*, 10–32.

(40) W. M. MacMillan, *My South African Years*, 204–30; Saunders, 'MacMillan', 484–5; id., *Making*, 55–8; Lavin, 'MacMillan'. 以下も参照。B. Murray, 'W. M. MacMillan: The Wits Years and Resignation, 1917–1933', *South African Historical Journal* 65–2 (2013).

(41) W. M. MacMillan, 'Political Development, 1822–1834', in Newton and Benians, *Cambridge History vol. 8*.

(42) Id., 'The Problem of the Coloured People, 1792–1842', in *Ibid.*.

(43) Id., 'The Frontier and the Kaffir Wars, 1792–1836', in *Ibid.*.

(44)　Id., 'The Protectorates', in *Ibid.*.

(45)　Id., *My South African Years*, 231.

(46)　Saunders, 'MacMillan', 485; id., *Making*, 56-7; Lavin, 'MacMillan'.

(47)　W. M. MacMillan, *Warning from the West Indies: A Tract for Africa and the Empire* (London, 1936); Revised and Enlarged ed. (Harmondsworth, 1938); id., *Africa Emergent: A Survey of Social, Political, and Economic Trends in British Africa* (London, 1938); Revised and Enlarged ed. (Harmondsworth, 1949). 以下も参照。M. MacMillan, 'The Making of *Warning from the West Indies*: Extract from a Projected Memoir of W. M. MacMillan', *Journal of Commonwealth and Comparative Politics* 18-2 (1980); id., 'MacMillan, Indirect Rule and *Africa Emergent*', in H. MacMillan and Marks, *Africa*.

(48)　W. M. Hailey, *An African Survey: A Study of Problems Arising in Africa South of the Sahara: Issued by the Committee of the African Research Survey under the Auspices of the Royal Institute of International Affairs* (Oxford, 1938). ヘイリーについては、本田『インド植民地官僚』、121-137 頁。

(49)　W. M. MacMillan, *My South African Years*, 243-5. 以下も参照。J. E. Flint, 'MacMillan as a Critic of Empire: The Impact of an Historian on Colonial Policy', in H. MacMillan and Marks, *Africa*.

(50)　J. E. Wrench, *Geoffrey Dawson and Our Times* (London, 1955).

(51)　W. M. MacMillan, *My South African Years*, 247-50. 以下も参照。J. Cotton, 'Chatham House and Africa c1920-1960: The Limitation of the Curtis Vision', *South African Historical Journal* 68-2 (2016).

(52)　H. J. Laski, H. Nicolson, H. Read, W. M. MacMillan, E. Wilkinson and G. D. H. Cole, *Programme for Victory: A Collection of Essays Prepared for the Fabian Society* (London, 1941).

(53)　C. K. Meek, W. M. MacMillan and E. R. J. Hussey, *Europe and West Africa: Some Problems and Adjustments* (Oxford, 1940).

(54)　W. M. MacMillan, *Democratise the Empire: A Policy of Colonial Reform* (London, 1941).

(55)　Saunders, 'MacMillan', 485; id., *Making*, 60; Lavin, 'MacMillan'.

(56)　W. M. MacMillan, *Africa beyond the Union* (Johannesburg, 1949).

(57)　Id., *The Road to Self-Rule: A Study in Colonial Evolution* (London, 1959). 以下も参照。M. Crowder, 'Professor MacMillan Goes on Safari: The British Government

Observer Team and the Crisis over the Seretse Khama Marriage, 1951', in H. MacMillan and Marks, *Africa*.

(58) W. M. MacMillan, *My South African Years*, 35. 以下も参照。*Ibid.*, 46.

(59) *Ibid.*, 21.

(60) *Ibid.*, 33.

(61) *Ibid.*, 247-50.

(62) バリンジャー夫妻については、F. A. Mouton, *Voices in the Desert: Margaret and William Ballinger: A Biography* (Pretoria, 1997). 以下も参照。Rich, *White Power*, 40-7.

(63) *Ibid.*, 73-6.

おわりに

(1) H. Arendt, *The Origins of Totalitarianism Part 2: Imperialism* (New York, 1951)(大島通義・大島かおり訳『全体主義の起源2――帝国主義』みすず書房、1972年、117頁、一部改変)。

(2) 同、121頁(一部改変)。

(3) C. W. de Kiewiet, *A History of South Africa: Social & Economic* (Oxford, 1941)(野口建彦・野口知彦訳『南アフリカ社会経済史』文眞堂、2010年)。

(4) J. A. Hobson, *Imperialism: A Study* (London, 1902)(矢内原忠雄訳『帝国主義論』2巻、岩波書店、1952年)。Id., *The War in South Africa: Its Causes and Effects* (London, 1900). ホブソンについては、B. Porter, *Critics of Empire: British Radical Attitudes to Colonialism in Africa, 1895-1914* (London, 1968); P. J. Cain, *Hobson and Imperialism: Radicalism, New Liberalism, and Finance, 1887-1938* (Oxford, 2002). 邦語では、秋田茂「帝国主義批判の思想――ホブソンの『帝国主義論』を中心として」歴史学研究会『講座世界史5』。竹内幸雄『イギリス人の帝国――商業、金融そして博愛』(ミネルヴァ書房、2000年)。

(5) 以下も参照。永原陽子「南アフリカにおけるユダヤ人問題――覚え書き」下村由一・南塚信吾編『マイノリティと近代史』(彩流社、1996年)。C. J. Lee, "Causes' versus 'Conditions': Imperial Sovereignty, Postcolonial Violence and the Recent Re-Emergence of Arendtian Political Thought in African Studies', *South African Historical Journal* 60-1 (2008).

(6) 各部族への帰属意識の強化については、Vail, *Creation*. 以下も参照。C. Saunders, 'Pre-Cobbing Mfecane Historiography', in Hamilton, *Mfecane Aftermath*.

（７） J. D. Omer-Cooper, *The Zulu Aftermath: A Nineteenth-Century Revolution in Bantu Africa*（London, 1966）, 7.

（８） ムフェカネの概念をめぐる 1980 年代末以降の論争については第 1 部はじめに注（18）を参照。シャカの神話がズールー・ナショナリズムに与えた影響に関しては、S. Marks, 'Patriotism, Patriarchy and Purity: Natal and the Politics of Zulu Ethnic Consciousness', in Vail, *Creation*; N. Cope, 'The Zulu Petit Bourgeoisie and Zulu Nationalism in the 1920s: Origins of Inkatha', *Journal of Southern African Studies* 16-3（1990）; D. Golan, *Inventing Shaka: Using History in the Construction of Zulu Nationalism*（London, 1994）; C. Hamilton, *Terrific Majesty: The Powers of Shaka Zulu and the Limits of Historical Invention*（Cambridge, Massachusetts, 1998）; B. Temkin, *Buthelezi: A Biography*（London, 2003）. 以下も参照。T. Cope（ed.）, *Izibongo: Zulu Praise-Poems, Collected by James Stuart, Translated by Daniel Malcolm*（Oxford, 1968）; M. Kunene, *Emperor Shaka the Great: A Zulu Epic*（London, 1979）（土屋哲訳『偉大なる帝王シャカ』２巻、岩波書店、1979 年）。

第三部

はじめに

（１） B. Anderson, *Imagined Communities: Reflections on the Origin and Spread of Nationalism*（London, 1983）（白石隆・白石さや訳『想像の共同体――ナショナリズムの起源と流行』リブロポート、1987 年）。E. Hobsbawm, and T. Ranger（eds.）, *The Invention of Tradition*（Cambridge, 1983）（前川啓治・梶原景昭他訳『創られた伝統』紀伊國屋書店、1992 年）。

（２） T. Ranger, 'Missionaries, Migrants and the Manyikas: The Invention of Ethnicity in Zimbabwe', in Vail, *Creation*.

（３） Marks, 'Patriotism'; Anonymous（J. B. Peires）, 'Ethnicity and Pseudo-Ethnicity in the Ciskei', in Vail, *Creation*. シスカイ論文については、拙稿「アパルトヘイトとウォーラーステイン」、151-154 頁。

（４） I. Goldin, *Making Race: The Politics and Economics of Coloured Identity in South Africa*（London, 1987）; id., 'Coloured Identity and Coloured Politics in the Western Cape Region of South Africa', in Vail, *Creation*; R. H. du Pre, *Separate but Unequal: The 'Coloured' People of South Africa — A Political History*（Johannesburg, 1994）.

(5) S. B. Biko, *I Write What I Like* (London, 1979)（峯陽一他訳『俺は書きたいことを書く――黒人意識運動の思想』現代企画室、1988年）。

(6) M. Adhikari, *Not White Enough, Not Black Enough: Racial Identity in the South African Coloured Community* (Athens, Ohio, 2005), vii-viii. 以下も参照。Id., *'Let Us Live for Our Children': The Teachers' League of South Africa, 1913-1940* (Cape Town, 1993).

(7) H. Giliomee, 'The Non-Racial Franchise and Afrikaner and Coloured Identities, 1910-1994', *African Affairs* 94-375 (1995). 以下も参照。G. Lewis, *Between the Wire and the Wall: A History of South African 'Coloured' Politics* (Cape Town, 1987), 119-73.

(8) K. Ward and N. Worden, 'Commemorating, Suppressing, and Invoking Cape Slavery', in S. Nuttall and C. Coetzee (eds.), *Negotiating the Past: The Making of Memory in South Africa* (Oxford, 1998); Adhikari, *Not White Enough*, 33-65.

(9) Bickford-Smith, *Ethnic Pride*, 23; Ward and Worden, 'Commemorating', 203-4.

(10) Lewis, *Between the Wire and the Wall*, 20-8.

(11) Bickford-Smith, *Ethnic Pride*, 10, 31.

(12) Thompson, *Unification*, 486-7.

(13) *APO*, 24 May, 1909.

(14) 例えば、*APO*, 9 April, 1910.

(15) *APO*, 13 August, 1910; 8 April, 1911; 10 August, 1912.

(16) *APO*, 19 September, 1914; 3 October, 1914; 31 October, 1914; 28 November, 1914; 12 December, 1914; 2 October, 1915; 24, October, 1919; 6 December, 1919.

(17) *APO*, 17 April, 1915; 15 May, 1915; 2 October, 1915; 30 October, 1915; 13 November, 1915. 以下も参照。*APO*, 22 August, 1914; 5 September, 1914; 28 November, 1914; A. J. B. Desmore, *With the 2nd Cape Corps thro' Central Africa* (Cape Town, 1920); I. D. Difford, *The Story of the 1st Battalion Cape Corps, 1915-1919: With an Introduction by John X. Merriman* (Cape Town, 1920); B. Nasson, 'Why They Fought: Black Cape Colonists and Imperial Wars, 1899-1918', *International Journal of African Historical Studies* 37-1 (2004).

(18) Adhikari, *Not White Enough*, 66-79. 戦後の失望については、*APO*, 1 August, 1919; 15 August, 1919; 29 August, 1919; 12 September, 1919; 24 October, 1919; 7 November, 1919.

(19) *APO*, 4 November, 1911.

(20)　Besten, "We Are the Original Inhabitants", 136-7.

(21)　Giliomee, 'Non-Racial Franchise', 203.

(22)　*APO*, 4 December, 1909.

第五章

(1)　マランは1919年にも、カラードを対象とした統一アフリカーナー連盟を組織している。その名称は、カラードもまたアフリカーナー（アフリカーンス語話者）であるとの主張による。だが、連盟と密接な関係にあった『クラリオン』紙も英語を基本的な使用言語とした。連盟はカラードの支持を獲得できず、21年、活動を停止する。Giliomee, 'Non-Racial Franchise', 207-12. 以下も参照。Lewis, *Between the Wire and the Wall*, 122-6.

(2)　マランは同盟を組織したのと同じ1925年、ケープ・マレー協会を創設、マレー系をカラードと分断した。*Ibid.*, 131.

(3)　同盟については、Giliomee, 'Non-Racial Franchise', 212-20. 以下も参照。Lewis, *Between the Wire and the Wall*, 128-31.

(4)　カラード・ヨーロッパ人協議会とウィルコックス委員会については、*Ibid.*, 154-65.

(5)　S. G. Millin, *God's Stepchildren* (Cape Town, 1924). 以下も参照。Id., *The South Africans* (London, 1926); V. February, *Mind Your Colour: The 'Coloured' Stereotype in South African Literature* (London, 1981).

(6)　MacMillan, *Cape Colour Question*, 266-7.

(7)　J. S. Marais, *The Colonisation of New Zealand* (Oxford, 1927).

(8)　Saunders, *Making*, 115-6; Lewis, *Between the Wire and the Wall*, 169.

(9)　J. S. Marais, *The Cape Coloured People, 1652-1937* (London, 1939), viii.

(10)　*Ibid.*, 281-3.

(11)　Id., *Maynier and the First Boer Republic* (Cape Town, 1944); id., *Fall*. 以上の経歴については、Saunders, *Making*, 117.

(12)　*The Sun*, 23 September, 1932; 25 November, 1932.

(13)　R. R. Edgar (ed.), *An African American in South Africa: The Travel Notes of Ralph J. Bunche 28 September 1937 — 1 January 1938* (Athens, Ohio, 1992), 326.

(14)　*Cape Times*, 1 December, 1934. 以下も参照。Ward and Worden, 'Commemorating', 205.

（15） *Souvenir, 1834–1934: Historical Pageant Held at Green Point Track, on Thursday and Friday, 10th and 11th Jan., 1935 at 8 p.m.*（Cape Town, 1935）, 34, 36–7; *Cape Argus*, 11 January, 1935. 南アフリカ史におけるページェントについては、P. Merrington, 'Masques, Monuments, and Masons: The 1910 Pageant of the Union of South Africa', *Theatre Journal* 49（1997）.

（16） *Souvenir*, 2–3, 35.

（17） *Cape Argus*, 10 January, 1935.

（18） *Souvenir*, 31.

（19） *Ibid.*, 9, 12, 14, 20, 22, 31.

（20） *Ibid.*, 10, 15, 22. 以下も参照。*Ibid.*, 5, 7, 18.

（21） *Ibid.*, 11, 25. 以下も参照。*Ibid.*, 6.

（22） *Ibid.*, 13.

（23） *Ibid.*, 19.

（24） *Ibid.*, 30; *Cape Argus*, 11 January, 1935.

（25） *Souvenir*, 15.

（26） *Ibid.*, 23. 以下も参照。*Ibid.*, 19, 21.

（27） *Ibid.*, 27. 以下も参照。*Ibid.*, 26.

（28） *Ibid.*, 28; *Cape Argus*, 11 January, 1935. ヴィクトリア女王が架空の黒人王に聖書を贈る絵画については、井野瀬久美恵『黒人王、白人王に謁見す――ある絵画のなかの大英帝国』（山川出版社、2002 年）。

（29） Adhikari, *Not White Enough, Not Black Enough*, 39.

（30） D. W. Hendricks and C.J. Viljoen, *Student Teachers' History Course: For Use in Coloured Training Colleges*（Paarl, 1936）, 157–61, 169–70, 192–9, 240–1.

（31） *Ibid.*, 158, 160.

（32） *Ibid.*, 159–60.

（33） *Ibid.*, 192–9.

（34） Edgar, *An African American*, 332–3; P. Clark, "Better Libraries for Everyone!': The Development of Library Services in the Western Cape in the 1940s', *Innovation* 28（2004）, 25; Adhikari, *Not White Enough*, 41.

（35） Edgar, *An African American*, 333; Clark, "Better Libraries", 24–5.

（36） Lewis, *Between the Wire and the Wall*, 156; Clark, "Better Libraries", 25.

（37） C. Ziervogel, *Brown South Africa*（Cape Town, 1938）, 4. 以下も参照。Id., *The*

Coloured People and the Race Problem (Ceres, South Africa, 1936), 3. ジーアフォーヘルが参照したシャペラの研究は、I. S. Schapera, *The Khoisan Peoples of South Africa: Bushmen and Hottentots* (London, 1930); id., *The Early Cape Hottentots* (Cape Town, 1933); id. (ed.), *Western Civilization and the Natives of South Africa: Studies in Culture Contact* (London, 1934).

(38) 特に、Ziervogel, *Brown South Africa*, 39, 74.

(39) *Ibid.*, 19-20.

(40) *Ibid.*, 21.

(41) 特に、*Ibid.*, 15. 以下も参照。Id., *Coloured People*, 11.

(42) 特に、Id., *Brown South Africa*, 24, 91. 以下も参照。Id., *Coloured People*, 8.

(43) Id., *Brown South Africa*, 22.

(44) *Ibid.*, 39. 以下も参照。Id., *Coloured People*, 4.

(45) *Cape Argus*, 11 January, 1935.

(46) Lewis, *Between the Wire and the Wall*, 203, 222; Edgar, *An African American*, 326; Adhikari, *Not White Enough*, 39.

(47) この言葉を書き留めたのはアメリカ合衆国のアフリカ系政治学者で、当時南アフリカを訪問していた（後のノーベル平和賞受賞者）ラルフ・バンチである。Travel Notes of R. J. Bunche, 1 November, 1937, in Edgar, *An African American*, 96.

(48) Besten, "We Are the Original Inhabitants", 137.

(49) Ward and Worden, 'Commemorating', 207-8.

(50) ここで言うトロツキストは、ソ連ないし各国の共産党によって（トロツキーと直接の関係がない人びとにまで）貼られたレッテル以上に実体を兼ね備えたものである。次章参照。

(51) M. W. Hommel, *Capricorn Blues: The Struggle for Human Rights in South Africa* (Toronto, 1981); B. Nasson, 'The Unity Movement: Its Legacy in Historical Consciousness', *Radical History Review* 46-47 (1990); Rassool and Witz, 'The 1952 Jan van Riebeeck Tercentenary Festival', 462-6; Ward and Worden, 'Commemorating', 207; Adhikari, *Not White Enough*, 45-9.

(52) *Cape Argus*, 11 January, 1935.

(53) L. M. Thompson, *The Cape Coloured Franchise* (Johannesburg, 1949); Saunders, *Making*, 123.

(54) H. Trotter, 'Trauma and Memory: The Impact of Apartheid-Era Forced Removals

on Coloured Identity in Cape Town', in Adhikari, *Burdened*; C. Beyers, 'Identity and Forced Displacement: Community and Colouredness in District Six', in *Ibid.*

(55) Ward and Worden, 'Commemorating', 208-9.

(56) R. E. van der Ross, *The Rise and Decline of Apartheid: A Study of Political Movements among the Coloured People of South Africa, 1880-1985* (Cape Town, 1986). 以下も参照。Adhikari, *Not White Enough*, 53-7.

(57) Ward and Worden, 'Commemorating', 209, 212-5; M. Ruiters, 'Collaboration, Assimilation and Contestation: Emerging Constructions of Coloured Identity in Post-Apartheid South Africa', in Adhikari, *Burdened*, 121-4; Besten, "We Are the Original Inhabitants", 139-50.

(58) Ward and Worden, 'Commemorating', 215-6; Ruiters, 'Collaboration', 118.

(59) Giliomee, 'Non-Racial Franchise', 220-5.

(60) Besten, "We Are the Original Inhabitants", 150.

(61) B. Nasson, *Britannia's Empire: Making a British World* (Stroud, 2004).

第六章

(1) 本章の主題である1920、30年代については、E. Roux, *Time Longer than Rope: A History of the Black Man's Struggle for Freedom in South Africa* (London, 1948); J. Simons and R. Simons (Alexander), *Class and Colour in South Africa, 1850-1950* (Harmondsworth, 1969); A. Lerumo (M. Harmel), *Fifty Fighting Years: The Communist Party of South Africa 1921-1971* (London, 1971); A. Drew, *Discordant Comrades: Identities and Loyalties on the South African Left* (Aldershot, 2000); M. Roth, *The Communist Party in South Africa: Racism, Eurocentricity and Moscow, 1921-1950* (Partridge, 2016).

(2) 各人の伝記としては、R. K. Cope, *Comrade Bill: The Life and Times of W. H. Andrews, Workers' Leader* (Cape Town, 1944); E. Roux, *S. P. Bunting: A Political Biography* (Cape Town, 1944); id. and W. Roux, *Rebel Pity: The Life of Eddie Roux* (London, 1970); P. van der Spuy, 'Not Only 'The Younger Daughter of Dr. Abdurahman': A Feminist Exploration of Early Influences on the Political Development of Cissie Gool', Ph.D. Thesis, University of Cape Town (Cape Town, 2002); A. Drew, *Between Empire and Revolution: A Life of Sidney Bunting, 1873-1936* (London, 2007).

(3) Simons, *Class*, 261.

（4） Cope, *Comrade Bill*, 7-60.

（5） Roux, *S. P. Bunting*, 57-61; Drew, *Between Empire and Revolution*, 1-77.

（6） Id., *Discordant Comrades*, 22-30.

（7） Cope, *Comrade Bill*, 61-161.

（8） 白人拡大協会の目的は「南アフリカに永住し農業、産業の双方に従事するヨーロッパ人住民について、現状改善ならびに急速な拡大を促進すること」であり、ヨハネスブルク公共図書館で講演会を開催するなどの活動を行った。Roux, *S. P. Bunting*, 64; Drew, *Between Empire and Revolution*, 76.

（9） Roux, *S. P. Bunting*, 64.

（10） *Ibid.*, 62-9; Drew, *Between Empire and Revolution*, 78-91.

（11） D. Ticktin, 'The War Issue and the Collapse of the South African Labour Party 1914-15', *South African Historical Journal* 1（1969）.

（12） Cope, *Comrade Bill*, 162-79; Roux, *S. P. Bunting*, 70-2, 80-1; Drew, *Between Empire and Revolution*, 92-104.

（13） Roux, *Rebel Pity*, 11-29.

（14） Drew, *Discordant Comrades*, 47-49.

（15） Cope, *Comrade Bill*, 179.

（16） だが、バンティングも結局拘留された。

（17） Cope, *Comrade Bill*, 179-296; Roux, *S. P. Bunting*, 73-9, 82-106; Drew, *Between Empire and Revolution*, 105-24.

（18） Cope, *Comrade Bill*, 296-319.

（19） Roux, *Rebel Pity*, 30-60. フィリップは連盟時代に運動から離れた。

（20） Drew, *Discordant Comrades*, 139-40.

（21） Roux, *S. P. Bunting*, 107-12; Drew, *Between Empire and Revolution*, 125-48.

（22） Roux, *S. P. Bunting*, 113-30; id., *Rebel Pity*, 61-87; Drew, *Discordant Comrades*, 94-111; id., *Between Empire and Revolution*, 149-65.

（23） Roux, *S. P. Bunting*, 131-40; Drew, *Between Empire and Revolution*, 166-87. バンティングは総投票数 2302 のうち 289 票を得たが、ウォルトンは 3082 の内 93 票しか獲得できなかった。

（24） Roux, *Rebel Pity*, 88-109. 発行部数も 1930 年のうちに（公称）3000 部から 5000 部に拡大した。

（25） Id., *S. P. Bunting*, 141-7; Drew, *Between Empire and Revolution*, 188-208.

(26) Cope, *Comrade Bill*, 319-23.

(27) Roux, *S. P. Bunting*, 148-79; id., *Rebel Pity*, 110-24; Drew, *Discordant Comrades*, 112-36; id., *Between Empire and Revolution*, 209-24.

(28) Roux, *Rebel Pity*, 125-66; Drew, *Discordant Comrades*, 166-98.

(29) *Ibid.*, 137-65.

(30) 本名はザイノネサだが、自他ともにシシと称した。

(31) 本節の内容は、南アフリカ女性史・ジェンダー史の文脈に位置づけることも必要だろう。南アフリカはオリーヴ・シュライナーなどを輩出してきたものの、女性史研究が本格化したのは1980年前後である。嚆矢となったのは白人女性参政権運動に関するチェリル・ウォーカーの著書だが、より重要なのは、マルクス主義フェミニズムの立場に立つベリンダ・ボゾーリの論文だった。ボゾーリは、アフリカ人社会の家父長制が女性に家事と農業の両方を強いて、手の空いた男性が、資本主義化された都市に単身出稼ぎ労働することを可能にした、と論じ、性差別をめぐる家父長制と資本主義の共犯関係を解明した。だが南アフリカの女性史研究は、人種によって個々の境遇が大きく異なり、議論を容易に一般化できない困難を抱えており、現にウォーカー、ボゾーリ以降の女性史は拡散傾向にある。社会的、文化的性差の構築を問うジェンダーの視点は今日、南アフリカ史でも定着しているが、そこでも人種との交錯の問題は避けて通ることができない。人種の構築について考えていく上で鍵となるカラードの女性に注目することが不可欠なゆえんである。Walker, *Women's Suffrage Movement*; B. Bozzoli, 'Marxism, Feminism and South African Studies', *Journal of Southern African Studies* 9-2 (1983). ボゾーリ論文については、拙稿「アパルトヘイトとウォーラーステイン」、149-151頁。以下も参照。富永智津子・永原陽子編『新しいアフリカ史像を求めて——女性・ジェンダー・フェミニズム』(御茶の水書房、2006年)。

(32) Van der Spuy, 'Not Only'.

(33) C. van Wyk, *Cissie Gool* (Johannesburg, 2006).

(34) N. Davids, '"This Woman Is Not for Burning': Performing the Biography and Memory of Cissie Gool', *Social Dynamics* 38-2 (2012).

(35) ケープタウン周辺の非ヨーロッパ系に占めるインド系の割合を答えることは難しい。だが、ケープ植民地でも他のイギリス帝国の諸地域でも、例えば、アフリカ系と比較してインド系の地位ないし認知度は高かった。アブドゥラのグラスゴー大学入学が認められたのも、インド系だったゆえと思われる。Van der Spuy, 'Not Only', 26-50.

(36) Walker, *Women's Suffrage Movement*, 17–30.

(37) *APO*, 19 June, 1909; 3 July, 1909; 28 August, 1909; 25 September, 1909; 6 November, 1909; 9 April, 1910; 7 May, 1910; 21 May, 1910; 3 December, 1910; 18 November, 1911; 16 December, 1911.

(38) ウィリアム・シュライナーがギルドのバザーで行った演説による。*APO*, 25 March, 1911.

(39) 母ネリーも日本の着物を着て登場した。このことはシシ、ロージーのトルコ人の扮装とともに、アフリカより「文明的な」アジアに同化し、バザーの会場にもいたヨーロッパ系のエキゾティシズムに訴えたものだろう。*APO*, 25 March, 1911.

(40) 例えば、*APO*, 8 March, 1913; 23 Jun, 1915; 29 August, 1919.

(41) 以下も参照。Van der Spuy, 'Not Only', 50.

(42) *APO*, Christmas Number, 1912.

(43) カレッジ初の（ヨーロッパ系）女子学生は 1887 年だが、初の非ヨーロッパ系（男子）学生については諸説ある。やはりアブドゥラとカレッジ教員のつながりによって、ハロルド・クレッシー（後年、トラファルガー校でシシの教育に当たった）が入学したのは 1909 年である。M. Adhikari, *'Against the Current': A Biography of Harold Cressy, 1889–1916* (Cape Town, 2000). なお、シシの入学に尽力した教員としてファン・デア・スピュイはウォーカーの名を挙げているが、ウォーカーは当時出征していた（第 3 章参照）。

(44) Van der Spuy, 'Not Only', 109–37.

(45) P. van der Spuy and L. Clowes, "A Living Testimony of the Heights to Which a Woman Can Rise': Sarojini Naidu, Cissie Gool and the Politics of Women's Leadership in South Africa in the 1920s', *South African Historical Journal* 64–2 (2012). 以下も参照。G. Vahed, 'Race, Empire, and Citizenship: Sarojini Naidu's 1924 Visit to South Africa', *South African Historical Journal* 64–2 (2012).

(46) *South African Woman's Magazine*, Christmas Number, 1926.

(47) *Cape Times Annual*, 1928.

(48) Van der Spuy, 'Not Only', 138–66.

(49) Walker, *Women's Suffrage Movement*, 31–53.

(50) *Cape Times*, 11 March, 1930.

(51) R. E. van der Ross, *'Say It Out Loud': The APO Presidential Addresses and Other Major Political Speeches, 1906–1940, of Dr Abdullah Abdurahman* (Bellville, South

Africa, 1990), 148-51.

(52) 例えば、エディ・ルーの回顧録を参照。Roux, *Rebel Pity*, 80, 83.

(53) Drew, *Discordant Comrades*, 199-224; Van der Spuy, 'Not Only', 193. ラ・グーマは当時党籍を離れていた。このことは保守系、トロツキスト系の批判を避けるためのカムフラージュと言えるかもしれない。ラ・グーマは労組のICU出身で生涯離党と復党を繰り返し、思想的に「純粋」とは見なされていなかった。M. Adhikari (ed.), *Jimmy La Guma: A Biography by Alex La Guma* (Cape Town, 1997).

(54) P. van der Spuy, 'Gool, Cissie', in B. G. Smith (ed.), *The Oxford Encyclopedia of Women in World History vol. 4* (Oxford, 2008), 389; H. Scanlon, *Representation & Reality: Portraits of Women's Lives in the Western Cape 1948-1976* (Cape Town, 2007), 255-7.

(55) 例えば、デイヴィズ脚本・演出の「シシ」には、トロツキスト系の非ヨーロッパ人統一運動を「議論して、議論して、議論について議論して」と茶化す台詞があった。この台詞はオールド・トロツキストの批判を受け、デイヴィズは釈明に追われた。Davids, "This Woman", 261.

おわりに

(1) Cope, *Comrade Bill*, 324-40; Drew, *Discordant Comrades*, 225-62.

(2) Roux, *S. P. Bunting*.

(3) Id., *Time*.

(4) Roux, *Rebel Pity*, 183-215.

(5) B. Bunting, *Moses Kotane: South African Revolutionary* (London, 1975); Roux, *Rebel Pity*, 216-36; Drew, *Discordant Comrades*, 263-74.

(6) 例えば、Cope, *Comrade Bill*, 179.

(7) N. Mandela, *Long Walk to Freedom* (London, 1994), 240 (東江一紀訳『自由への長い道』NHK出版、1996年、上巻293頁、一部改変)。

(8) *Ibid.*, 138 (同、172頁)。

(9) *Ibid.*, 139 (同、172頁)。

(10) Drew, *Discordant Comrades*, 272.

(11) *The Guardian*, 9 July, 2008. だがムベキの後、ジェイコブ・ズマ大統領のもとで揺り戻しも起こった。2015年には、モスクワに埋葬されていたコタネの遺骸が南アフリカに改葬された。

結論

（1） アンダーソンは、クレオール・ナショナリズムの結晶化の際に出版資本主義（特に、地方色豊かな新聞）が果たした役割を強調し、印刷業者＝ジャーナリストとしてのベンジャミン・フランクリンを代表例に挙げた。これをふまえてデュボウは、19世紀前半ケープの出版人が「（ケープの）フランクリン」を自負した事実を指摘している。Dubow, *Commonwealth*, 32-3. ただし、当時の定期刊行物は（狭い意味での）入植者ナショナリズムのみに結び付いていたわけではなく、帝国を横断するブリティッシュネスを涵養する場合もあった。C. Holdridge, 'Circulating the *African Journal*: The Colonial Press and Trans-Imperial Britishness in the Mid-Nineteenth Century Cape', *South African Historical Journal* 62-3 (2010).

（2） 『想像の共同体』、130頁。

（3） 東ケープについては、B. A. le Cordeur, *The Politics of Eastern Cape Separatism* (Cape Town, 1981); C. C. Crais, *White Supremacy and Black Resistance in Pre-Industrial South Africa: The Making of the Colonial Order in the Eastern Cape, 1770-1865* (Cambridge, 1991); W. Beinart, *The Rise of Conservation in South Africa: Settlers, Livestock, and the Environment 1770-1950* (Oxford, 2003); T. Horiuchi, 'British Identity in the Late Nineteenth Century Cape Colony: Racism, Imperialism, and the Eastern Cape', *Zinbun* 41 (2008). ナタールについては、R. Morrell, *From Boys to Gentlemen: Settler Masculinity in Colonial Natal 1880-1920* (Pretoria, 2001); P. S. Thompson, *Natalians First: Separatism in South Africa 1909-1961* (Johannesburg, 1990). 南ローデシアについては、北川『南部アフリカ社会経済史研究』、209-230頁。以下も参照。D. Kennedy, *Islands of White: Settler Society and Culture in Kenya and Southern Rhodesia, 1890-1939* (Durham, 1987); A. K. Shutt and T. King, 'Imperial Rhodesians: The 1953 Rhodes Centenary Exhibition in Southern Rhodesia', *Journal of Southern African Studies* 31-2 (2005).

（4） 永原陽子「「戦後日本」の「戦後責任」論を考える――植民地ジェノサイドをめぐる論争を手がかりに」『歴史学研究』921号（2014年）。以下も参照。同編『「植民地責任」論――脱植民地化の比較史』（青木書店、2009年）。

堀内隆行（ほりうち・たかゆき）
1976年生まれ。博士（文学）、京都大学。日本学術振興会特別研究員、新潟大学人文社会・教育科学系准教授を経て現在、金沢大学人間社会研究域歴史言語文化学系准教授。専門は西洋史（南アフリカ史、イギリス帝国史）。訳書に、キース・ブレッケンリッジ『生体認証国家――グローバルな監視政治と南アフリカの近現代』（岩波書店、2017年）、分担執筆に、「近代史研究の現状を知る」服部良久他編『人文学への接近法　西洋史を学ぶ』（京都大学学術出版会、2010年）。「アパルトヘイトとウォーラーステイン」川北稔編『ウォーラーステイン』（講談社、2001年）などがある。

異郷のイギリス
南アフリカのブリティッシュ・アイデンティティ
〈金沢大学人間社会研究叢書〉

平成30年9月30日　発　行

著作者　堀　内　隆　行

発行者　池　田　和　博

発行所　丸善出版株式会社
〒101-0051　東京都千代田区神田神保町二丁目17番
編集：電話(03)3512-3264 ／ FAX(03)3512-3272
営業：電話(03)3512-3256 ／ FAX(03)3512-3270
https://www.maruzen-publishing.co.jp

© Takayuki Horiuchi, 2018

組版印刷・創栄図書印刷株式会社／製本・株式会社 星共社

ISBN978-4-621-30323-8　C3322　Printed in Japan

JCOPY 〈(社) 出版者著作権管理機構 委託出版物〉
本書の無断複写は著作権法上での例外を除き禁じられています．複写される場合は，そのつど事前に，(社)出版者著作権管理機構（電話 03-3513-6969，FAX 03-3513-6979，e-mail : info@jcopy.or.jp）の許諾を得てください．